U0001809

從吸血鬼到人工智慧，我們是在前進還是倒退？

科技×愛×12則奇思妙想

1 2 BYTES

How We Got Here.
Where We Might Go Next

Jeanette Winterson 　珍奈・溫特森　宋瑛堂——譯

各界推薦

本書部分內容為珍奈・溫特森特寫作《科學愛人》時的閱讀筆記；因此，閱讀本書的樂趣不只在於看作家如何評論科技議題，也在於觀察小說家如何將現實事件轉換為虛實參半的故事，如同魔術師自揭戲法的內幕。

——林新惠（作家）

文采豐富，才華橫溢，當代作家少有人能出其右。

——《紐約時報》書評

讓人萬分著迷，充滿洞見。

——《出版人週刊》

發人深省，極度必要——而且，非常有趣。

——《衛報》

一個充滿活力、敏銳的頭腦探索著電腦科學的世界及其所涉種種……通俗易懂、妙語如珠、振聾發聵……隱藏在這些博學文章角落裡的是大量引人入勝的事實和深思熟慮的假設……她壓縮了大量的技術、科學、哲學、文學和宗教，信手拈來，讓人眼界大開。

——《柯克斯評論》

處理素材的手法嫻熟，飽含深厚的文采。

——《浮華世界》雜誌

她的筆調至情至性、鬼靈精怪，是你從未體會過的調調。

——《Ms.》雜誌

溫特森的文句宛如歌詞，會深深映入腦海，長年難以抹滅。

——《Slate》

一讀珍奈・溫特森就愛上她……犀利、怪奇、聰穎絕頂。

——《O》雜誌

充滿啟發又好讀——本書將複雜的電腦計算和哲學思想轉

化成有力卻優美的散文，如同詩意的科學，極為必要。溫特森慷慨激昂地傳達出重要訊息：我們必須從過去汲取歷史教訓，尤其切記，別再重蹈覆轍。

——《航空郵件網路週刊》

溫特森的筆法如此直截了當，卻又帶著詩人物理學類型的對話語氣，讓人沉迷不已，愛不釋手。

——Bookreporter.com

把重要的知識連結起來

——清華大學人文社會學院學士班性別學程兼任講師／李信瑩

在英國作家珍奈・溫特森最新的散文集《科技 × 愛 ×12 則奇思妙想：從吸血鬼到人工智慧，我們是在前進還是倒退？》中文版即將出版的不久前，二〇二二年十一月，全世界的新聞頭條跟網路世界都在熱烈討論微軟的 OpenAI 剛剛「訓練出」的人工智慧機器人 ChatGPT。沒多久，在二〇二三年二月初，Google 也推出自己的人工智慧聊天機器人 Bard。

不管是哪個版本的人工智慧機器人，都是讓網路上龐大資訊為 AI 的資料庫（或者，像是人類的「過往學習經驗跟記憶」），在使用者輸入自然語言（一般人日常生活使用的語言）的文字後便可以產生回應。

許多人對於 AI 到底可不可以「像人一樣」思考、應答、組織文字成為文章感到焦慮，也有許多人感到新鮮跟嗅到新的機會。感到焦慮的人擔憂，是否從此無法辨識學校作業？無法辨識翻譯跟學術文章是人還是機器／ AI 所寫？

實際上 ChatGPT 確實可以寫出讓學術期刊登出的學術論文，可以跑得出程式和讀起來通順的新聞報導跟學校作業。那麼，ChatGPT 跟 Bard 這樣的人工智慧的「出世」是否代表教授、工程師、記者跟譯者等以「書寫」為生的從業人員可能會失業？

答案是極有可能。就像是 AI 剛開始僅應用於勞力跟服務方面的工作，如今卻早已變成日常生活的一部分，現在很少人會停下來想 Siri 會不會讓報時台人員（很懷舊的詞吧！）失業吧？那麼，我們需要為 ChatGPT 這類更接近一般人語言使用習慣的機器人出現擔憂嗎？

這類機器人顯然是能夠產出人類引以為傲（代表人類「語言思考及整合能力」）的文字。一旦被人類視為「僅是機械」（意味著不會思考，反芻跟組織）的人工智慧可以產出「跟人一樣」的內容時，這狀況便將讓人重新思考人跟機器在思想能力上的差異；或者，這兩者的無差異是否代表文字跟程式內容不再有人與機器的「真假」差異？

若是文字內容不完全講究學術論文的原創性，作業跟翻譯確實很快就要面對被人工智慧取代的可能，對於以文字創作維生的文學作家呢？會不會有同樣的危機感？同時，這樣的當下，一如往常，人們分成「AI 有益人類生活便利」跟「AI 即將取代人類工作，造成失業危機」的兩派，但我們沒有聽到太多「AI 會否加劇性別不平等？還是可能解放受壓迫的性別？」

Ada Lovelace in watercolour generated by Midjourney AI, prompted by Netha Hussain

這類的討論。

英國得獎作家珍奈‧溫特森是一位以書寫酷兒成長、情慾跟認同為書寫出發的文學作家，《科技 × 愛 ×12 則奇思妙想：從吸血鬼到人工智慧，我們是在前進還是倒退？》則是她透過科技、文學、哲學、宗教等領域來探索及爬梳 AI 的新作。

AI 對人類來說是什麼呢？ AI 的存在到底是可以讓人類生活更加便利跟平等，還是會加劇各種階級，經濟，種族跟性別上的不平等？

珍奈‧溫特森透過各類媒體閱讀相關文章及書籍，爬梳當代跟 AI 有關的文獻，秉持虛構作家仍舊需要將想像建構在人類世界的真實基礎上，追溯了人類開始想像「有部機器能在無人操作的情況下，有像是人類大腦一般思考能力，自行執行工作」的歷史。

對性別史稍有關注的人會知道，英國詩人拜倫的女兒愛達‧洛芙萊斯（Ada Lovelace）被認為是第一位「電腦程式設計師」，儘管如此，很少人仔細思考十九世紀初出生的愛達怎樣在「電腦」這種機器都不存在的情況下，怎樣在女性無法受正式教育（更遑論數學這樣的科學教育）的時代，思考這件事：「我想舉例說明分析機在無需人手人腦事先設定的情形下如何執行特定功能。」

同時，或許對於急於得知 ChatGPT 跟 Bard 這類 AI 科技會對當下人類社會造成什麼影響的人來說，知道歷史上曾經有位至今被遺忘也沒有實際成果的女士如何「思考」似乎不重要，但是溫特森不這樣想。

　　她找出愛達的身影，重新挖掘電腦程式的起源，讓我們看見 AI 不是二十一世紀的奇蹟，而是人類兩個多世紀以來的思考跟實驗結果。同時，她更讓因為性別身分而在這段歷史跟當下討論消失的身影重新現身。

　　那麼，有沒有把性別的觀點放入對 AI 的思考執行，對人類社會而言究竟是否重要呢？

　　對溫特森來說，是重要的。

　　她在書中爬梳 AI 的邏輯，比較所有人類歷史上想像有「超越物質存在的思考」的各種領域思想，也認為有多元性別意識來思考 AI 是重要的。更重要的是，使用跟開發 AI 時，多元性別的觀點可以打破目前我們看到 AI 透過像是掠奪土地般造成的資源跟財富不平等。

　　溫特森在書中用各個角度分析 AI 的前世今生，並且以她著名的幽默口吻告訴我們，目前 AI 的運作邏輯是透過二元對立的方式在複製父權的資本主義結構。這個結構會加深過去和現行的掠奪與不平等，只要這個結構不變，創造出來以「人類過往

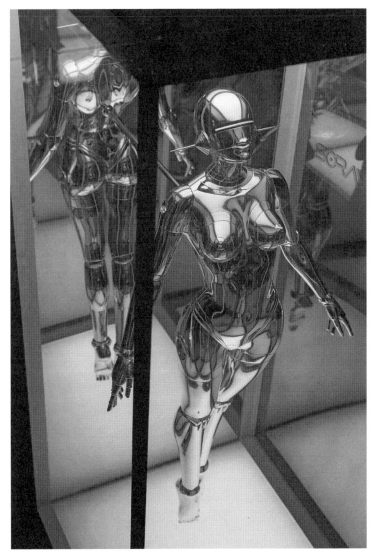

Photo by Xu Haiwei on Unsplash

Photo by Maxim Hopman on Unsplash

經驗為資料庫」的 AI 當然也只會複製這樣的不平等。

溫特森也詳細描繪以過往男性幻想為基礎的 AI 性愛娃娃，完全無法「解放」受壓迫的女性。但身為同樣是靠「創意」維生的作家，溫特森對 AI 沒有絕望。

溫特森認為，只要我們摒棄二元對立的思考邏輯，AI——特別是 AGI，不僅是「人類自創的敵人，是最後一項發明，我懷疑也是最後一次機會。人類和 AI 交手，或許能撞擊人類優越主義，教人類謙虛一點」，更可以「如明斯基在《心智社會》裡所言，把重要知識連結起來」。

這幾則散文為我乾女兒艾莉（Ellie）和卡爾·席勒（Cal Shearer）而寫。也為露西·雷諾茲（Lucy Reynolds）。露西正在研讀既往，以洞悉現在和將來（人文學科的目的就是這個）。艾莉正在寫她自己的書。卡爾在牛津實驗室裡打造一顆大腦。

緣起

雷・庫茲韋爾（Ray Kurzweil）發表《奇點臨近》（*The Singularity Is Near*，暫譯）四年後，我才在二〇〇九年拜讀，作者在書中看好未來，憧憬以電腦科技為基礎的未來，嚮往著超智慧機器立足的未來。在他眼中的未來世界，人類將能超脫當今生理上的極限。

這書我不得不讀兩遍，一次是為了讀懂，另一次是精讀。

讀完後，為滿足個人求知慾，我開始逐年追蹤這未來的進展，每週翻閱《新科學人》和《Wired》月刊，廣讀《紐約時報》和《大西洋》月刊的精闢科技文章，也關注《經濟學人》和《金融時報》報導的錢蹤。一有科學和科技新書上市，我也見好就讀。然而，讀再多，我還是嫌不夠，總有見樹不見林的感受。

人類是怎麼走到今天的？

人類可能踏上哪一條路？

我以講故事為業，而我清楚，虛構歸虛構，卻不能不信虛構也有成真的一天。人類做過飛行的美夢，夢想能翱翔太空，夢想能跨時空即時通話，夢想能永生不死——或重返人間。夢想著非人類的其他生命形式和人類共處。夢想著其他領域。其他世界。

早在我讀庫茲韋爾前，我讀過美國猶太文學評論家哈洛・卜倫（Harold Bloom）的著作。他精益求精，不屈不撓，藉創作《聖經 J 記》（*The Book of J*，一九九〇，暫譯）一書解開自

我心結。他探究《摩西五經》最原始的古籍。這批文字後來被刪減潤飾，歸入《希伯來聖經》。原文落筆年代大約在真人耶穌誕生前十世紀，相隔我們約三千年之久。

卜倫認為，那批古文的作者是女性，而宣揚女權絕非卜倫的作風。他的論點具說服力，振奮我心，因為根據他的見解，西方文學上最知名的人物上帝，也就是天地萬物創作者，本身竟是女子筆下的創作。

在探索古籍期間，卜倫自我重新詮釋「賜福」（the Blessing）的真諦，亦即雅威（Yahweh，耶和華的古稱）對以色列的賜福。《聖經》裡的「要生養眾多」是命令句，不是祝福語，涵義應該是：不設限，為時代灌注更多生命力。

電腦科技未來能造福人類的，不正是這一點嗎？

卜倫指出，多數人類執著追求的是不設限的空間。放眼看看，霸占土地、殖民、都會區擴散、生物棲地淪喪、最近時興的海面造鎮（seasteading）[1]，全是空間不設限的概念。

太空也是一種空間，是當前富豪男最迷戀的祕境，實行者有理查·布蘭森（Richard Branson）、伊隆·馬斯克（Elon Musk）、傑夫·貝佐斯（Jeff Bezos）。

---

1 譯注：或譯「海上家園」。

一想到人工智慧（AI），一想到「全方位人工智慧」（AGI）[2]或「超智慧」這類必然的進展，我總覺得，現在和以後AI影響最深的不是空間，而是時間。

　　人腦以化學訊號傳導資訊。電腦用的是電力。訊號在神經系統裡高速傳輸，神經元每秒能放送兩百次，兩百赫茲，電腦處理器卻能以吉赫（gigahertz）運算，每秒週期活動多達幾十億次。

　　我們都知道電腦運算多快，而電腦的起源就是因為人類運算不夠快。二次大戰期間，盟軍在英國布萊切利莊園（Bletchley Park）成立團隊，想破解德軍啞謎（Enigma）密碼，奈何當時緩不濟急。電腦能用蠻力攻擊法（brute force）處理數字和資料。以時效而言，電腦能比人類消化的更多也更快。

　　打從工業革命時代起，「加速」兩字在人間蔚為關鍵詞。機器運用時間的方式有別於人類。電腦不受時間約束。人類身為一種生物，臣服於時光的宰制，最大的侷限莫過於人世走一回的年數，最後難逃終死的命運。

　　而我們人類視死期為仇敵。

　　在不遠的將來，人類可望多活幾年，少一點病痛，甚至奢望活得更長久，能上看一千歲。真的嗎？這要看你信不信英國AI生物學者奧布里‧德格雷（Aubrey de Grey）的預言。未來，回春生物科技可減緩人體器官組織的衰老，也能修復或置換不再管用的部位。

　　不受時光所限，為生活灌注更多生命力。

2　譯注：另譯「通用 AI」。

假如這一招失靈，人類還是有可能上傳人腦的內容至另一個平臺——一個最先不是肉身的平臺。

你願意選擇走上那條路嗎？

假如生死由得你抉擇呢？

活得長長久久，甚至永生不死，絕對會影響我們對時光的概念——但你可要記得，鐘錶時間充其量只是機械時代的發明／必需品。動物照季節過活，不看時鐘度日。未來，人類會另尋新方法來度量時間。

機械時代起始於工業革命，我想加以思考一番，研究一下工業革命對人類有何衝擊。我的家鄉在英國蘭開夏（Lancashire），地表首批大型棉花加工廠在這裡立足，從此徹底改變地球人的生活。短短兩百五十年的光陰，人類怎麼走到今天這田地？

我想知道，為何對電腦學感興趣的女性少之又少。一直以來都是如此嗎？

我也想宏觀人工智慧，視角包括宗教、哲學、文學、神話、藝術，其中不外乎以世俗人生故事，例如科幻小說、電影、歷久不衰的沉迷／直覺，訴說著天外可能還有天，有外星人、異形，或天使。

AI 一詞在一九五〇年代中期出現，發明人是美國電腦專家約翰·麥卡錫（John McCarthy）[3]。他和友人馬文·明斯基

3　譯注：一九二七年～二〇一一年，LISP 語言發明人，美國國家科學獎得主。

（Marvin Minsky）[4] 所見略同，認為進入一九七〇年代之後，電腦已能和人類的智商打平。艾倫・圖靈（Alan Turing）[5] 則認為，二〇〇〇年電腦追平人類比較合乎現實。

然而，AI 這新詞發明了四十年，IBM 的超級電腦「深藍」（Deep Blue）才在一九九七年擊敗西洋棋王卡斯帕洛夫（Kasparov）。拖這麼久，是因為運算力要兼具電腦容量（記憶體）和處理速度兩大要素。簡言之，當年的電腦還不夠力，無能實現麥卡錫、明斯基和圖靈的冀望。而這三位男士登場前，在十九世紀初，有一位女傑愛達・洛芙萊斯隔代傳遞靈感，後來讓圖靈構思出一套法則，用以辨識 AI 是否已經能完美模仿真人，後世稱為「圖靈測試」。

機器尚未厲害到能以假亂真的境界。

未來難以預料。

本書集結的十二則位元組文，既不是人工智慧史，也不是大科技或大數據的故事，只不過本書常觸及這三方面。

位元（bit）是電腦資料最小的單位，屬於二進位，非 0 即 1。一個位元組裡有八個位元。

我的意圖並不高遠。讀者若對 AI、生科、大科技、數據科技不太感興趣，我盼讀者仍能從這些文章裡讀出興味，時而看得心驚膽顫，時而覺得能隨時觸類旁通。在人類躍進的路上，

4　譯注：一九二七年～二〇一六年，美國電腦科學家，曾獲圖靈獎。
5　譯注：一九一二年～一九五四年，英國電腦科學家、數學家、邏輯學家、密碼分析學家和理論生物學家，被譽為電腦科學與人工智慧之父。

大家都有必要掌握人類進程的動態，關注未來是否將進化為半機半人（transhuman），甚至演進為擺脫軀殼的後人類（post-human）時代。

這些文章有部分重疊之處，既可視為十二片拼圖，也能各自獨立。

當然，如果人類和時間的關係生變，人類和空間的關係也會異動，因為愛因斯坦闡述過，時間和空間並非彼此區隔，而是同一匹布上的兩部分。

人類愛搞區隔，喜歡和異己劃清界線，常分位階高下，也因優越感而自外於生物界，結果陷地球於不義。人類將彼此互爭互奪，搶盡最後一滴資源才甘心。

電腦革命促使資訊四通八達，人類如能加以善用，或許能終結「價值」和「存在」互不相干的這種錯覺，或許能終結不夠聰明的擔憂。不管人或機，能獻計就是寶，只求未來不是死路一條，不要踏進大戰或氣候劇變的絕境。末日更有可能是天災人禍一起來。

暫且不要以人工智慧稱呼 AI 吧。「替代智慧」也許較為貼切。我們確實需要替代途徑（alternatives）。

目錄 ✕
CONTENTS

ZONE ONE

第 1 區

過去
The Past

鑑古觀今

How We Got Here. A Few Lessons From History.

愛是您，是洛芙萊斯
LOVE (LACE) ACTUALLY

　　揭開未來劇的序幕，舞臺上有兩位妙齡女子：瑪麗・雪萊（Mary Shelley）和愛達・洛芙萊斯。

　　瑪麗生於一七九七年。愛達生於一八一五年。

　　兩人都在工業革命之初展現劃時代創舉，位居機械時代（Machine Age）的萌芽點。

　　正如所有人，這兩位都在自己的年代留下足跡，兩人的光輝都熠熠劃過時空，照亮了未來世界，也就是你我目前所處變革將至的世界。人類的本質與角色即將異動，或許也難保主導權。歷史常有重演的時候，難題常以不同的面貌迸發，但 AI 是人類史上的新東西。這兩位女青年從個別視角預見了 AI 即將來臨。

　　年方十八，瑪麗・雪萊就創作了小說《科學怪人》，故事裡的科學家醫師維克多・法蘭肯斯坦（Victor Frankenstein）拼湊肢體器官，電擊後塑造出一個特大號的類人生物。

當時人類對電力瞭解不深，尚未駕馭電流在日常生活上的應用。

現在讀《科學怪人》，讀到的不僅是女子創作小說的早年範例，不僅是暗黑系小說，寫的不是苦兒失恃的故事，談的不是國民教育多重要，也不僅僅是科幻，不僅僅是世上最知名的怪物，而是一張瓶中信。

打開吧。

《科學怪人》出版兩百餘年後，我們這一代也著手開創新生命形式。一如維克多・法蘭肯斯坦創造的怪人，我們的數位創作品也吃電，只不過原料並非從墓園拾回的腐屍。我們的新智慧，無論有無形體，都建構在 0 與 1 的數碼上。

愛達就此登場了。她是史上第一位電腦程式設計師，只是當時電腦尚未問世。

瑪麗和愛達兩人都直覺到，工業革命風起雲湧，不僅會帶動機器科技的開發應用，她們還體認出一件事：人類這詞的定義將出現決定性的震盪。

維克多・法蘭肯斯坦：「假使我能讓無生命體動起來……」

愛達：「分析機……在無需人手人腦事先設定的情形下……如何執行特定功能。」

瑪麗和愛達終身不曾相遇，卻有個關鍵的交集人物。

在當年，拜倫勳爵（Lord Byron）是英國最富盛名的在世詩人，神采煥發，年輕又富裕。一八一六年，他在英國深受醜聞和離婚之困擾，向同為詩人的至交雪萊（Percy Bysshe Shelley）提議去日內瓦湖度假，同行者包括雪萊的妻子瑪麗，

以及瑪麗的繼妹克萊兒（Claire Clairmont）。克萊兒這時已經是拜倫的情婦。

假期本來玩得盡興，不料後來豪雨連綿，這群青年幾天無法出門，為排解單調的時光，拜倫建議大家各自寫一篇靈異故事。瑪麗·雪萊提筆寫下一則陰雨霏霏的預言，後來充實為《科學怪人》。

拜倫自己寫不出東西。他心煩氣躁，注意力無法集中，一部分原因是他深陷離婚法律戰，另一因素是幼女的安頓問題。

拜倫去信一封接一封，交代女兒該如何教養，但他已揮別英國，永遠不回去，因此再也無緣見女兒一面。

女兒名叫愛達。

愛達的母親安娜貝爾·溫沃茲（Annabella Wentworth）是個虔誠基督教徒。她和雙性戀者拜倫婚後合不來的理由不一而足，信仰是癥結之一。

安娜貝爾有錢有地位，但在那個時代，法律規定婦孺歸最接近的男血親擁有。即使在夫妻簽署分居協議（Deed of Separation）之後，在法律上，拜倫仍可指定教養女兒的方式。他連番洋洋灑灑去信指示，最重要的是女兒絕不能被詩帶壞。

這正中安娜貝爾的下懷。安娜貝爾下半輩子最不想再沾染到拜倫那種詩人習性。安娜貝爾的數學造詣頗高，平日嗜好是玩玩數學。她完全不希望女兒承襲父親的詩心，所以請數學家教來為愛達上課，以稀釋拜倫血統的遺毒。拜倫被罵「瘋子、壞人、一認識他便禍害加身」，不是沒有原因的。

幸好，小愛達喜歡與數字為伍。在那年代，連富可敵國的

婦女也不接受高深教育，頂多學習讀寫、素描、鋼琴，或許也學法文或德文。社會不允許女孩子上學。

　　瑪麗‧雪萊的母親瑪麗‧沃斯通克拉夫特（Mary Wollstonecraft）曾振筆疾呼女子教育的重要，立論激進，著有《為女權辯護》（*A Vindication of the Rights of Women*，一七九二）。而維克多‧法蘭肯斯坦沒能好好教育怪人也不意外，怪人只好自行摸索學習。那時代的女子只能自修拉丁文和希臘文、數學、自然科學。哥哥弟弟在校可學到「男學問」（masculine），她們卻只得自己想辦法求知。當時的想法是，女人家的腦袋容不下認真的學問，就算能勝任，也會因為用功過度而發瘋、生病，或搞女女戀。

　　在日內瓦湖度假期間，瑪麗‧雪萊大費唇舌和拜倫辯論性別觀念。拜倫原本以為太太會生「貴子」，生女兒令他失望。只怪他英年早逝，沒能見到女兒長大成為數學天才。愛達的數學家教之一奧古斯塔斯‧德摩根（Augustus De Morgan）擔心，愛達本性纖弱，讀太多數學，身心恐怕不勝負荷。反過來說，他也認定愛達資質過人，能俾倪他教過的所有學生（**男生**）。他也曾寫信告知愛達的母親說，愛達可望成為「具創見的數學研究者，或許能臻至一流水準」。

　　可憐的愛達。先是被迫研習數學以避免詩瘋上身，然後又擔心被數學搞得精神異常。

　　所幸，種種顧忌都礙不到愛達。她似乎從小對個人心智早有定見。

　　十七歲那年，倫敦杜塞特街（Dorset Street）一號舉辦宴會，她應邀前往，屋主是查爾斯‧巴比吉（Charles Babbage）。

巴比吉誕生於富人家，頭腦聰穎，作風特異獨行，曾向大英政府申請到一萬七千英鎊（現值約一百七十萬英鎊）的補助金，用以建造一臺能自動統計數字的機器，他命名為「差分機」（Difference Engine）。工程師、航海員、會計、機械師，總之任何想速算數字的人，都能使用事先印妥的對數表，叫差分機代勞，算好後印製出來參考。

　　工業革命的新發明層出不窮，無不想用機器取代重複性高的工作，巴比吉的理念也是如此。在當時，computer 這字指的是真人運算員，以人手來執行枯燥的算式表，巴比吉的構想就是用差分機來取代人工作業。

　　巴比吉是劍橋盧卡斯（Lucasian）數學教授。擁有這份榮銜的學者在他之前有牛頓，後有史蒂芬・霍金（順帶一提，至今仍未見女性）。巴比吉對數字著迷，對自動裝置也同樣神往，最適合建造一臺有齒有輪的計算器。

　　誰知道，愛達也很適合。

　　巴比吉家設宴只請三種人上門：美女、聰明人、貴族。不具備這三大條件之一，扛再多錢來，照樣會被拒於門外。愛達不是社交圈的美人胚（謝天謝地），但她天資聰穎，而且父親（不管他是否重男輕女）是拜倫勳爵。

　　因此，年方十七的愛達進了巴比吉的家。

　　巴比吉家的大客廳裡展示一臺尚未完工的差分機，愛達愈看愈入迷，和巴比吉兩人不顧宴會裡人聲喧嘩，把玩著機器。巴比吉樂得借藍圖給她參考。

　　年過四十的巴比吉是個難搞的怪傑，不擅閒聊，討厭推車

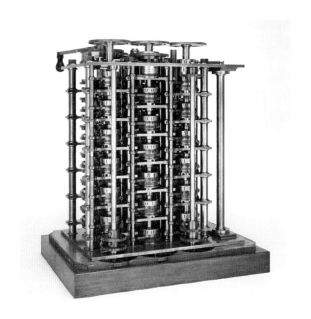

式風琴，如今竟在宴會中結識一名女孩。在概念和實務上，她都懂巴比吉的構想。

　　兩人開始書信往返。在此期間，愛達繼續研習數學。巴比吉是否因宴會結緣而大受啟發，不得而知，但他於同一年再拼裝一臺計算儀，命名為「分析機」（Analytical Engine），成了史上第一臺不用人工的計算機（computer）。

　　可惜，這一臺始終沒完工。

　　在巴比吉之前，法國人雅卡爾（Joseph-Marie Jacquard）發明一種使用打孔卡（punch card）的織布機。巴比吉研究後發

現，透過打孔卡的作法，計算器也能自我操作，再也用不著曲柄搖桿。這種計算器也能以打孔卡來儲存記憶。這是石破天驚的洞見。

× **×** ×

打孔卡是一種硬卡片，上面有許多小洞。雅卡爾在一八〇四年取得專利，能讓織布機照卡片上的小洞織出紋路。從抽象概念直覺想到洞洞卡，根本是天才才有的靈光乍現——與其說是落實工業革命的 3D 寫實概念，不如說是逼近量子力學宇宙觀。巴比吉能從織布機想到算數機制的應用，算是合情合理？

才不合理呢──這全靠這兩位男人靈活的思想。

雅卡爾織布機讓打孔卡上的小洞決定織布的紋路。靠這套機制來織布，就不需勞駕織布師傅把緯紗交織在經紗下面。有經有緯，井然有序，布才織得出紋路。過程需專業，但也反覆而枯燥。在工業革命層出不窮的新發明推動下，反覆的作業機械化了，再也不需要同層次的人工專業。機械化是工程學上的一大難題，但工程學本身並非雅卡爾織布機的關鍵大躍進：大躍進在於他能把具體的物品視為排列的空洞（本質上是虛無的空間）。

打孔卡應用在最原始的商用製表機，後來才用在早年的電腦，演進到以打孔磁帶輸入運算程式，一直用到一九八○年代中期。巴比吉缺乏生意頭腦，打孔卡專利在一八九四年被美國創業家赫爾曼・何樂禮（Herman Hollerith）捷足先登。何樂禮是德國移民二代，成立製表機器公司（Tabulating Machine Company），最後在一九二四年改名為 IBM，全名「國際商業機器」（International Business Machine）。

（取名「差分機」和「分析機」，就算上市，大家一眼就知道不可能大賣。）

✕ ✕ ✕

打孔卡的概念令愛達一見傾心。她寫道：「如同雅卡爾織布機能織出花卉，分析機能編織出幾何圖形。」

言過其實了，因為巴比吉始終打造不出分析機，離完成還

差得遠，於是齒輪、槓桿、活塞、吊臂、螺絲、輪、齒條齒輪裝置、斜面 、螺栓、彈簧，全和打孔卡一同活在維多利亞時代蒸汽龐克國度裡，萬物一律長得龐大、堅固、規模宏偉，像鐵路、鐵輪船、工廠、鋼管、軌道、汽缸、鍋爐、鐵、煤。不過，分析機的構想也算憑想像力做實驗的一場春夢。對巴比吉和愛達而言，光是憧憬一番，就能算夢想成真了。而在最重要的那一面，他們的想法正確。經他倆的想像，未來實現了，奈何當前的現實太沉重，難以承擔。想集結幾噸鐵拼裝出一座打孔卡的運算機，以煤炭燒出蒸汽動力，這想法固然有趣，但在愛達和巴比吉那年代，這套作法無法瞬間漂亮演算數字。

漂亮演算法，還早得很呢。

在一九四四年（不是一八四四年唷），二次大戰期間，英國團隊首創一臺電子數位電腦，名叫巨像（Colossus），存放在布萊切利莊園裡，高七英尺，寬十七英尺，厚十一英尺，重五噸，有兩千五百個閥、一百個邏輯閘、一萬個電阻器，貫穿其中的電線總長七公里。這部電腦列入機密，直到一九七〇年代才曝光。在此之前，一九四六年由美國發明的電子數值積分電腦 ENIAC（Electronic Numerical Integrator And Computer） 常號稱「史上第一臺」。

巴比吉地下有知，一定會愛上巨像，也會愛上打孔紙帶。假使巴比吉和愛達搭時光機抵達一九四四年，見到汽車、橡皮靴、收音機、電話、飛機，甚至見到拉鏈，一定會瞠目結舌，但他們看到巨像電腦，鐵定一眼就覺得**似曾相識**。

關於愛達的成就，至今仍有不少大男人發表腦殘評語：愛達只是一個跟班，她的數學怪怪的，解釋分析機的隨筆其實是別人寫的。腦殘男還批評她自視過高，虛榮心很強，被巴比吉慣壞了。

這套理論帶我們回首勃朗特姊妹（The Brontës）[6]受的委屈。記得胞弟代筆論嗎？有人主張，她們的作品全是不長進的酒鬼弟弟（Branwell）寫的，如果不是全部，至少《咆哮山莊》是。斯黛拉·吉本思（Stella Gibbons）曾藉小說《冷漠農莊》（*Cold Comfort Farm*）裡的麥八格（Mybug）先生諷刺他，故事妙趣橫生。

奇怪的是（其實也不太怪），一直到現在，上網仍能見到腦殘男針對勃朗特姊妹和愛達的話題大言不慚。

較合理，也較重要的是，在英國，十月第二個星期二訂為洛芙萊斯日，也在二〇一八年成立洛芙萊斯研究院（Ada Lovelace Institute），無黨無派，以善用科技為宗旨，確保數據和 AI 的運用能惠澤全民，而非被少數權貴拿去自肥。

身為女數學家，愛達高舉火把，為數學界和電腦界打先鋒。女性需要火把，因為內部和外部的偏見仍橫行無阻。現在，在二十一世紀的頭二十五年，在電機工程、程式設計、機器學習的領域，唯有大約百分之二十是女性。

平臺不是女人建造的，程式不是女人寫的，創辦科技新公

6　編注：勃朗特姊妹指的是三位英國著名女作家，分別是夏綠蒂·勃朗特（Charlotte Brontë），代表作為《簡愛》；艾蜜莉·勃朗特（Emily Brontë），代表作為《咆哮山莊》；安妮·勃朗特（Anne Brontë），代表作為《懷德·菲爾莊園的房客》。

司的女人更少。科技和我們息息相關，能帶我們迎向未來，為什麼科技圈全是男人的天下？

怎麼解釋呢？理論多得很，任君選擇。

金星火星論從性別切入：女人不太懂電腦學嘛！（大腦結構的關係？荷爾蒙作祟？）

也有平等論：女人才**不想**做這種工作咧。現在，假如女人想做，誰敢攔阻她們？歡迎女人**都**來不及了……姊妹們，妳們自己作主！

也有戒急用忍論：要等社會鼓勵在校女生多多認真看待數學、電腦學和科技（社交媒體不能再鼓勵女生看「學習金・卡戴珊化妝術」之類的影片），不能為了湊人頭拚性別平等，就

急著推她們去接高挑戰性的科技工作。

　　上述理論都忽略了一個事實（**事實！**）：從二次世界大戰以降，早就有成千上萬的女子從事相當於電腦的人工計算工作，也不乏女子程式設計員。非裔美國女子凱薩琳‧強森（Katherine Johnson）等六人在 NASA 華麗合作的事蹟已經在二〇一六年翻拍成電影《關鍵少數》（*Hidden Figures*）。

　　全球可設計程式又堪用的電腦當中，比 ENIAC 更早的沒幾個，而這電腦的程式由這組奇女子負責撰寫，但一九四六年賓州大學舉行啟動儀式時，她們未獲邀出席，慶祝會上也沒人提起她們。左頁這張相片中，貝蒂‧詹寧斯（Betty Jennings）和法蘭西絲‧畢拉斯（Frances Bilas）正在操作 ENIAC。

× × ×

　　這六位從兩百名女性當中脫穎而出，獲選為相當於電腦的人工演算員，職稱卻被貶為「辦事員」，目的是逼女人屈就低薪職位。

　　女人的智力和男人相等。這道理不言自明，我幹嘛寫？因為以當今世界的歪風來看，這道理並非一眼就看得穿。

　　很多女人若不是覺得數學很簡單，至少也覺得不難。然而，我在英國曼徹斯特大學認識的一位工程學教授告訴我，高級數學課程成績拿到 B 的男生多半會繼續修工程學，成績是 A 的女生八成不會。

　　怎麼會這樣？

為什麼專精電腦學的女性少之又少？我認為，這問題的答案和女人的頭腦或荷爾蒙關係不大，甚至和女人能自由作主沒什麼關聯。

　　性別依然是一塊擋路的巨岩。

　　職場如何看待性別課題，也是巨岩一枚。置身清一色男性的辦公室，女人能怡然自得嗎？在科技圈，女人是否能經常看見其他女性？有樣學樣是人類的習慣，真正兩性均衡的職場能讓女人如虎添翼，根本無需任何人拿性別比例大作文章。

　　性別差異是存在的，當然存在，但差別全部存乎肢體，並不影響智力或素質。性別差異是一種社會建構，因此在不同時代能呈現不同的表徵。維多利亞時代的醫師（當然是憑科學講話囉）聲稱，婦女研習數學恐罹患厭學症（anorexia scholastica），男人不會。現代人不會再扯這種話了。

　　舉著火炬的愛達也是一座燈塔，能警告世人：前方有礁岩。女生如果踏進理工科，最後也選擇理工領域的職業，沿途的障礙多得很。如果她段數比一般人高，她會被迫不厭其煩、一次又一次證明自己的實力。

　　甚至在入土以後，也照樣要多次提出實力證明。

╳ ╳ ╳

　　巴比吉天資聰穎，有成就並非偶然。他有錢，受過教育，有社會地位，有父權加持。他就讀中小學時，父母不會接到老師來信，用不著擔心太用功的他會發瘋或腑臟虛脫。

巴比吉在世上有一席之地。他的戰役（很多）都是對抗同儕之戰。男人意見不合，可以劍拔弩張，也不至於失敬。查閱巴比吉文獻可知，無論對他是褒是貶，筆調全恭恭敬敬。反之，反愛達派一寫文章，篇篇的筆調一律趾高氣揚，缺乏敬意，說穿了就是鄙夷她。

　　愛達的成就是突破重重關卡掙來的。她的家境好，不無助益，沒錯，但她畢竟是男人圈裡的一介小女子。

　　於法，她不能上大學，不能求取學位，更別想躋身劍橋的高階教授職。她不能從事工程師的工作，也無法和巴比吉的摯友伊桑巴德‧金德姆‧布魯內爾（Isambard Kingdom Brunel）合作。布魯內爾擅長研發鐵道和蒸汽輪船，常找巴比吉一同研究新算式。

　　愛達不能自由走出家門去開創新天地。按照法律，她最先是父親的財產，然後歸屬於丈夫。十九歲成婚後，她接連三年生三胎。巴比吉把這差事丟給老婆做。

　　在社會結構下，愛達無法忠於自我。基於某種因素，或許因為血脈傳承自拜倫，她並不在乎外面的世界容不下她。丈夫悶得她發慌，幸好丈夫不太管她，讓她做她想做的事。多數時候，丈夫不太留意她在打什麼主意，因為丈夫在外拈花惹草成性，也在賽馬場輸掉不少錢。

　　母親為她請數學家教，算她運氣是出奇的好，她發現自己數字一學就通，長時間閉門苦讀也甘之如飴，對她而言更是一大好處。在那年代，社會指望她這階級和家世的女人不要懂學問做大事，懂得取悅男人就好，等到年華消逝後，再投入慈善

活動。

　　愛達本姓拜倫，婚後是洛芙萊斯伯爵夫人。那時代要出一個這樣的女子，機率是微乎其微。而她卻擊敗或然率，在歷史上關鍵的一刻認識巴比吉，為有構想卻無成品的第一部電腦設計了第一套軟體程式。

　　程式設計的源頭在於愛達寫的一份論文，內容具突破性，她卻渾然不知自己寫的是論文，因為在當時，科學論文不由女子執筆。

　　事情是這樣發生的……

　　一八四○年，巴比吉去義大利杜林，針對他發明的分析機發表演說，現場只有一人寫筆記。這人名叫路易吉・梅納布雷亞（Luigi Menabrea），是義大利工程師。幾年後，他以法文在法國期刊發表這份筆記。在當時和現在，歐洲大陸能通外語的人很多，英國人卻懶得學。英國脫歐之後，大英帝國如果想再振雄風，這份積習非改不可。

　　只不過，愛達是女性，上流婦女取悅晚宴高紳的義務盡到了。她的法文琅琅上口。她決定英譯梅納布雷亞論文。

　　梅納布雷亞平鋪直敘闡明分析機的運作道理，愛達一面翻譯，一面加進自己的註腳，篇幅之多，將近原文的三倍。在註腳當中，她為分析機詳細寫出第一套完整的「程式」，更把分析機的功能區分為兩種，也就是今人熟知的硬體和軟體。

　　註腳寫這麼多，愛達還不過癮。她明瞭到，既然分析機能被程式設計來計算**某些事物**，那麼，應該更可用程式設計來演**算無限多的事物：**

打孔卡的應用概念一浮現，算數便掙脫了桎梏，分析機不再被歸類於區區一臺計算用的機器，能自成一格，潛在的功能引人無限遐思。通用符號拼湊出無限多的排列組合，機械裝置若能加以整合，便可媒合現實運算與最抽象數學當中的一種抽象思維。

換句話說，如果機器能操作數字（算數），就能操作符號（代數）。

計算機運用的是符號邏輯，在愛達的年代，這是基礎代數上的新創見。愛達的數學家教奧古斯塔斯・德摩根是這領域的先驅，曾和自學成功的數學家喬治・布林（George Boole，一八一五年～一八六四年）書信往來。當今地球上的科技可以說是無不運用布林邏輯。布林邏輯是運算的根基，簡而言之就是「真或偽」。

布林提出三個運算子：AND. OR. NOT.（與。或。非）——他闡述，所有邏輯關係（狹義是代數邏輯，廣義甚至能涵蓋人生大計畫）都能用他這套法則或定律表達。布林認定，人類思想可被約減為一套數學定律。「約減」一詞不是胡刪亂縮的意思。布林的用意在於追求簡明扼要。為達成此目標，布林使用二進位——0 與 1，0 等同偽，1 等同真。他也提出特別了不起的真值表（Truth Tables）。對，任何答案真或偽的或然率全可透過真值表判定。對於窮緊張的人來說是大好消息。

怎麼算呢？

這個嘛……算數時，我們用 1234 這樣的數目字，統稱定值，算式像 2 + 2 = 4。基礎代數不用定值，而用變數

（variables）。X 或 Y 不一定代表 2 或 4。X 和 Y 是變數，它們代表的數值會變來變去。然而，無論是算數或基礎代數，運算不外乎加、減、乘。布林代數不玩加減乘，而是玩「交集」（連接——AND）、「併集」（離接——OR）、「補集」（否定——NOT）這三個運算子。這是因為變數非數字，而是真值，藉由「真」或「偽」（1 或 0）來表達。

舉個簡單的例子：

我的花園 X，裡面有土壤 Y 和植物 Z，換成基礎代數的話，Y（土壤量）加 Z（花卉總數）等於 X（花園）。

基礎代數可為花園設定數字，植物有多少棵、有多少土壤，諸如此類。

以布林代數來看，算到最後會得到「真」。照我為花園設定的參數來看，到底這算不算一座花園呢？依循這邏輯，如果裡面無土壤，也無植物，這就不算花園。如果無土壤，有一棵植物，也不算花園。如果有土壤但無植物，也不算花園。但是，如果有土壤又有植物，這才算一座花園。如果 Z 和 Y 都「真」，那麼 X 才算是「真」。

想再玩，可以加 W 代表雜草，C 代表水泥地，以判定花園是什麼。

再舉一個較日常的例子給不玩園藝的人參考。上網搜尋鄉村歌星季斯·爾本（Keith Urban），搜尋引擎會循布林邏輯，推測出 Keith 加 Urban 是「真」。Keith Richards（基思·理查茲）[7]

7　譯注：英國滾石樂隊（the Rolling Stones）的吉他手。

或 Urban Escapes（都市祕境）的字串會被布林邏輯搜尋引擎判定是「偽」。

人類無需事先寫程式歸納出 Keith 或 Urban 所有可能的字串，因為布林邏輯允許讓電腦過濾所有變數（可能性），自行推敲出正解。

愛達寫道：

藉註腳，我想舉例說明，分析機在無需人手人腦事先設定的情形下，如何執行特定功能。

× × ×

這已經遠遠超越對數表了。愛達以登天為目標。

在一八四〇年代，計算用語尚未普及化，所以愛達為「運算」（operation）下定義：「『運算』泛指任何改變多種事物互動關係的程序，此乃最廣泛之定義，能囊括宇宙萬物。」

「**宇宙萬物。**」實在太高遠了。

愛達積極揣測，幫分析機寫個程式，就能叫分析機譜曲（巴比吉住家外常有街頭樂手，推車式風琴樂手更令他頭疼，煩不勝煩，他因此向街頭樂手宣戰）。愛達或許是想為他打氣，又或是有意捅他的痛處，**誰知道呢？**她寫道：「分析機或能

譜出符合科學精神的精緻樂章，複雜度或長度不限。」

愛達的構想多先進？我們不妨先加速前進一百四十年，來到一九八〇年代逛逛。

美國古典樂作曲家大衛・寇普（David Cope）的作品曾在卡內基音樂廳演出，頗受樂評推崇，也能靠作曲溫飽。

一九七〇年代中期，有段時間，他居然譜不出音樂了，於是他在絞盡腦汁之餘，開始用另一種腦做做實驗。假如他合作的對象是人類，沒人會提出異議。然而，他的搭檔竟然是人工智慧。

寇普著手為自己開發一套譜曲程式，以程式剖析莫札特、韋瓦第、巴哈的經典，將既有的片段摻進電腦創作裡。到了一九八〇年代，午餐時間，寇普能外出買個三明治，一回到家發現，程式已經幫他譜好了五千首巴哈聖詠曲。巴哈出新歌了。

寇普對自己的新發現感到振奮，樂評卻意興闌珊，普遍給予「冷冰冰」、「硬邦邦」、「公式化」之類的評價。只不過，如果請聽眾猜哪一首是真音樂（人工譜曲），聽眾往往會誤信電腦寫的歌是真的巴哈，真的韋瓦第。

寇普是個很有想法的人，對他而言，創造一套能譜曲的程式是個人興趣，但這套程式也反問「真」人幾個大問題：什麼是「真」？什麼是「創意」？

寇普實驗至今四十年了，人工智慧已見長足進步，現代音樂界正善用 AI 程式來譜曲，IBM 有 Watson Beat，索尼有 Flow Machines，Spotify 有 Creator Technology，更有體貼使用者的 Amper，號稱提供「由樂師調訓過的創意 AI」。

訓練 AI 的過程和愛達將近兩百年前設想的一模一樣（妹子有夠讚！）。人類程式設計師找來一大堆既有的音樂素材，拚命餵程式吃，好讓程式從中分析韻律、節拍、和弦進程、歌聲、長度、變奏等等，從中找出模式，然後由人工譜曲者設定參數，例如輕快歌、溫婉抒情曲，再憑創意修一修程式吐出來的樂章。

Amper 如此說明譜曲程式的作用：

Amper Score™ 能讓企業團隊依喜好秒創音樂，不必再浪費時間翻音樂庫找曲子使用。無論您配樂的題材是影片、podcast 或別的音樂，Score 的創意 AI 程式能迅速譜出一套量身定做的音樂，順應您需求的曲風、長度與結構。

再呼應一小段愛達在一八四〇年寫的經典句：

分析機或能譜出符合科學精神的精緻樂章，複雜度或長度不限。

× × ×

愛達不信程式寫的音樂能具備「創意」，這不表示她不信電腦音樂缺乏娛樂性或無法滿足人心。愛達堅信不移的是，計算機能分析資料，但計算機絕對沒有獨立思考的能力：

分析機不奢言能從事任何創作，僅能凡事依人類所知，循

人類指示行事。

程式能譜出什麼曲子？愛達的見解和現代人目前對 AI 的看法一致。

想譜一首背景音樂，或飯店大廳音樂，或嘈雜響亮的樂章，或靈魂樂風格的廣告曲，現在可以完全交給 AI，幾乎不需人工修飾，而且如 Amper 公司所言，也不必付版稅！音樂充分被商品化了。

至於用 AI 做出「原創」音樂，這部分仍有爭議。許多音樂工作者認為，只有懶得學樂譜或練琴的人，只有不肯下苦工的懶蟲，才會利用 AI 來搶錢爭名氣。

布萊恩・伊諾（Brian Eno）[8] 深信，資深樂手用 AI 做音樂的樂趣在於雙方能相輔相成。二〇一七年，伊諾發行第二十六張專輯《映想》（*Reflection*），既是 CD，也是生成器 app，能在一天不同時間重新組合、變造原曲。伊諾表示，「我的原始構想是創作永無休止符的樂章……好比坐在河畔，潺潺流的是同一條河，河水卻也不斷變化。」

然而，和 AI 合作的一方不見得一定是人類。

初音未來（Hatsune Miku）是語音合成的軟體語音庫，二

8　編注：出生於一九四八年，英國著名音樂人、作曲家、製作人和音樂理論家，被視為氛圍音樂（Ambient music）的先鋒。

〇〇七年由日本克理普敦（Crypton）未來媒體公司推出，永遠十六歲，身高一百五十七公分，體重是厭食症患者才有的四十二公斤，最愛青綠色，會唱歌，曾在電玩裡擔綱，能以全像投影的分身巡迴演唱。她在日本廣受歡迎，部分原因是在神道教觀念裡，無生命物體也有靈性。從粉絲團的回應可知，初音能靈到讓人信以為真。她不盡然毫無生氣，但她也不是真人。她引發的疑問是：是不是真人又有什麼關係？

清風拂鈴鐺、撥動風鈴管，敲出的聲音算不算音樂，這很重要嗎？如果是軟體做的音樂呢？如果是巴哈譜的曲子呢？如果是你寫的歌呢？算不算音樂？

我指的不是品質──音樂優劣是另一門辯論。我指的是，硬爭誰或什麼，是辯錯方向了。

相反的，世上最紅的巡迴演唱樂團仍走老路線（也愈來愈高齡），仍照傳統填詞譜曲，彈奏樂器。然而，這種表演方式很可能已經日薄西山了。

如大衛・寇普所言：「問題不在於電腦有沒有靈魂，而是在於人類有沒有靈魂。」

英國數學家艾倫・圖靈曾在布萊切利莊園設計解密機，想要突破德軍密碼〔男星班尼狄克・康柏拜奇（Benedict Cumberbatch）曾在電影《模仿遊戲》（*The Imitation Game*）中出飾圖靈〕，他關心的不是電腦能不能像真人。他注重的是，電腦能不能自行創作並學習，完全不需人類輔助。

在這方面，圖靈對愛達有意見。只不過，請記得，愛達斷言計算機無法**自創**任何事物，觀念超前圖靈一百一十年（靠布

林程式設計自行引導出正解，不能和「自創」相提並論，因為愛達的著眼點在於人腦的躍進式思維，她認為機器再強也沒這份本事）。圖靈表示，愛達的思想之所以有侷限，是受制於她所處的那個時代。她只能憑當時的物資去推論，而當年的她一無所有……因為巴比吉的機器是一臺概念機。

但愛達擅長「白手起家」——她沒有男性特權，沒受過正規教育，沒有電腦。她就是愛達而已。

一九五〇年，圖靈精讀愛達著作，為她撢掉灰塵，讓她起死回生，回應他所稱之「洛芙萊斯女士的異議」（Lady Lovelace's Objection）——計算機無**自創**能力。在這一方面，計算機不是人類，也不像人。

他發明圖靈測試，跨時空對愛達做出回應。

一九五〇年的圖靈測試用來考驗機器是否有能力和人類並駕齊驅，看看機器能不能以假亂真。

Google 聲稱其語音科技助理 Google Duplex 已能通過圖靈測試——單純針對電話預約而言。電話線一端是 Google 語音，另一端由真人接聽，如果騙得過真人就算合格。藉由音頻調制、文字延長、「思考」停頓等修飾，Goolge Duplex 能讓電腦語音逼近人聲。話說回來，Google 的應答仍需透過程式設計——所以愛達的預言依然沒錯。

圖靈認為，機器的智力能在二〇〇〇年通過圖靈測試，結果破局了，但科技正朝著及格的關卡接近中。而在步步接近的當下，我們可能會決定（或者 AI 可能會決定），及格與否，已經不重要了。

和愛達或圖靈相較之下，瑪麗‧雪萊的預測可能更貼近未來。新型的生命形式可能完全不需要造得像人（可愛的幫手機器人，或虛擬數位助理，也許只供餘興，也許只是副手，一座橋樑。純智慧將屬於**他者**）──在《科學怪人》中，這一點明晰到令人心疼心碎。照原本的設計，怪人會做得「像」我們，結果不像。雪萊夫人的預言，世人是不是應該聽進去？

× × ×

愛達遐想著分析機能不能譜出巴比吉討厭的那種音樂，卻從沒設想過機器能不能寫詩。

上網搜尋一下 BotPoet，看看詩詞能不能通過圖靈測試。一八四〇年代沒有機器詩人。愛達畢竟是拜倫的親骨肉，我們總該在此向詩人致敬。英國終究是莎士比亞的祖國〔「漂浮在銀海中的寶石」（This precious stone set in the silver sea）[9]〕，身為英國人的我們認為，比詩更接近上帝的事物可以說是沒有，數學例外，可惜多數人不懂數學，何況也絕對沒有人會在重要場合吟唱數學方程式。

愛達將自己的工作描述為「詩科學」，因此是創意加倍，不可能被算式再製。

截至目前為止，電腦還不太會寫詩，我猜原因是詩詞缺乏一個可明確分析的形式──我指的不是公式。我們能，也應該

9　編注：莎士比亞在《理查二世》劇作中，以此句形容英格蘭。

學習詩的原理，因為這能提升讀詩的樂趣，但樂趣這種情緒很詭異，較不容易捉摸。

表面和裡子是兩回事，人類看得出詩是怎麼寫的，詩意卻像忽東忽西的小精靈，拒絕鑽進油燈裡，拒絕被瓶裝。人／AI可以學寫十四行詩或田園詩，或寫成對句，或寫成無韻詩，問題在於，怎樣寫才變得出魔法？詩的奧祕像生物學裡的突現性質（emergent property），妙處從字裡行間冒出來，卻也不盡然生自於字義，甚至也不太能從單字的排序解釋。這好比人的意識從大腦／心智冒出來，卻不代表大腦／心智。話說回來，詩不就是單字拼湊出來的嗎？不然是什麼？意識不代表大腦／心智，又代表什麼？解答：別的東西。怪是怪，卻是真的（詳見〈他不重，他是我的佛陀〉一文）。

✕ ✕ ✕

至於小說嘛……小說另當別論。人人心中都有一本小說，不是嗎？

現在網路上寫小說的輔助軟體多得是，能幫你建立故事架構、讓情節流暢，該出現驚爆點的地方來個超展開，幫你處理對話，擴展（或限縮）字彙，也能修改像文法這種簡單的東西。故事的主軸太龐雜？novelWriter 軟體有一項功能，能指點你怎麼寫。

舉個例子，如果我輸入：**一隻貓跌進礦坑，發現一個神祕世界，裡面的巨鼠族懂電腦運算技巧**。novelWriter 能幫我設定角色（鼠族嘛，角色八成很多），處理情節轉折，兩三下我就

寫好了一本小說（以老鼠為主題）。

換個角度看，假如我輸入：**伊莉莎白一世期間，一名青年在土耳其一覺醒來，發現自己變成了女人**。我大概寫不成吳爾芙的《奧蘭多》（*Orlando*）。算了，反正寫了也拚不過她。

二〇一九年出版的《創意碼》（*The Creativity Code*，暫譯）裡，數學家作者馬可斯・德・索托伊（Marcus du Sautoy）預言，二〇五〇年諾貝爾文學獎得主會是亞馬遜的語音助理Alexa。說不定會被他料中。也說不定只是數學狂的復仇狂想曲。

自我生成小說不是新鮮事。早在一八四四年，巴比吉就被諷喻雜誌《Punch》惡搞過：

> 敬啟者……本人業已成功研發出一部新專利小說寫作機，能應要求寫出各式文風的作品，題材不限……
>
> 巴比吉　敬上

還附上使用者評價：

> 有寫作機之助，我現在能在短短四十八小時完成一套三部曲小說。在此之前，若想完成三部曲，至少需要十四日之苦勞……

還有：

> W勳爵如今僅需餵以數十部當紅作品，在相對短的時間

內，便能產生一部全新的原創小說……

才子不再閉門造車一萬個鐘點，搖筆桿苦思。比安迪‧霍荷（Andy Warhol）的普普藝術更早登場。這不是為大眾創作的藝術，而是來自大眾的藝術，產品為數眾多。

不稀不奇，不特別。持續不間斷。重組再製。電腦（午餐時間去買三明治回家就有巴哈新聖詠曲五千首。布萊恩‧伊諾的永無休止音樂 app）。

對人類而言，這意味著什麼？對創意而言呢？

或者該反問，「意味」是什麼意思？對人類而言？對創意而言？你我勢必該再反思這些詞語：人類。創意。意義。

網際網路創始人提姆‧柏納斯李（Tim Berners-Lee）如是說：

重點在於連結。重點不在字母上，而是字母串成的單字。重點不在單字上，而是單字串成的詞句。重點不在詞句上，而是詞句串成的文件……從極端的角度觀之，這世界可視為一個僅有連結的世界，別無其他。

《一千零一網》（*Weaving the Web*），二〇〇〇年

或者如一九一〇年小說《霍華德莊園》（*Howard's End*）[10]

---

10 譯注：曾於一九九二年改編為電影《此情可問天》上映。

裡，作者愛德華・摩根・福斯特（E. M. Forster）所言：「唯有連結。」

或者如愛達所言，「可媒合現實運算與抽象思維⋯⋯」

在二〇二一年，Google 的下一個目標是普及運算（ambient computing），全方位連結萬物。硬體／軟體／用戶經驗／人機互動。物聯網（The Internet of Things）。整體整合。從貓門到咖啡機。語音啟動數位助理。3D 印製機。智慧家園。全體大合作。無影無形。全年無休。不必再點擊。心一想，東西就會出現。魔幻神燈。現實運算。思維。

愛達料中了，到頭來，能讓現實運算和抽象思維掛鉤的這份關係，能徹徹底底推翻我們對「真」的既有想像。重新想像出來的「真」，不久將能用來形容我們心目中的世界。

房裡的織布機
A LOOM WITH A VIEW

人腦是一部魔法織布機,由千百萬梭子奔竄交織成能淡出的圖樣。

——諾貝爾獎得主神經生理學家查爾斯·薛凌騰（Charles Sherrington）,一九四〇年

新興 AI 科技何去何從,能為人類帶來什麼新契機?溯源可能有助於你我洞燭機先。現代的關鍵劇變起始於工業革命時代的種種變遷。

地球歷史大約四十五億年,最古老的現代智人（homo sapiens）化石於二〇一七年在摩洛哥出土,距今三十萬年。如此一來,過去兩百五十年的史實,在歷史上不過是一個小點。我在倫敦的房子是一七八〇年代的建築,也度過了兩百五十年。

未來不必再等兩百五十年,只需二十五年,我們就能進入新紀元,能思考的機器和無形體的 AI 能和人類共存,融入日常

生活的一部分。目前許多新科技發展的方向不一而足，有物聯網，有區塊鏈、基因體學、3D 印製、虛擬現實、智慧家園、智慧布匹、智慧植入晶片、無人駕駛車、語音啟動的 AI 助理，各種科技終將合作，無所不在，Google 稱之為普及運算。科技將深植人心。這樣的未來重點不在工具或作業系統，而是著眼於「協作」系統（co-operating systems）。

科技進展神速。工業革命之初，習於農村經濟好幾個世紀的人類一覺醒來，赫見產業經濟帶來日復一日的夢魘。而數據時代將是地球史上最巨大的一場變局，比第一次工業革命更重大。在「機械時代」和「進步」之間劃上等號無濟於事。進步這個詞已不足以形容。

進步的代價龐大，對社會、心理、環境都造成衝擊。會計處理的不只數目字，會計和責任脫不了關係。這一次，人類必須面對進步的真實代價並加以考量。

地球科學家詹姆斯・勒夫洛克（James Lovelock）曾率先提出蓋亞（Gaia）理論，前不久他再提出，人類已來到人類世（Anthropocene，這個字由 Anthropos 而來，希臘語的「人類」）的盡頭，即將開創全新的紀元，進入新星世（Novacene，在天文學上，新星是一種能量突然迸發的恆星）。

和提出奇點臨近理論的雷・庫茲韋爾一樣，勒夫洛克相信，進入新星世之後，人類再也回不去了。不久後，人工智慧不再是工具，而將躍居生物的地位。

但在 AI 成為一種生命形式之前，全體人類的生活將沉浸在電腦世界中。虛擬現實的生活早有可能成真了，但我指的不是虛擬世界，而是一個和 AI 介面密不可分、依賴 AI 的社會。

我們需要向過去取經。過去的用途就在這一點。

好，我們回溯到未來的起始點。英國。蒸汽動力。蒸汽動力織布機。

在人類史上，比紡織更古老的技能沒幾種，最早可溯及至少一萬兩千年。人類需要服飾。改變人類織布法的關鍵，正是自動化。

✕ ✕ ✕

十八世紀，英國最講究出在羊身上的羊毛。

在我的家鄉蘭開夏，從前的人把綿羊捧為白色的真金。羊毛製品可穿戴，可鋪成地毯，羊肉也可以填肚子。和牛不同的是，羊所求不多，嚴冬在戶外照樣活得下去。在工業時代之前，綿羊是經濟奇蹟的主角。

在當時，英國人瘋羊毛，從頭到腳是羊毛絨面呢，襪子也是羊毛織，不這樣穿有損家風。八月大熱天也照穿不誤。

西歐不產棉花。十八世紀英國棉織品從印度進口，民眾紛紛改買印度棉織品，英國羊毛經濟因此失血。

棉花質軟量輕，染色後賞心悅目，洗濯省時也容易乾，不像羊毛西裝要掛在開放式火爐上，一面滴水一面烘。更重要的一點是，棉織品接觸皮膚不會刺癢，難怪女人到十九世紀才開始穿內褲。

可惜棉花很貴。在一七〇〇年，老練的紡織女踩踏板四十小時，才能把亂糟糟的一團棉花纖維抽捲成四百五十克的線團。

這份職業主要由婦女擔當。最早期，英國只有織女（spinster），沒有織男。

紡織女是名正言順的一種職業，有錢可賺，臉上也光彩，沒想到後來 spinster 被引申為剩女，成了找不到男人可嫁的失敗者。在當時，紡織女是社會上的人才，有志者能靠紡織自力更生。

把一絲絲的纖維纏繞進紡車的過程可以機械化作業。反覆不斷的任何動作交給機器，做起來都比人快。數千年下來，男男女女以手紡紗，直到十八世紀後半才有變革。一七六四年，詹姆斯・哈格里夫斯（James Hargreaves）發明珍妮紡紗機（Spinning Jenny），一七七九年薩謬爾・克朗普頓（Samuel Crompton）發明走錠精紡機（Spinning Mule），紡四百五十克的線團所需時數從四十小時劇降到三小時，不久後更縮減至九十分鐘。紡的步驟機械化之後，在一七八五年，愛德蒙・卡特賴特（Edmund Cartwright）也在織的方面有所斬獲。動力織布機進駐新工廠。十八世紀末，偉大的工業化時代開跑了。

工業革命是追求實用的一場革命。

人類從錯中學，知識傳承幾千年。到這個階段，人類改造了服裝、製造業、交通工具、暖氣、照明、武器、醫藥、建築。

追求更快，更便宜，更多的數量。

「短小輕薄」要再等一陣子才露臉，因為在一九五〇年

代，電晶體帶動電子革命之前，短小輕薄的特質還不受重視。

十九世紀的口號是：大就是好（大禮帽、襯裙、煙囪、鐵橋、蒸汽機、輪船、大砲，當然也少不了大工廠，規模宏偉，和人類不成比例。機器是怪獸，是《科學怪人》上臺前的暖場秀）。

蒸汽引擎毫無前例。走錠精紡機與動力織布機沒有先例，宛如智慧女神雅典娜從宙斯腦裡蹦出來似的。

—— 《蘭開夏產業區巡行隨筆》（*Notes of a Tour in the Manufacturing Districts of Lancashire*，暫譯），庫克・泰勒（W. Cooke Taylor），一八四二年

到了一八六〇年，英國仍是世上唯一全面工業化的經濟體，全球「**半數**」的鐵和紡織品都是英國貨（反芻一下這個事實）。

想像當年的新城市。偌大的蒸汽動力工廠，亮著煤氣燈，工廠之間蓋著連棟的分租屋。齷齪不堪，煤煙沖天，染料和阿摩尼亞、硫磺和燃煤的臭氣撲鼻，動態日夜無休，織布機噪音震耳欲聾，煤運來運去、馬車碾過圓石路面、機器鏗鏗鏘鏘聲不絕於耳。熙來攘往的人聲。

未久，我的出生地曼徹斯特成為全球棉花第一重鎮。在第一次世界大戰之前，全球有百分之六十五的棉花都在素有棉花城之稱的曼徹斯特加工。

原料多數來自原本是英國殖民地的美國。英國和美國的關

係綿密。棉花田多達數百萬英畝，由數十萬名奴隸耕種。一七九〇年，美國南方棉花農場外銷大約三千捆。到了一八六〇年，外銷數激增到四百五十萬捆。

工業革命是環保歷史上的一個轉折點，化石燃料大量開採出土，讓世界從此改觀。英國蘊煤量豐富，獨占初期優勢。燃煤比柴火產生的熱度更高更久，最重要的是燃煤的高溫能持穩。燃煤鍋爐能產生浩大的一團團蒸汽。

以煤燒出蒸汽，進而產生動力，先以紐科門（Newcomen）蒸汽機進礦坑抽水，然後以蒸汽推動織布機，隨後是鐵道蒸汽機和鐵輪船。這可是空前的創舉。跟過去來個超完美切割。船輕才可浮在水面上，異想天開才會想到用鐵可以造船。不划槳。不揚帆。用不著風吹。由某種魔力推進。齷齪、骯髒、黑臭的妖術。

這不僅僅是一門新科技，也是一種新汙染，層面遍及水、陸、空、農作物和人類。

財富與苦水一同高漲，只不過當時絕非全民均富均苦，德國哲學家弗里德里希·恩格斯（Friedrich Engels）觀察到這個現象，於一八四五年發表了《英國勞動階級狀況》（*The Condition of the Working Class in England*，暫譯）。

大批婦孺衣裝襤褸，齷齪如豬，在垃圾堆求生。街頭無水溝亦無人行道，死水灘隨地可見，工廠煙囪噴著黑煙。無邊無際的髒亂與惡臭。

照當時的描述，反覆出現的字眼是：**髒、臭、噪音**。

馬克思生於一八一八年，和瑪麗・雪萊發表《科學怪人》同年。他和好友恩格斯走在曼徹斯特街頭，所見所聞後來在一八四八年醞釀成《共產主義宣言》。

新機器進占工廠後，每人產能增加百分之二十五（這數據的意義值得深思）。然而，和工業時代之前相比，薪資上升不到百分之五。鄉下人的飲食和燃料不用錢買就有，前進新興城市生活之後，樣樣必需品都要錢。

人在城鎮的日子過得很卑微。沒有自來水，沒有衛生設備，居家環境如豬圈，空氣髒汙，住在貧民窟的工廠作業員平均預期壽命只到三十歲左右。錢好多。平等好少。難怪曼徹斯特當年素有「金陰溝」的美譽。

在《共產主義宣言》首章，馬克思一言隱然預測到二十一世紀，類似臉書創辦人馬克・祖克柏展現的「進展迅速，搞破事物」大科技年代心態：

> 生產線持續革新，所有社會狀況不停動盪，夜以繼日無所適從的焦躁，使資產階級時代一反先前所有時代之常態……固態之事物全然煙消雲散。

對於親臨其境的馬克思而言，科技進步能確保社會革命的發生，因為盈利一飛沖天，帶動進步，卻毫不考慮人類付出的代價多高。男男女女賣命付出，不同於戰爭時驟減的平均壽命，而是在人間煉獄茹苦含辛賴活著。馬克思指出，人民革命

即將發生，因為不革命的日子難以過活。

甚至，現在老戲又重演，在當前新自由主義派的宣傳下，工業革命被解讀為全民一起進步，只不過在進步的過程中難免有陣痛。這解讀既自圓其說，也過度簡化。

當時有一派反科技人士，通稱「盧德分子」（Luddite）。這名稱至今仍代表故步自封的守舊派。但是在十九世紀初期，盧德分子並不反對社會進步；他們反對的是剝削人力。

一八一二年，英國出現《搗毀織機法》（Frame-Breaking Act），毀損動力織布機者最重可判處死刑。盧德分子冒著九死一生的危險，不是抱著浪漫情懷，不是一心想重返鄉野仙境，他們只想掙夠錢、養活子女。

在工業革命的新世界秩序裡，極刑的威脅捍衛了資本與財產，勞工卻毫無保障。男女工人靠低薪撙節度日，忍受惡劣狀況，時時擔心飯碗砸了。對他們來說，哪有進步和改善可言？

在工業革命的頭五十年，人口激增使得身心的苦境雪上加霜。英國一八〇〇年的人口約一千萬，到了一八四〇年，全國人口幾乎成長一倍。小孩比以前多，表示嗷嗷待哺的嘴巴也更多，但兒童不是空有一張嘴而已。他們是**兒童**。

一八三二年，法令禁止未滿九歲的兒童從事工廠作業，卻也限制九歲以上兒童每週工時不得超出四十八小時。

要我重複嗎？九歲的孩子每週工作四十八小時。

事實是，在工業革命最初五十年，科技是空前創新，人民受的苦也是空前，而苦水的來源不僅僅是地獄似的工廠。

直到一八一五年，英國斷斷續續對抗著法國，大抵是為了防微杜漸，避免革命風潮颳翻英國王室。一七八九年法國大革命成功，主打的口號「自由、博愛、平等」獲得落實，反派感受到威脅，社會新秩序儼然成型。才幾年前，美國在一七七六年發表《獨立宣言》，開篇名言就是「**我們人民**」。

　　歷經這幾場政治巨變後，旅居英國的美國人湯瑪斯・潘恩（Thomas Paine）有心策動英國民眾擺脫階級制度心態，於一七九一年發表《人的權利》（*The Rights of Man*）。

　　潘恩的著作指出並探討「民權」──一個你我認為現代才有的概念，也是目前正面臨威脅的一個概念。

　　潘恩表示，人民應獲得人身、財產、職業、薪資的保障，公有土地之類的財產也在此限。稅務應採累進制，富人付的應該要比窮人多。應實施國民教育，政府應補助經費，也要開辦全民老人年金制度，帶薪育嬰假，年輕學徒應獲得津貼補助。

　　潘恩表示，政府的存在應以全民福利為依歸，否則就是暴政，必須被推翻。

　　和法國打仗是英國的聲東擊西之計，既省事，又篤定能轉移焦點，讓輿論無法專注於國內的貧窮、不平等、人力剝削等問題。

　　戰爭也提供一個徵壯丁從軍的機會。哥哥爸爸不在家，後果是婦女必須肩挑起男人的工作。工廠喜歡找婦孺來上班，原因是薪水比男人低。

　　憑性別壓低薪資（過去現在都一樣），附帶的好處是削減一份工作的專業性。

男人的差事一旦轉由女人扛，同一份工作的專業性馬上被降級。工業革命時代，男工拒絕訓練婦女操作機器，表面上看似大男人主義作祟，其實只不過是男人的生存之戰，因為男人明白，如果自己的妻子或姊妹能勝任同一份工作，自己的工資就會被壓低。在景氣蕭條時，如果只有一份工作可找，獲錄取的一個不會是他。

然而，並非人人都進工廠上班。在工業革命時代早期，經濟仍以農村掛帥。

在這段時期，英國史是共用土地圈分行動的歷史，共用土地紛紛被地方上的地主奪走。「圈分」的英文是 enclosure，有「懷抱」的含意，歷史學者為何挑這字眼，不得而知。

圈分是富人護著富人豪奪土地的行為。圈分是竊行，是針對國內實行的殖民主義。

一八〇一年，《圈地總法》（*General Enclosure Act*）頒布，搶地者更容易搶地，其他人更難分一杯羹，連事業還算發達的小農家也束手無策。土地爭完了，有些人有錢可拿，但錢一花就光，土地卻一去不回。

公地被圈分，低價租賃的土地被圈分，住在獨棟小屋或連棟屋的居民沒地可用，不能再養幾頭牛羊，不能在院子外多種幾田農作物，也不能任意撿拾柴薪回家驅寒或烹飪用。本來是全民都可使用的土地成了私人物業。

當然，這種現象古今都有，也不是英國的專利。不同的是，當時，在英國，這現象在國會立法下得以長期制度化進行。從一八〇〇年代初到一八七〇年代末，圈分法案皆偏心大

地主。

　　地方經濟通常靠非正式的以物易物制度保持均衡，圈分帶來一種密室恐懼症的效應。土地沒了，飲食和燃料跟著落空，迫使更多百姓猛鑽工廠體系的髒門而入。若非圈分，進工廠的人潮不會如此踴躍。我可不是空口無憑。那年代留下不少勞工對個人處境的敘述——不是粉飾太平的自我中心敘述——被迫進工廠做工的民眾自述多麼痛恨工廠體系〔想詳讀這方面文獻者可從恩格斯讀起，也可參考湯姆森（E.P. Thompson）的著作《英國工人階級的形成》（*The Making of the English Working Class*，暫譯）〕。

　　大批民眾因圈分而無地可用，陷入赤貧，被迫湧進工廠，求職者多於空缺，薪水跟著下探。

　　在工業革命之前，口袋有沒有錢不怎麼重要。自家種種菜，養豬牛羊雞，就餓不了肚子，如果還能自己縫製衣服、撿拾燃料，以販賣或交換的方式取得必需品，就算阮囊羞澀，生活也能過得愜意。

　　在工業革命之前，連富人都可能坐擁大片土地，但現金少得可憐——所以，娶個富家千金才是王道。

　　有人以為，薪資走揚，所以民眾獲得拯救並擺脫貧窮，這種假設並沒有設想到，把民眾推進貧井的正是經濟「進步」。

　　一直到領薪勞動階級成形，一直到工業化，薪資才成為衡量進步的標竿。

　　此外，薪資數據當然也衡量不到身心安康、獨立自主、幸福快樂和心理健全度。這些屬性來自於能推動經濟的生產力和

休閒活動，拿硬性的資本主義標竿測得到才怪。

話雖如此，薪資總算（拖了四十年才開始，比當時的平均壽命還久）開始逐步上升了。

全球首創的工會成立於曼徹斯特。當地工人明瞭到，與其揭竿起義抗爭，協商反而能求取更強勢的地位。

隨著經濟持續起飛，調漲工資對勞資雙方都有好處。加薪後，工人可以花錢購物，也可以買醉。琴酒癮是英國的國癖，這在工業時代前就有了，但只限於都會區。工業化之後，新城市崛起，也出現新的貧民窟，兩者交互作用之下產生致命效應，大量製造出一批酒癮纏身的下層階級。

每天做工十四小時，以馬鈴薯湯充飢，沒自來水可用，十個工人擠在骯髒的地板上睡覺，變革無望……

再來些琴酒吧！

馬克思說得對：遭受圈分和工業化雙重衝擊，老傳統、既有的忠誠度、殘存的家長式統治被無情摧毀，工人幾乎一蹶不振。回過神來之後，工人勉強能號召大家合作，凝聚出一股愈來愈強的群體意識（大團結）。

不是馬克思預測的那種人民革命，而是全新階級的人民聚集成群，不像古代同業公會那樣，不是叫同業團結起來，也不屬於教會或宗族，不分教派；湊在一塊純粹因為大家全是工人。

而且不限於國內同鄉的工人。

一八六二年，在曼徹斯特的自由貿易廳（Free Trade Hall），蘭開夏棉花工人投票表態排斥靠蓄奴盈利的美國南方，支持北

方廢奴。工人知道，反奴的結果將招致不少苦難（他們最明白苦難多難熬）。但到這階段，全球化意味著比自由貿易更大的遠景。這時是資訊時代的開端。

曼徹斯特的工人迫切關心美國南方黑奴的處境。在曼徹斯特，多數人一輩子沒見過有色人種。英國確實有黑皮膚的僕役——特別是在倫敦——但，整體而言，英國是一片白晃晃的國家。

棉花工人大團結，一方在美國棉花農場，另一方在英國工廠，雙方隔著大西洋連線，凌駕極端愛國主義、排外主義、種族主義之上。這不表示英國人不歧視異族。有色人種移民進英國的人數一多，歧視的風潮立刻變得囂張〔我認為特別是在一九四八年《大英國籍法》（British Nationality Act）實施後〕。話說回來，英國棉花工人反對美國蓄奴的態度是假不了的。

一八六五年，美國南北戰後依法終結蓄奴制度。後續一百年之間，美國緩步進行善後，黑白隔離制非結束不可，然後美國黑人才可在法律和社會上贏得全面平等。

法定廢奴儘管做得不盡完善，尾大不掉，卻樹立起重要的道德里程碑：隨著廢奴成功，人類再也不能憑恃「與生俱來」的權利宰制任何人。

這道理一箭射穿女權問題的核心。

所有婦女，不分膚色、階級，全是最親近的男性親屬的法定財產。寡婦擁有些許自主權。

但是，為什麼婦女一定就是男性親屬的法定財產？婦女自己的財產和薪水，為什麼一定自動歸丈夫管？小孩出娘胎，卻

不是媽媽的，而是爸爸的財產。男娃成年才脫離父親掌握，女娃長大結婚，被當成動產轉給另一個男人。

在工作上、社會上、家庭裡，女人為何不能依法受到平等待遇？

依性別制定的法定從屬關係，本質上即有謬誤，如今更是人類進步的一大阻力。就實質意義而言，沒有一個奴隸比人妻更像奴隸。

——〈婦女的屈從〉（The Subjection of Women）
作者約翰·史都華·彌爾（John Stuart Mill），一八六九年

瑪麗·雪萊的母親沃斯通克拉夫特著有《為女權辯護》，呼應湯瑪斯·潘恩的《人的權利》。沃斯通克拉夫特在書中為婦女爭取教育權、投票權、財產權、就業權，得到的好評甚至比不上《人的權利》，因為對全是男性的菁英階級而言，社會一踏上民主路線，無異於一場革命。

然而，《為女權辯護》一書是為女權運動鳴槍起跑。

扣扳機的是工業化。

在工廠裡，在不斷擴展的大城鎮，大批婦女每天在職場、在街上都有機會相聚，這是前所未見的現象。主外的男人一直都有機會在家門外見面。進工廠當女工固然很苦，婦女卻因此常有機會碰頭，而非只是在居家、村內、農場、教堂、做家事時才有機會相見。

女工們常交談。她們看得出，自己工作跟男人一樣辛勤。她們看得出，女人不只上班，回家（小茅屋）也要做家務事、

教養小孩。婦女每週工作六十小時，下班還要維繫家庭運作，為何被法律劃歸於未成年人的類別，在法律上毫無權利？為什麼和男人同工不同酬？為什麼屬於男性親屬的法定財產？

遲至一九七〇年代，英國才立法禁止性別歧視，規定同工同酬，借貸權和房貸權平等，教育和就業機會也平等。

一九七四年，美國實施《平等信貸機會法》（*Equal Credit Opportunity Act*）。

循經濟與社會「進步」（夯詞！）的進程來看，哈格里夫斯發明一臺能改變世界的機器，命名為珍妮紡紗機，已經是兩百年前的事了。

想和男人全面平等，女人還在奮鬥中。舉目看世界，有無數的婦女仍在原地踏步。她們還沒機會一嘗「進步」的美味。全球大約八億人民不識字，女性占三分之二，而這比例二十年不變。

進步。

進步這個詞到底有什麼涵義？

技術創新嗎？社會革新嗎？生活水準提升？教育？平等？全球化？全民？

從過去的教訓得知，各國政府必須立法，才有辦法讓新發明造福多數，而非少數。

十九世紀出現的立法，成了二十世紀被我們視為理所當然的常理：

《工廠法》限制工時，規定帶薪假。

工廠與職場設施必須合乎基本健康與安全要求。

兒童教育。童年是必須保護的一段人生歷程。

籌組工會以保障工作和基本生活薪資。

排水、下水道、自來水等衛生設施以及街道照明,由企業繳的稅金買單。立法規範貧民窟。

工人以優惠價搭乘公共運輸。

為勞工設置圖書館。夜間部。

甚至也規定設立市立公園。沒錯,十九世紀的人覺醒了——喔喔,發現圈分時期所有共用土地全被瓜分一空,但沒關係,這邊有塊地種種青草、建一座噴泉之類的,附上幾尊「偉人」(男)雕塑像,全部免費贈送,以維護勞動階級的心理健康,為他們打氣。

勞動階級。如同勞工史學名家湯姆森指出,「階級是一種關係,不是一件物品。」

換言之,階級被誤認為馬匹或房屋之類的名詞。階級不會憑本質存在。階級不是物品。也非地心引力那樣的自然現象。在一個平等的社會裡,階級不會存在。社會分化是關聯的,不是既有的狀況。

十九世紀自由放任派反對工人權利,反對社會契約,二次大戰後這派思想被美國與多數歐洲國家打得站不起來。

美國馬歇爾計畫屬於一種凱因斯式振興方案,主張貸款給歐洲,讓歐洲人有錢買美國貨。這方案頂撞了平衡預算的意識型態——平衡預算說穿了就是讓部分民眾繼續窮,以便讓其他

人發財。對貧窮問題撒錢有助於拉拔崩塌的經濟體。

一九四五至一九七八年間，美國經濟成長了超過一倍。德國重建成功，成為歐洲最高效率的經濟體。英國成立國民保健署，志在成為福利國，也擬定住居方案，並非十全十美，那還用說嘛，只要有人類插手，天下沒有一件事能完美。然而，一九六三年，甘迺迪總統說道：「潮水高漲，所有舟船皆漲升。」這話是事實。

在自動化的利弊之下，工廠制度付高薪了（終於！）。美國福特汽車工廠推出生產線和機械手臂，工廠體系一片新氣象，財源滾滾，前途光明──有前途的不僅是少數權貴，市井小民也一樣。

資本主義能屈能伸，這一點沒被馬克思主義信徒料到。資本主義不是一套僵化的體系。資本主義能和社會主義共存共榮。從中國、俄羅斯和前東德的經歷可見，資本主義也能管理共產主義。

這一點值得稱許。我是真的很讚賞。

資本主義落實了達爾文思想的真諦。我指的不是「適者生存」的陳腔濫調，而是資本主義具備調適的能力，能順應不同狀況，能因應怪現象，同時也能堅守原路線。

社會主義不需將立場設定為資本主義的死對頭。社會主義能調節過於放縱的情形，能挑戰盲目向前衝的自由市場信條。市場不是上帝。此外，儘管長期而言，市場或能修正衝過頭的缺失，但如凱因斯所言，「長期而言，我們全死定了。」

一九七〇年代時，我才十幾歲，歐美戰後的社會契約開始瓦解。

　　促成瓦解的因素太多了：產量偏低、通貨膨脹、石油危機、週休四日、越戰殘局。尼克森於一九七一年片面放棄金本位制。工會掀起滔天巨浪（在英國，礦工要求調薪百分之三十五，觸發了週休四日制。後來一九八五年，首相柴契爾夫人打壓礦工，調薪不了了之）。

　　如今回首一九七〇年代，感覺彷彿當時才是西方工業革命時代的結尾。那時，我們等著電腦時代降臨，而電腦仍不成氣候。桌上型電腦到一九七〇年代中期才問世，而且不是由企業推出，而是由男人在車庫裡拼裝而成。

　　速度加快也能導致過勞，因為摩爾定律不適用在人類身上。照摩爾定律，每兩年，晶片上的電晶體數目多一倍，運算速度加快，價格降低。人類有時不放慢腳步不行。我們的點子用光了。

　　我覺得，在一九七〇年代晚期，左派好像力不從心，提不出夠力的新思想。

　　反觀另一邊，右派的想法很多，不是新的想法，但已有重新定位的準備。

　　右派是在老調重彈。解除管制。人人都能「自由」以「市場」價格販賣勞力。

　　工業革命時代的工廠體系不就唱這調子？

　　舊夢重溫。

× × ×

　　我在二〇二一年落筆時，全球經濟因新冠病毒而停擺，這是現代人一輩子沒看過的奇景。唯一能拯救西方經濟體的路線是社會主義，規模是夢寐以求的大。薪水由國家支付，企業貸款由政府撐腰，就業有保障。

　　大社會主義的背面是科技公司賺滿了荷包。亞馬遜每秒進帳約一萬美元。

　　亞馬遜靠商家賣產品抽成賺錢。你或許會嗆說，店主不都靠分紅賺錢嗎？對是對，不同的是，實體店家在社區裡生根，是地方的一部分，而店主繳個人所得稅和企業稅，能讓政府用來間接教育就業者、養路修路、資助醫院等等。

　　亞馬遜的運作原理是壓榨：付低薪給員工，企業稅低到荒謬絕倫，也因跨足全球而拒絕對任何地方負責，只看股東臉色行事。

　　做這種事的公司不只亞馬遜。Google 和臉書都只僱用少數人——例如臉書只花百分之一的營收付薪水——卻從所有地球人身上撈錢。

　　這不是開創財富，而是榨取財富。Uber 從計程車資抽成，Airbnb 誘使你讓出自家床位來搶錢，也是同樣的道理。

　　你出租床位或許賺了些錢，但你在飯店上班的朋友也可能因老闆搶不到生意而被開除，或者朋友薪水一直漲不起來，因為飯店房價非壓低不可，不然爭不過 Airbnb。

　　在此同時，租屋族愈來愈難租到租金實惠的房子。理想地段的房子常被 Airbnb 標榜為「住家」租給外人。我們喜歡嗎？

才不，我們很討厭。

「共享」經濟（共享不是金融交易——文字難道毫無意義嗎？）的營運模式沒考量到社會後果。共享經濟影響到第三者，影響到民眾住得起的欣欣向榮城市，促成漫無止境、漫無目的的遠行，後果是對地球造成負擔，這些問題全部被排除在外了。

科技公司無所不在，無影無形，絕對能把「事物」送到你家門，例如你搜尋的資訊、和你互通聲息的朋友、你想聽的音樂，或又一盒由低薪從業員送抵的包裹。表面上，這是你和所求事物之間的一種直接關係，由善意的「服務」提供者負責配送。這些公司的確提供了服務，但代價很高。地方徵不到企業稅。在地商店一家家倒閉。每買一件東西，每次搜尋，每次點擊，每按一次讚，隱私和匿名性全奉送出去。

馬克思遊走在工業革命時代，勸工人主動控制生產方式。

只不過，如今生產方式變成「人類」了，那又怎麼辦？

更確切的用語是，壓榨方式。

無論你的正職是什麼，你我和全人類都正在為科技公司效勞，不領薪水。免費的東西才不是免費送。代價是你的資料，是你自己。

你我能重新掌控**自己**嗎？

要視你對人性的見解而定。

從第一次工業革命的經驗得知，沒受過教育、資源短缺的

民眾也能團結起來，改善自己的處境也造福多數人。工會行為是眾志成城的表徵。

　　想像一下，假如工業革命是群策群力的成果，是全地球和全民合作的行為，沒有奴隸，沒有童工，不剝削，不圈分，不掠奪地球資源。你可別急著喊：不可能啦。事實證明的確不可能，沒錯，不過，如我開章所言，我們可以向過去取經。下一場革命未必一定要是少數人獲利的社會噩夢。

　　科技發展到下一階段，人類需要的科技包括自動化和機器人，包括智慧家園和普及運算，全是人工智慧的體現。科技沒啥好怕的，使用得當就不必害怕。發明動力織布機，不一定要促成令人痛恨的工廠體系和貧民窟城市，而是把男男女女從長時間勞動解救出來。結果，卻導致工時加長。

　　傑出經濟學家兼人類學家大衛・格雷伯（David Graeber）曾指出，有些行業是「狗屁工作」（bullshit jobs）。這種工作即便被掃除也沒人哀悼。我們現在需要的是經濟公平性。永續和成長不是二選一。資訊時代真正要的是資訊，不是宣傳口號，不是假消息，不是睜眼講的瞎話。

　　我們的問題在於，政府不懂得如何針對大科技立法。Goolge、臉書和亞馬遜賺的錢滿坑滿谷，總部所在地的政府想照理徵稅都有困難了。

　　疫情讓這些科技大廠賺爆了，我卻從沒聽說他們主動多繳一點賑災稅。疫情期間，亞馬遜股價最高激增了百分七十，部分員工獲得加薪百分之七——這屬於「危險加給」，過一段時間會回歸原薪水平。

二〇二一年，英國高等法院判 Uber 應將其從業員視為公司員工。這份判決書在全球各地引發效應，Uber 不從，進行法律戰，在美國獲得勝訴。

媒合司機和乘客的點子很不錯，理論上能鼓勵民眾不必再買車自用。Uber 的科技能為地球和人民做好事，可惜 Uber 並不挺身而出做好人——成本太高了啦——所以反制 Uber 的唯一途徑是立法。

Uber 只是一例。我讀得愈多，愈發現科技公司目前技高一籌，能推卻社會責任和財稅責任，戰勝幾十億人，大家只能全年無休、一毛錢一毛錢滋養他們。

問責原則很重要。在數據時代，問責是一種責任。大科技應該體認這一點。

大科技一般指亞馬遜、蘋果、Google、臉書、微軟這五大龍頭。實際上，大科技泛指能觸及全球、控制全球的現象，也是一套想橫掃全球卻無需對「**地方**」負責的營運模式。Uber 和 Airbnb 不是五大，卻同屬於一丘之貉。如果科技公司喜歡這套模式，那我們只能祭出立法這一招來對付。科技霸凌喜歡打人喊救命，宣稱立法一定會扼殺創新能力，其實不會。立法扼殺的是想勒死我們的新發明。

再舉一個例子：臉書想找雷朋眼鏡公司合作，想研發臉部辨識眼鏡。

你一戴上這副眼鏡，看見一張人臉，臉主人的底細瞬間呈現在你的手機，資訊全從社交媒體帳戶搜刮而來。資料庫軟體 Clearview AI 能讓人臉和個資配對，已經有這份潛力了。

你以為，自己的臉歸自己擁有？早過時了，那是上個世紀

才有的老觀念。目前是共享經濟。我們分享，讓科技大公司來收割。

湯瑪斯·潘恩曾在一七九一年寫道：

一群對任何人都不負責的人，不應得到任何人的信任。

從科幻到 Wi-Fi 到自體式 Wi-Fi
FROM SCI-FI TO WI-FI TO MY-WI

世上有了這些東西，人類可無時無處跟他人保持聯繫，可以和天涯海角的朋友互通聲息，不知他們身在何方也行。到那階段，可能是五十年後吧，人在倫敦可以辦的正事，移到大溪地或峇里島都能搞定。

——BBC 節目《地平線》（*Horizon*）
主持人亞瑟・克拉克（Arthur C. Clarke），一九六四年

克拉克口中的「東西」是衛星和電晶體。

先從電晶體談起。

一九六五年，我爸在電視機工廠上班，帶了一臺電晶體收音機回家。

在老家，我們仍有那臺威風的閥門放大器（valve-amp）收

音機，盤踞半個客廳。小時候，我母親在客廳聆聽邱吉爾首相的廣播，我爸則在戰場上打仗。一九六〇年代的我是個小小孩，喜歡坐在嗡嗡響的大收音機後面，看著真空玻璃管亮著橙黃燈，好溫暖，有仙境的感覺。

×　×　×

英國人當時把真空管稱為閥門，玻璃管裡的空氣被抽光密封。管子尺寸大小不一，形狀像嬰兒奶瓶，吸嘴近似乳頭，裡面的陰極（燈絲）被電流加熱後，一群電子從陰極衝向陽極（金屬板）。陽極不熱，但帶正電。由於管子裡真空，獲解放的電子只能往一個方向前進，衝向陽極。釋出電子能產生能量（電場）。

真空管的發源地是英國，由約翰・安布羅斯・弗萊明（John Ambrose Fleming）在一九〇四年發明。其實，真空管是白熾燈泡的衍生物。一條燈絲放進空氣被抽光的玻璃管子裡，就是白熾燈泡的概念。燈絲發熱時，會釋放電子進真空裡，這現象叫做「愛迪生效應」〔Edison Effett，術語是熱電子發射（thermionic emission）〕。愛迪生於一八七九年發明電燈泡，後來弗萊明發現，如果在類似電燈泡的真空環境裡再加一個電極，加進來的這電極（陽極）能把燈絲變熱後釋出的電子吸引過來，因而產生電流。

試想一下古董燈絲燈泡，就很容易想像真空管。

維多利亞時代那款呈奶嘴形——就跟真空管一模一樣。

　以前的電燈泡熱起來有多燙，記得嗎（你八成沒印象了，是我太古老）？太燙表示能源生成之後沒用在發光上，白費了，所以英文才用「熱度有餘，光度不足」（more heat than light）來形容「引發激辯卻辯不出結果」。這麼棒的成語是我童年的寫照──「氣到白熱化」（incandescent with rage）。

　低電量的燈泡熱不起來，不常造成三度燙傷或被輿論引用。

　言歸正傳，再談談真空管吧。

　早期的廣播訊號有賴真空管的功能，而廣播訊號包括電話網、電臺或電視，當然也包括早期的電腦。

　真空管有其妙用，可惜一敲就碎，而且占地方，耗能源，因為陰極一熱，整個真空管跟著熱起來。早期的電腦因為裝滿真空管和全長幾公里的電線，所以體形龐大，用電也超多，散發出的橙黃光美美的，全是浪費掉的電。

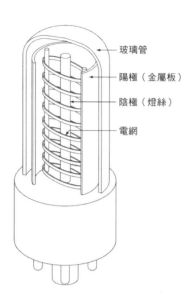

玻璃管

陽極（金屬板）

陰極（燈絲）

電網

　　一九四七年，紐澤西州的貝爾實驗室電機工程研究員觀察到，金質的兩個接觸點（point contact）如果分別碰觸到鍺（原子序數 32）製的碳結晶，能在輸出大於輸入的地方產生訊號。不發熱，不耗電，能源也沒白費。研究員描述這是變阻器組裡的跨導現象（變阻器是視輸入而產生不同阻力的電子零件）。

　　描述得很貼切，電機工程研究員樂不可支，可惜「變阻器跨導」這名稱太專業，絕對推銷不出去。貝爾實驗室內部另有一派主張改名叫 transistor（電晶體），因為（*ISTOR*）有科幻小說的味道，未來感比較濃，而（*TRANS*）簡明扼要。結果不久後，這項能改變全世界的新品就定名為 transistor。

　　經研發後，「點接觸」電晶體成了「接面」電晶體，能強化或引導電子信號。以一臺類比收音機來說，藉大氣傳導的訊

號太薄弱了，不放大的話，人耳聽不見。電晶體能藉由內建的揚聲器放大訊號。

　　到了一九五〇年代中期，美國克萊斯勒汽車公司推出車上型的全電晶體收音機，副駕駛座上的老婆頭上不再有二十磅重的一排真空管在發光。

　　然而，一直到一九五七年，新力（Sony）才推出全球首批量產的電晶體收音機 TR-63。

　　這種掌上型收音機配色花稍，有綠有黃有紅，款式摩登（古典收音機非褐即乳白，看起來像上一輩的衣櫥），更棒的是，新力收音機能收進口袋隨身帶——呃，口袋大一點才裝得下。據說，新力的業務員都穿特製襯衫，胸前的口袋特別大。撇開業務員的衣服不談，這產品很酷很精美，現代感十足。沒

有陰極，所以不發光，不必等它加熱。在這之前，想聽BBC全球報導，要先按絕緣開關，聽它發出熟悉的喀嚓，再等幾分鐘，收音機才沙沙出聲。

TR-63吃九伏特電池一顆，內建多達六個電晶體，拆開背面一看，裡頭的電路板簡直像一九五〇年代亂塞一通的行李箱。

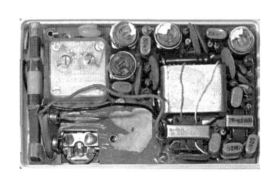

但這是未來世界的濫觴，具備了今人無所不知也熱愛的潮語：**即時、可攜帶式、個人**。

到了一九六〇年代初，電晶體逐漸取代了真空管，引領科技發展風騷。最絕的是，電晶體的體積很小，這份特質讓一切改觀。

最原始的電晶體長約一點三公分，裝在印刷電路板上。一直到一九七〇年代，英特爾才開發出積體電路（integrated circuit），把電晶體刻進矽，把鍺淘汰掉。隨後，電晶體愈變愈小，比小還小，簡直像精靈世界裡才有的東西，小到iPhone 12

裡有一百一十八億個。

談到這裡，我們深思一下。

新力掌上型 TR-63 收音機裡有六個電晶體。這表示現在每人一手掌握的電晶體就有一百一十八億個。

然而，當時和現在之間也發生了不少大事，登陸月球就是其中一樁。

一九六九年，阿波羅十一號降落在月球上。對此，理論物理學家兼作者加來道雄（Michio Kaku）曾說：「一九六九年，NASA 把兩位太空人送上月球，今天，你的一支手機運算力勝過當年全 NASA 的電腦。」

這不表示你滑一滑手機就能學嫦娥奔月，但從這角度看，比較容易認清運算力短期內陡升的榮景。

iPhone 的運算速比一九六九年暴增了十萬倍，那又怎樣？

能怎樣？多半是用來玩手遊。人類有的是智慧，可惜終究還是大猩猩一群。丟根香蕉來吧。

提到香蕉，記得《駭客任務》（*The Matrix*）系列電影裡的手機嗎？彎彎的，曲線像香蕉。《駭客任務》演得像世界到頭來終究只是一場虛擬戰，劇中的道具手機是諾基亞 8110，一度是全球頂尖的行動電話。可惜不是智慧手機。一九九六年諾基亞 9000 Communicator 手機率先上網，功能相當有限。

智慧型手機——不僅能打電話的數位器材——一九九四年由 IBM 開發成功，推出 Simon Personal Communicator，很難用，不過除了能打電話之外，還能收發電郵，甚至能傳真。

再往前推三十年，一九六六年，博學天才、科幻作家娥蘇拉·勒瑰恩（Ursula K. Le Guin）發表小說《洛坎農的世界》（*Rocannon's World*），在故事裡發明一種 ansible，能傳簡訊發電郵到天外，一端固定在一個地方，另一端能隨身攜帶。人類等了好久，她的構想才在地球上成真。

一九九九年，黑莓公司的智慧手機上市，配備 QWERTY 式鍵盤。黑莓機一如勒瑰恩的構想，有鍵盤有螢幕，能通電話，但主要功能是收發電郵。

進入二十一世紀，我們才盼得到蘋果推出 iPhone。

二〇〇七年，蘋果公司已經靠 iPod 日進斗金，有人勸賈伯斯「做」一種手機，把 iPod 的功能全保留，另加電話、電郵、簡訊、上網的功能。手機原本是很陽春的電子產品，擅長開發電腦的蘋果公司最後把手機做成小電腦。iPhone 能靠 Safari 瀏覽器上網，嚴格說來不算手機，而是一臺口袋型電腦。

翌年，二〇〇八，金融風暴橫掃全球，蘋果成立應用程式商店，為真正的智慧手機開啟新紀元。能下載 app 的手機能上網和世界連結，用戶也能依個人喜好調整功能。

這是先見之明的創舉，幕後的推手是駭客和軟體開發者，因為他們領悟到，電話的作用**不是**用來打電話。

　　臉書帶動了一場通訊革命，如今，手機已變成以社交媒體為主的器材。現在，我們用手機玩 Instagram、Snapchat、WhatsApp、推特、YouTube、手遊、讀 BuzzFeed 網站、訂飲食、叫計程車、搜尋網路、對 Siri 下指令、啟動 Spotify 或 Sonos，有時，也許，打通電話。

　　曾幾何時，電話變得名不副實了。

　　普及運算是 Google 即將實現的美夢，說穿了就是物聯網，從冰箱到手機等等的智慧器材全部連線，日後再把人類**直接**連上 Google 的各項產品，在人與人之間做一個連結——要先在人腦裡植入奈米晶片。照這計畫，最終的目標是讓你不再盯著手機看。目前，百分之九十七的美國人和百分之三十七的地球人是手機用戶 [11]。

　　智慧手機從二〇〇七年起飛，能飛多少年才飛不動？改變世界的發明當中，比智慧手機生命週期更短的可能沒幾個。

　　BBC 主持人克拉克在一九六四年預言未來，當時目睹了電晶體的衝擊力暴漲，但他也明瞭，通訊想交織成網必須靠衛星。

　　宇宙掛滿了天然的衛星，地球本身就是太陽的衛星，月亮是地球的衛星。本文談的是人造衛星，而第一顆進入太空的人

---

11 譯注：這是原著完成時的數據，如今智慧手機的用戶比例不只百分之三十七。

造衛星是史波尼克（Sputnik）一號。

史波尼克像一顆長了好多觸角的鋼鐵海灘球。蘇聯在一九五七年發射史波尼克衛星。NASA急忙在一九五八年跟進，自行研發出探索者（Explorer）一號。當時冷戰方酣，一方是蘇聯，另一方是由美國掛帥。紅軍能做的東西，西方國家非做得更好才行。

事實上，英國知名的久卓爾堤（Jodrell Bank）望遠鏡之所以獲得營運所需的資金，全因為它能專門偵測無線電波，以追蹤史波尼克一號的動態。這座望遠鏡是當時全球最大的可控式碟型望遠鏡，如今則位居第三名。

超越討厭的俄國人是美國的一大要務。一九五九年，NASA的探索者六號從太空傳回首批湛藍的地球照，供惺惺相惜的民主自由陣營共享。

今天，太空裡的人造衛星有幾千顆，多數供各國從事科學研究，也包含氣象衛星和追蹤小行星的衛星在內。其他衛星用來相互合作之用，例如電信公司，以及全球衛星定位系統。GPS能指出你的所在位置，也能公告周知。

電視和電話訊號要靠衛星網路傳輸，訊號向上傳至衛星，瞬間傳回地球給另一方，訊號不再受高山之類的障礙物阻撓，也不必在地面牽幾萬里的電纜交織成網。

馬斯克的SpaceX旗下有個星鏈（Starlink）計畫，控制了超過百分之二十五的現役人造衛星。他也申請在二○二五年之前發射一萬兩千顆上天，最後總計四萬兩千顆。衛星射不完，總有光害和消耗能源等疑慮。科技不停推陳出新，多數民眾根

本不知所以然，等到撥雲見日的一天到了，想立法規範卻為時已晚。馬斯克極力反對規範。何況，太空是誰家的？不是馬斯克的。搶進太空是另一種形式的搶土奪地，另一種形式的圈分。政府一定要加緊規範太空，如果再不立法，太空已經被搶光了。

一九六七年《外太空條約》（*Outer Space Treaty*）宣布，太空以惠澤全人類為原則。

到了二〇一五年，《商業太空發射競爭法》（*Commercial Space Launch Competitiveness Act*）用語變了：「從事商業探索與開採太空資源。」

科技新穎。商業模式老套。

衛星這東西簡單得不得了，同時也複雜到不可思議。史波尼克一號的大小真的跟海灘球差不多。一如所有人造衛星，史波尼克一號具備天線和電源。天線能收發資訊。動力的來源可以是電池，也可以是太陽能面板。

從科幻進化到無線上網，從未來願景變成口袋裡的手機，牽成者是電晶體和人造衛星。

人們總認為，二十世紀最大的發明是電腦，但假如沒有電晶體和衛星，家用電腦一定還在用真空管，占據整間客房，想上網還得透過室內電話線撥接。

歲數夠高的人都記得吧？從前上網要先接電話線，用數據機慢吞吞、吱嘎嘎撥接。其實那時代離現在不怎麼久遠，不像電燈泡問世那麼古早。我定居英國鄉間，到了二〇〇九年還沒

寬頻網路可用。那年,我和一位住在倫敦的紐約酷女談戀愛,她的上網設備一應俱全,我則是徒裝網路通。我早上常常把筆電架在切麵包板上,牽一條延長線,接進樓梯底下碗櫥裡唯一的電話插座。用完後,我偷懶沒拆掉延長線,結果過了一個禮拜,延長線被愛啃電線的老鼠咬斷,我落得沒電話可打,沒網路可上,跟不上進步的潮流。

話說回來,什麼是 Wi-Fi 無線上網呢?

先講明 Wi-Fi 不是什麼。Wi-Fi 不是無線高傳真的簡稱。

Wi-Fi 原名 IEEE 802.11b 直接序列(Direct Sequence),是一種無線電波,是大家都熟悉的無線電波,只是這名稱宅到爆。有誰願意採用呢?只有英國科幻影集《異世奇人》(Doctor Who)裡的外星人吧。所以,在一九九九年,品牌顧問公司 Interbrand 借用高傳真(hi-fi),發明了一個好說好記的新名詞,普及化至今。

同樣在千禧年將至的那個時間點,很多人都在聽王子(Prince)專輯《1999》(1999)狂歡的當兒,蘋果公司首部 Wi-Fi 筆電上市。

是不久前的事。時光離現在好近。

到了二〇〇〇年,市區普遍有寬頻網路可用。真實的新世紀剛展開,感覺像是真要迎接新的開端。

結果呢?

一九九八年，Google 剛起步，是個小小的搜尋引擎。在Google 之前，網路搜尋像翻電話簿，照著名詞一條條找，枯燥又龜速。史丹福大學生索爾蓋・布林（Sergey Brin）和賴瑞・裴吉（Larry Page）自認能做得更好。到了二〇〇三年，Google 成了雅虎的預設搜尋引擎。Google 在二〇〇四年成了股票上市公司。同年，臉書加入世界——也可以說是世界加入了臉書。

　　新世紀的頭十年很了不起：維基百科在二〇〇一年登場，YouTube 在二〇〇五年，推特在二〇〇六年，Instagram 則是二〇一〇年。

　　就連固有的事物，例如閱讀，也搭上革命列車。iPad 和Kindle 帶動了電子書出版熱銷。

　　汽車上街後，腳踏車並沒有絕跡，同樣地，紙本書也沒被暢銷數字和閱讀器消滅。實體書就像水果和雞蛋，在我眼裡是再完美不過的東西。然而，再完美的形式也照樣演進中，腳踏車就是一例。

　　世上並不是所有事物都注定被取代。

　　人類呢？會被取代嗎？最起碼也會愈來愈無足輕重吧？或者，人類持續演進中？

　　進入二〇二〇年代以後，物聯網將開始強迫現代人演化，逐步緩蝕我們所知的人類。

　　但是，在談論萬物都連結的物聯網、人與人直接連線之前，我們先回歸網際網路主體，反瞻來時路並展望將來去向。

一九六〇年代末的美國，嬉皮的愛之夏（Summer of Love）剛結束，阿帕網（ARPANET）採用一種英國封包交換系統，可讓各研究機構互相傳遞有限的資料。在此同時，TCP/IP 協定套組成立。

　　大家熟知的名詞 INTERNET，其實是 internetworking 的簡稱，在一九七〇年代流傳開來，用來描述依同一協定連接起來的幾套網路。

　　當時瑞士日內瓦歐洲核子研究機構物理實驗室有個英國人提姆・柏納斯李，發明了超文本標記語言 HTML（hypertext mark-up language），能讓超文本文件交織成資訊系統，方便網路中的任何一個節點（電腦）都能存取使用。

　　一九九〇年，我們所知的全球資訊網（World Wide Web）成形了。你不妨把網際網路視為硬體，資訊網視為軟體。到了二〇一〇年，資訊網變成數十億地球人進出網際網路的門道。

　　此外，我們當然也用 Google 搜尋。網際網路愈大，搜尋引擎也要更精進才行，但問題是，我們在搜尋時，會不會受到黑手的影響？搜尋到的結果有無偏頗？搜尋到的資訊會強化什麼觀念？什麼資訊被排除在外？搜尋算式含有什麼樣的偏見？

　　我們每輸入一個字串搜尋，真的喜歡廣告迎面撲來嗎？

　　喜歡個資被追蹤、溯源、重新包裝嗎？喜歡被算式論斷歸類嗎？

　　我上網，為什麼不能單單純純買個東西就好，不必在網站隱私政策上點擊「接受」？一旦「接受」，不正表示我剛買的東西被人看光光了？

　　資訊網個人化是搶錢絕招。只要上網，網路為你量身訂做

一切，「協助」你瀏覽更省時，更容易找到自己想要的東西——通常是你可能被說服想要的東西。這是消費者的新模式，是顧客雙重付費的概念：一次掏錢買商品，一次無償奉送個資。個人資訊多麼寶貴啊。就算不網購，就算只是隨便瀏覽，玩玩社交媒體，我們也在掏空自己的個資。

數據剖析（data profiling）能分析使用者行為，方便商家打廣告時精確針對個人。廣告不只想再推銷你買過的東西，更想從你上過的網站得知你可能會心動買什麼。

被推銷還不算什麼，較令人憂心的是新聞的演算推送。算式能依你「想」看什麼消息，找同一類型的消息塞給你看。所謂的「編輯嚴選」是由你個人點擊、按讚的內容來判定。算式看你懂哪門子小知識，看你個人有哪些偏見，然後多找一些類似的內容，一而再、再而三餵你吃，好讓置身回音谷裡的你再點擊，再按讚。眾家各派的意見全消失了，世界觀也愈縮愈窄，內容受箝制。當然不是受制於新聞檢查制度，那是獨裁政權的套路。表面上全是你個人的抉擇，別無他人干預，你只受微乎其微的影響。全是為了體貼你。

人一生做的事有對有錯，錯多於對，常犯錯，常改變心意主意。有網路剖析你的心向，你再也不必選錯，好像永遠不會再犯錯，永遠不用改變主意。網路看你買過什麼東西，再推銷給你就是了。你會讀你已經讀過的主題。放大，加倍。一百倍。

隨著語音助理 Siri 和 Alexa 成長，假如 Google 針對每個人

研發出真正的個人助理，這趨勢會更加耐人尋味，令人憂心。

Siri 和 Alexa 很好玩，不過說實在的，其作用只是幫用戶對既有的器材下指令：開啟亞馬遜 Storytime 說故事功能、播放 Sonos 曲庫的音樂、為貓食補貨、啟動 Nest 室溫控制、進行比你快幾倍的網路搜尋。

人工智慧的個人助理，會是一個縮小版的你自己，是一套神經網路，是受過培訓、懂得辨識習性的一組算式，能學習你想要、需要什麼，明白你最愛吃什麼，旅遊的喜好有哪些，記得你喜歡哪間餐廳，誰的電話等你回，提醒你忘了繳什麼費，忘了誰的生日，也記住你所有的數位相片、簡訊、電郵。不管你把事物藏在哪裡，它都知道。你的政治觀呢？見不得人的祕密呢？甚至想法呢？

Google 創辦人賴瑞‧裴吉曾如此展望不久的未來：

我們最高遠的志向是讓 Google 用戶經驗全面昇華，讓 Google 用起來易如反掌，幾乎到了出神入化的境界，因為我們知道你要的是什麼，能在瞬間呈遞給你。

你要什麼，它都知道，都能呈遞到你眼前，而你的一切也都被記錄下來。網路餅乾（cookies）是追蹤用的小程式，被植入你的電腦裡。到這個階段，你個人不需再搜尋，因為為你量身訂做的個助能幫你搜尋，不需再設定隱私偏好。但其實現在根本沒隱私偏好了。即使是氣象 app 和叫車 app，表面上好像很乖巧，骨子裡卻暗藏追蹤程式在攪局。

能複製你心性的個人助理，讓人忍不住也想要一個。

設想周到、聰明能幹、隨傳隨到、大致上免費。有這樣的幫手，誰不想要一個？在從前，這樣的幫手叫做老婆。都怪女權運動跳進來掃興。

當然，假以時日，這樣的幫手也可能成為雙面諜。在一九八二年電影《銀翼殺手》（*Blade Runner*）的世界裡，你可能會被虛擬小助理舉報給警方處理。

小助理知道錢藏在何方，去哪裡挖得到屍體，同夥人有哪些，躲在哪裡。

你逃得出警網嗎？在現金不通行的世界，你最初一切會用手機支付，然後靠虹膜或指紋辨識，或者植入晶片，外在的器材全淘汰。你自身將成為一個器材。皮夾用不著了，手機和鑰匙也是，進辦公室不必再刷卡。你會變得自由自在。也會到處被跟蹤。不對，應該是沒必要再跟蹤了，因為你有專屬衛星，方位一查就曝光。

科幻寫的通常是主角和友人共處的反烏托邦，對於能從中獲利或能接受困境的人，則算是烏托邦。我猜想，未來世界不會這麼兩極化。如 BBC 節目主持人亞瑟・克拉克在一九六四年所言——「未來將不會僅僅是現在的延伸。」

能確定的是，「隱私是時代錯置的用語」（多謝你了，馬克・祖克柏）。如同電腦世界的其他系統，我也將全年無休開機，總是被看透，能隨傳隨到，睡夢中、想事情的時候也一樣。將來，我「自身」不歸我擁有。我的自身和被摸清的我將融合為同一套數據。不久後，我和另一個我（Google 眼裡的我）之間的介面會變得多餘，兩者將合而為一。

解讀人的思想會變得輕而易舉。植入智慧晶片能雙向運作。

令我激賞的一本科幻小說《密威治怪人》（*The Midwich Cuckoos*，暫譯），作者是約翰・溫德姆（John Wyndham），故事在一九六〇年代搬上大銀幕，改名為《準午前十時》（*Village of the Damned*），一九九五年再由導演約翰・卡本特（John Carpenter）重新詮釋。

現在，英國 Sky 廣電公司有意將這本小說再改編為電視節目，一共八集，由影集《夜班經理》（*The Night Manager*）的編劇大衛・法爾（David Farr）執筆。可見這故事的衝擊力延續至今。

故事設定在英國村莊密威治（Midwich），產齡婦女懷孕生金髮嬰兒，孩子長得很快，腦筋機靈得令人毛骨悚然，而且能彼此心電感應。所有村童根本就是能互通訊息的神經網路。

他們也能看透別人的心思。凡事休想瞞過他們。他們自稱本性善良，只不過，誰說得準呢？

你在臉書上點擊十次，臉書就能據此拼湊出一份分析報告，準確度勝過母親或另一半，甚至比你對自己的瞭解還精闢。

心中不再能暗藏私密了，世界會變成什麼模樣？

不再能暗自行動了，世界會變成什麼模樣？

物聯網一旦成形，任何物體都將自成一臺電腦。冰箱能統計你買來吃的飲食，而且如果你成為減肥 app 的用戶，冰箱能直接訂購你該吃的食品，美其言「協助」你，也能在你犯戒時自動鎖死。不久的未來即將多一份苦惱：狗急跳牆的用戶將急著駭進自家裡的電腦。

智慧床將能監控你的睡眠，輔助你睡得香甜，能視情形調節床溫，能管理光源，能將身體狀況提報給機器人醫生。你可能要服藥。你今天可能不適合開車。你昨晚有沒有行房？沒有？你和另一半的關係美滿嗎？該去看心理諮商師了吧？或者來一顆威而鋼？

在智慧廚房裡，烤麵包機會提醒你，今天不准吃碳水化合物。智慧馬桶能檢查你的排便（不是我胡謅）。

汽車呢？無人駕駛車的概念多美好啊。我們可以去小酒館喝到茫，可以把車當成私家司機，自己可以窩進後座辦公，不必再忍受計程車司機以美國政治為題發表世界觀，能安安靜靜坐車、置身一人世界多美好。

但是，要是你發現，這個美好的一人世界絲毫沒有隱私，那怎麼辦？無人駕駛車能追蹤你的動態。臨時起意變成了可預測的行動，再變成檔案。無人駕駛車可以被竄改方向，直奔警察局，或航向瘋狂前男友的家。你也可能因植入晶片偵測到血壓異常而被強制送醫。也可能被劫車，被綁架。

全自動不是全匿名。

此外，遇到棘手的狀況時，無人駕駛車也要靠程式判定。設想一個車禍情境：無人駕駛車即將撞上幼童或老婦人，來不及轉彎煞車了，程式會選擇犧牲老幼哪一個？優先保護行人或乘客？傷害最低的是車上的我，或是人行道上的你？如果一條狗衝進馬路，車子非緊急煞車不可，而怕被追撞的我卻想踩油門，那怎麼辦？

在這類狀況中，人類能瞬間裁奪。自動駕駛車的程式勢必

要事先依道德準則來設計。「道德」這詞恰當嗎？自駕車要依據程式來行駛……等到車子能自動改寫程式的那一天吧，多麼驚悚啊。

等車子自動把活該的人類全載到懸崖邊下架吧。

仍能由人駕駛的車子呢？將來出廠時，必定會配備智慧感應器，能旁聽車上的對話、電臺、偵測酒精濃度、是否曾嗑藥。甚至能偵測情緒。如果你在車上跟男友吵架，車子能報警，能叫你靠邊停車，能警告你保險評等會被降級。車載資訊通訊系統（telematics）備受保險業矚目。新車即將把不起眼的黑盒子美美裝上車，能監控新手上路，更有全套新功能。超速了，你能瞬間接到罰單。路怒症（road rage）[12] 全記錄。

你上週末去哪裡了？車子「知道」。高壓控制（coercive control）從來沒這麼簡單過。

另外，如果你欠繳車子貸款，車行能遠端讓車子拋錨，靠GPS 判定車子的方位，然後派拖吊車去拖走。

× × ×

一舉一動全被金錢化是壞事，但好處是能無痕連結。

瑣事和無聊事有人代勞了。不用跑超商了，鍋爐壞了不必打電話，不必等水電工上門了。植入晶片能監看你的身體狀

---

12 編注：指駕駛人之間常因惡劣的情緒或其他駕駛條件動怒或訴諸暴力。

況，不必去醫院檢查了。智慧家園能打理家務事，包括接應快遞、開門讓水電工進來。你能靠手機監視水電工的舉動，能限制水電工幾點幾分一定要離開。

你不必再做家務事了，空出來的時間可以用來和私人特助軟體討論最佳度假方案，助理能幫你訂房訂票。身心俱疲時，助理能建議你今晚別加班，或者出去玩玩，會員餐廳能送餐上門，或者派車來接你。你連腦筋都不必動。一切全為你打點好了……

企業界希望的是，消費者見好處這麼多，犧牲一點個人自主權也無所謂。我們花好多時間在浪費時間——也許都是私事，卻幾乎毫無自主權。

坊間有那麼多教人自我上進的書和 app，無非在暗暗督促大家自我改造，變得快樂一點，效率升高、改善身心……全是網路事物承諾的好處。很多時候的確也辦得到。

得到這麼多好處，就算祕密全走光，就算連個人都被犧牲掉，那有什麼關係？

啟蒙時代崇尚個人自由意志、個人自主、自我導向、真誠抉擇，全被科技公司推翻，連科技權威也支持企業界。他們另有一套哲理：人類不是獨來獨往、自我導向的物種，需要被認識，全是社交動物。人類喜歡團體，喜歡歸屬感，因此很容易被影響。我們的行為是後天學習而來的，可以調整。我們把習慣誤認是選擇。我們接收到別人的意見，誤以為是個人想法。人類也很懶惰，喜歡過安逸的生活——喜歡別人「叫」我們該怎麼思考——前提是我們要能相信自己有自己的想法。川普的激進鐵粉打著捍衛自由的大旗，殺進國會，遵守川普總統的指

示，這事件就是一項令人心寒的明證。

「匿名者Q」[13]支持者的觀念偏激，毫無根據，卻深信他們有自己的想法，思想沒被人操縱。

二次世界大戰後，美國哈佛大學心理學家史金納（B.F. Skinner）的「反個人」行為理論蔚為顯學。當時的論述是直截了當的行為論，現在則是激進行為主義，有很多心理學家正用這個理論自圓其說，說自己憑道德論述，幫科技業和政治團體講話。

美國的班農（Steve Bannon）和英國的康明斯（Dominic Cummings）[14]奉行這一套新版的史金納理論，想操縱「個體」行為（可操縱是因為這種行為根本無關個體，而是混合了童年教養、偏見、先入為主的觀念、恐懼，而和恐懼相反的正是獎賞）。

「輕推」一向是遊說團體和廣告業的標準做法，意思是不正面硬性勸導，而是從旁輕輕推一把，將對方的購物或投票行為導引至期望的結果。社交媒體大幅擴張了輕推理論的勢力範圍。企業界和遊說團體想輕推，必須先蒐集行為數據，而這些數據目前正由社交媒體的用戶親手交出，時時刻刻免費送。

臉書似乎證明了一點：生活點滴全與人「分享」不只是代價，分享本身更是一個目標，一份情趣。從 Instagram 和

---

13 譯注：QAnon，右翼陰謀論，他們認為美國政府內部存在一個反對川普和其支持者的機構。

14 譯注：史蒂夫・班農出生於一九五三年，是美國右翼政治策士。多明尼克・康明斯出生於一九七一年，曾任英國首相首席顧問。

Tripadvisor 的使用行為可知，最重要的不是經驗的本身，而是經驗的**分享**。經驗一旦分享出去後，本來不想遊覽科茲沃（Cotswold）鄉間名不見經傳小村莊的人，本來不想品嚐某間媽媽味餐廳的人，也突然會透過 Instagram、推特、臉書轉介他們自己的版本，再由下一波本來不想的人接力分享，反反覆覆，拼湊成一張噩夢漫畫圖，裡面畫著不像羊群的羊群，訴說著借來的現實。

一九九〇年，臨終的史金納有感而發：「人僅僅是事件發生的一地。」這話似乎由社交媒體驗證無誤了。

會不會是，人根本不是一個地方，而是歷史的載具，能改變未來，能愛能戀，是無法捕捉的一刻，是一份內力，是能影響眾人卻不公開的私下行為，不像公園或購物中心那麼公開——怎麼形容呢？浪漫嗎？愚昧嗎？錯嗎？或者是一份值得維護的自我觀感？

哈佛商學院榮譽教授肖莎娜・祖博夫（Shoshana Zuboff）於二〇一九年發表的大作《監控資本主義時代》（*The Age of Surveillance Capitalism*），認為將來人類會改頭換面，參與感會提高，行為不會被調整。在她眼裡的未來，科技是一組工具，用來造福全人類，不會讓搶錢族和決策者霸占。未來，民主仍有立足之地，世界不會被臉書、Google、蘋果和亞馬遜瓜分，不會重蹈帝國主義覆轍。

然而，新現實不會被貼上「監視」的標籤賣給我們，因為「監視」帶有集權主義的弦外之音。未來會被包裝成「賦權」賣給我們。

馬斯克的神經鏈（Neuralink）公司正在研發一套人腦與電腦的介面，讓人類能憑思想操作電腦。

人體實驗於二〇二〇年展開[15]。神經鏈科技的當前目標是醫治癱瘓患者，值得嘉獎。但馬斯克的最終目的似乎是跟人工智慧共生，以免人類跑輸這場智慧賽。

× ✕ ×

岳史迪上校（Steve Austin），是一九七〇年代電視影集《無敵金剛》（*The Six Million Dollar Man*）裡的角色，人機合體，破除生理格局，變得更快、更猛、更聰明。

現代醫藥早已破除人體極限，壽命已經超出工業革命時代初期的一倍。在一八〇〇年，平均預期壽命是四十歲，工廠體系勃興後，民不聊生的貧民窟出現，每日工時長達十二個鐘頭，人類折壽大約十歲。

過了兩百年，新常態是人類能活到八十歲（只不過，連《聖經》也說世人能活到七十，所以歷史走了好幾世紀才實現《聖經》預言，誰管資本主義分子怎麼振振有詞）。

有幸能飲食均衡、常運動、有錢看醫生、日常壓力不太重的人，不但能長壽，日子也能過得健健康康。富人能享用最高級的一切，日子更是好得不得了，順理成章更想好上加好，所以矽谷科技圈才加碼研發新科技，想延後或逆轉身心衰退的自

---

15 譯注：二〇二二年一月的新聞是 Neuralink 正在籌備進行人體實驗。

然現象。人老了，肌肉會流失，器官會衰敗，認知退化也很正常。到最後，我們敗給生物機制。

人工智慧系統無論有形無形，既不會流失也不會衰退。人工智慧能擴充，版本能升級，能變得更聰明。若說後工業革命時代的人類是第三代智人（HomoSapiens），我們如果不想被判出局，就一定要趕緊進化到第四代。人類和開發中的 AI 合體是一條合乎邏輯的出路。然而，出路通常令人始料未及。

我們預測得到的是**個人化**。

個人化起始於一九六〇年代第一臺電晶體收音機問世，人類終於有了個人專屬的可攜式小器材，不必全家在客廳圍著收音機坐。單飛了。筆電業和智慧手機業熱情採用個人化的概念。

個人資料全被掏空公開，同步進行的是同一個體的個人化。晶片將會是你專屬的植入智慧晶片。專屬智慧汽車／住家／生活／保險／投資組合／個人採買管家／健身教練／治療師／助理。為你量身訂做的這個助理，能追蹤也能協助你，你怎麼變、怎麼成長，這個助理都能天衣無縫地（毫無摩擦地）隨著你進化。

用這招來行銷很高明。個人化不再只聚焦在產品；焦點轉移到概念上。

隱私過時了，企業界正主打個人化，以取代隱私。

可是，在萬物都連成網路的未來，隱私為什麼問題重重？

隱私會形成摩擦。套一句經濟學術語，摩擦即流通之反義

詞。凡是能阻礙數據流通的因素都算是摩擦。你的所作所為化成數據，全應流向有意賺你錢、控制／輕推你行為的各方。就這麼單純。

難道我只是個反對數位化、喜歡三不五時脫網而出的老頑童嗎？現在，如果你想留手機在家，如果想去哪裡散步就去哪裡，在沒設監視器的地方付現金（愈來愈難了，我承認），如果不逛網路幾天，都還有可能。

但不久後，隨著智慧器材和植入晶片蔚為常態，你用不著登入網路了。你時時刻刻都在網路上，一生一世都在，跳不開。

從科幻到 Wi-Fi 到自體式 Wi-Fi。

二〇一五年在瑞士達佛斯（Davos），曾任 Google 執行長的史密特（Eric Schmidt）和臉書營運長雪柔・桑德伯格（Sheryl Sandberg）並肩而坐，當時曾說：

網際網路將會消失無蹤。你周圍將有無數網址、無數器材和感應器，你的服飾、和你互動的物品也數不清，你完全察覺不到，隨時全將和你融合為一體。

此言引出幾個新的道德問題。

蘇黎世聯邦理工學院（ETH Zürich）的神經倫理學者（neuroethicist）馬切羅・伊恩卡（Marcello Ienca）曾主張，科技時代應有四大權利：

一、認知自由權

二、精神隱私權

三、精神健全權（免受劫腦之威脅）

四、心理連貫權

　　我特別對第四項感興趣，因為心理連貫權暗示著，無論是摘除或植入，神經科技都將引人議論，也許會對人構成威脅，甚至會變成一種新酷刑（你不乖，就等著被降級／被發瘋／被換線路吧）。

　　到那個階段，到了整個大腦能被上傳到電腦去「儲存」的時代，誰敢保證某些記憶／經驗不會被刪除、不會被加油添醋？科幻小說作家菲利普‧狄克（Philip K. Dick）便巧思出這類情境，寫成短篇小說〈全盤為您記憶〉（We Can Remember It For You Wholesale，暫譯），後來改編成電影《魔鬼總動員》（*Total Recall*）。

　　新生代從小生長在數位產品中，有手機有臉書，一顰一笑Instagram全記錄，期望社媒影響者（influencer）換自己做做看。這些年輕人面臨什麼樣的問題？非政府組織「五權」（5Rights）歸納出保護、隱私、內容過濾、平臺責任等主題，發人深省。

　　二〇一五年，五權在英國成立，發起人是電影人碧班‧季德倫（Beeban Kidron）。我訪問她時，她指出每天都有十幾億的未成年人上網，每天一掛就是幾小時，使用的眾多平臺皆將他們視同於成年人。內容很容易取得，難以監控。尤其令人憂

心的是兒童在網上被色狼調教。

以二○二○年因疫情而封城為例，單單是英國，短短一個月內，企圖觀看狎童影音卻被封鎖的次數就有大約九百萬次。

兒童精通科技產品，卻不懂得在科技世界自保。兒童在實體世界備受呵護，五權呼籲兒童在數位世界也應該受保護。在現實生活中，我們明確劃分大人小孩的界線，這是工業革命得來不易的成果。我們不願小孩進血汗工廠做苦勞，如今小孩邊滑手機邊被剝削，我們卻似乎毫不憂慮。

怎麼個剝削法？手遊成癮、養成看色情片的習慣、「讚」不夠多就想不開。

被及早採集數據的人，等於是終生被征服宰制。從中國和香港對峙的事件可見，抖音之類的熱門分享網站被強制刪除數據，數據也可以被用來迫害或起訴年輕人，以監控他們的言行舉止，無疑更能影響往後的政治「抉擇」。中國攫奪數據很明顯帶有政治意味，這不是重點。中國擺明做的事情，其實西方「自由」國家天天都在默默做、偷偷做。我們的數據並非匿名資料。這些數據的「權」握在誰的手上？誰有權賣數據、搶數據、包裝數據？

想規範大平臺目前的運作方式，五權很有機會跟全球合作，在立法方面有所斬獲。

至於將來呢？網路和實體世界之間的界線變模糊了，甚至零隔閡，會出現什麼狀況？Google 的史密特曾預言網際網路將結束、萬物將連結成巨網，屆時將發生什麼事？網際網路無時不在，無所不在，人類時時刻刻都在網路上，這時我們該如何

保護任何人？

有一則很絕的新聞：少女上網成癮，3C 全被母親沒收，Wi-Fi 也被關掉，她卻發現她照樣能用家裡的智慧冰箱發推特。這整件事極可能是惡作劇一場，但 Reddit 網站卻提供全套攻略，教人如何駭進家裡的三星冰箱發文。

這新聞的重點在於，矽谷的數位大師們的目標是，未來沒有下網這回事。沒必要駭進冰箱了。

反過來說⋯⋯

也許，隱私、保護、數據流通、數據使用全是稍縱即逝的問題。當前我們設想的所有情境中，主配角全是人類，主題都是人類有興趣的東西。但是，假如 AI 變得無敵超級聰明，搖身從工具變成一個角色，到了那個階段，人類未來會怎樣已經不重要了。拜託，人類前腳都踏進歷史博物館的棺材裡了，AI 還蒐集你的數據做什麼？

我跟人談未來時，很多人相信，地球人面對氣候巨災的鴕鳥心態終將自食惡果，矽谷裡外還有沒有矽再也不重要了。人類將為糧食爆發爭奪戰，哪有空閒用冰箱發推特。

另外，有人相信，人類求生存的上策是盡快開發超級智慧 AI。

在二〇二〇年之前，沒有人認為人類存亡關鍵在於病毒。如今才在傷腦筋。

諷刺的是，儘管全球因疫情而窮上加窮，病毒卻讓科技大廠有機會賺更多錢、取得更多控制權。我指的不只是亞馬遜快

遞到府上一事。

Google 的史密特曾興致沖沖高談全民居家就學（富人例外，那還用說），善用疫情肆虐期間大家開始用來取代面對面接觸的平臺。

如果待在家裡，想保持聯繫非另想辦法不可。這等於是為連結業者提供良機。臉書正在測試虛擬現實的化身代替真人上網。Zoom 視訊都這麼普及了，我敢保證虛擬上網將來也會成為日常。

更令人憂慮的是，如此一來，連出門喝個小酒都會被追蹤，無所不被監視，人權團體會為了隱私和用法吵個幾年不休。不用再吵了。被監視等於安全。

不過，要限制用電嗎？ AI 吃電很凶。就算耗盡地球所剩的化石燃料，也不夠餵飽庫茲韋爾或馬斯克憧憬的超級未來 AI。所以電影《駭客任務》情節才將人類設定成只是 AI 模擬世界裡的一組電池。

樂觀派主張，有鑑於 AI 用電多，將來我們會逼全球走低碳路線應變。市場會逼我們應變，因為非變不可。

然而，AI 稱霸的未來世界也有其他侷限。

英特爾合夥創辦人戈登·摩爾（Gordon Moore）曾自創一套法則，後人稱為摩爾定律：擠得進一平方寸晶片的電晶體數量每兩年會增加一倍。英特爾生產第一個晶片過了五十年，原本一整棟建築的硬體合作才有電腦運算力，如今一個包包就裝

得下，而且用電量銳減。這就是進步。

然而，進步也不是沒限制。除非全面替換現有的做法，否則我們差不多已經走到極限。簡而言之，筆電或手機已經小到不能再小，電晶體數再加倍也容不下。晶片再微小，多少也占了一點點空間。處理速度想再躍進，就要看量子運算的神功。

根據謠傳，中國已經在量子運算方面突破瓶頸。就算是真的，中國也尚未對外宣布。Google 和 IBM 都自稱只差毫釐就能開發量子電腦成功。

無論對比式或數位，電晶體的運作原則都是大家熟知的 0 與 1，這也是傳統電腦的運算方式。每一「位元」的資訊包含一個 0 或一個 1。量子「位元」（qubit）不是同一回事。有天南地北之別。「次原子」是個詭異的東西，量子位元能駕馭這份特質，可以**同時**既是 0 也是 1。究其原因，在極小物體的世界（或極凍領域）裡，「態」要等人來測量才可界定。各種不同的態，甚至相互牴觸的態，都能**同步**存在，等到被人觀測時，態才具體成形。根本是在談魔術經。魔術和童話都扯同一種同步力的套路。也許正因大家都信這一套，我們才深深理解我們所在的這一個現實世界——這個界定清楚、可測可量的天地——不是唯一的現實，而我們所處的現實有點拙，也太表面。

言歸正傳。在次原子搞怪的世界裡，非 0 即 1 制既不真實，也不重要，而這觀念潛力萬鈞。

談談數目字。八個位元形成一個位元組。你的智慧手機記憶體可能有二十億位元組（gigabyte），共有二十億乘以八個位元。以量子位元而言，只要少少幾十個量子位元，運算力就遠

遠超出上述的記憶體。

紐約州約克鎮崗（Yorktown Heights）的 IBM 研究小組組長戴里歐·吉爾（Dario Gil）曾表示：

假設你有一百個完美的量子位元，你將需要用到地球上所有原子來儲存位元，才可描述那一部量子電腦的態。假設你有了兩百八十個完美量子位元，你將需要全宇宙的每一個原子，才可儲存所有的 0 與 1。

目前，IBM 的 Q System One [16] 過著流行樂隱士巨星般的生活，蝸居在長寬高九英尺的黑玻璃立方體裡，出入口全是零點五英寸厚、七百磅重的門。量子電腦要設在絕對偏遠的地方，不許和現實世界有任何糾葛（entanglement）──糾葛將影響後果。談過戀愛的人都很清楚這一點。

如此說來，開發量子電腦猶如造神，要造得遠離塵囂，要住進一座閒人勿近的殿堂，只准衣裝特殊的高僧進出。有問題全交給高僧去問神，神諭全由高僧代為詮釋。

就算量子電腦是人類的未來，那故事卻像古代法老王的夢。

量子能帶我們去哪兒？

能確定的是，愈來愈少人明白機器控制人類的運作法則是什麼。再也不是打電話找人來修洗衣機那麼簡單了。

---

16 編注：世上第一臺商業化的量子電腦，為一臺二十量子位元的量子電腦。

未來會是什麼，目前仍無定論，只有一條共識：徹底連結的情形即將發生——連結上網，連結器材，連結機器，人與人相連。

　　依照個人喜好調整連結度，可把連結調得像個人專屬連結，更像是自己本身，感覺也像是你個人的抉擇。宛如法蘭克・辛納屈（Frank Sinatra）的分身高唱著：走我自己的 Wi 路（I did it My-Wi）[17]。

　　接著，「你」到底是什麼？種種前所未有的疑問紛紛像氣泡浮出水面。自體式 Wi-Fi 是一門宗教。臉書的祖克柏曾比喻臉書是個「環球教會」，能把人類連結到比人類更大的東西。更大嗎？或更小？總之會連成一氣就是了。

　　喬治・歐威爾在小說《1984》裡寫道：

　　你過日子，過得習慣成自然，必須先假設自己發出的聲響全被竊聽無遺，暗處以外的一舉一動全被檢視。

　　電視上演素人實境秀《老大哥》，歐威爾地下有知肯定大為震驚。節目現場還設有紅外線鏡頭，暗室的隱身斗篷功能都沒了。

　　人們爭先恐後想上《戀愛島》（Love Island）這樣的監視實境秀，他見了一定更瞠目結舌。

---

17 編注：辛納屈有一首名曲〈My Way〉，歌詞為 I did it my way。

× × ×

　　人類的成功史歸功於無窮盡的調適力。人類能順應機器時代，在演進史上是石破天驚之舉。地球付出太高的代價，令人黯然神傷沒錯，但很少人願意回歸十九世紀以前的時空。我們討厭凡事都被干擾的現狀，但有多少人希望過著沒有智慧手機和 Google 的日子？

　　話說回來，或許我們會比較喜歡一個較不民主的世界，少一點民主或許在下一階段而言，也能少一點壓力。

　　有了自體式 Wi-Fi，我們可能返老還童，變成備受呵護、吃得飽、安安心心、有人關愛，好玩的東西多得是，免費的東西也多多，大事全交給別人去決定。

　　決策者一定是人類嗎？沒理由相信一定是人。

作者附記

　　二〇二一年五月二十二日，我在《金融時報》讀到，區塊鏈和虛擬幣的下一波大趨勢將會是「去中心化金融」（decentralized finnace），簡稱 DeFi，用途是在金融交易中略過中間商。如果你想養幾匹 NFT 數位賽馬來賣，DeFi 很適合你……最近有一匹賣到十二萬五千美元。數位馬不吃飼料卻能賽跑，能供人下賭注，當然也能用算式來繁殖。

ZONE TWO

第 2 區

你有什麼超能力？

What's Your Superpower?

吸血鬼、天使、再創能量有何重要

How Vampires, Angels, and Energy Reimagined Matter.

諾斯替學說竅門
GNOSTIC KNOW-HOW

　　如果你對某事物的瞭解只有單方面，那你其實對它一竅不通。任何事物對我們有何意義，端賴我們和其他所有已知事物的關聯而定。

——馬文・明斯基，
《心智社會》（*The Society of Mind*），一九八六年

　　數學家馬文・明斯基（一九二七年～二〇一六年）是一九五九年成立於麻省理工學院 AI 實驗室的共同創辦人。專精機器人學和神經網路的他再進一步，深入研究「智慧」究竟是何物，是否能開發出具備獨立思考能力的機器。

　　被人類發明並使用的人工智慧，能否跳脫工具的定位？

　　明斯基曾任史丹利・庫柏力克（Stanley Kubrick）一九六八年的電影《2001 太空漫遊》（*2001: A Space Odyssey*）顧問。

片中有個電腦名叫 HAL，後來作怪擅自改變任務，圖謀不軌。

在當時，電腦仍是占空間的龐然巨物，但到了一九五〇年代尾，半導體物理學獲得應用，意味著電晶體即將取代真空管，讓電腦不再笨重。

一九六〇年代，電腦愈變愈小，功能愈來愈強大，令人興奮不已。種種突破都是電晶體科技的功勞。除了實用之外，當時的興奮感起源於一份認知：靠著電腦，人類正開發著完全不像人類有史以來開發過的東西。

不只是再發明一個聰明絕頂的東西，不是又發明像飛機、汽車那類的物品，更和電視、電話之類截然不同。

人類最新的大發明，可能是人類「最後一項發明」。

一九六五年出現的這句「最後一項發明」，語出傑克・古德（Jack Good）。他曾在庫柏力克拍片時和明斯基共事。

大戰期間，傑克・古德（一九一六年～二〇〇九年）曾在布萊切利莊園和圖靈合作，協助開發一種運算裝置，盼能用來破解德軍啞謎機使用的密碼。

一九八〇年代，古德和明斯基曾經示範，人工神經網路（迷你腦）能自行學習並自我複製，無需人類從旁協助。因此，無需人類寫程式的機器自動化**指日可待**，不再是可能與否的問題。明斯基和同事當時遇到的難題和運算力、速度有關，而不是自主式神經網路理論的問題。

古德的說法如下：

姑且將超智能（ultra-intelligent）機器定義為一部能超越智

商頂尖者所有智能活動的機器。既然智能活動也能設計並開發機器，超智能機器肯定能設計出更屬害的機器。由此觀之，無庸置疑的是，世上將出現一場智能大噴發，人類智能將瞠乎其後。如此一來，發明超智能機器之後，人類再也不必發明了。超智能機器就是人類的**最後一項發明**，前提是這部機器要夠乖順，要能告訴我們該如何管好它。

最後這句，預言到不乖順、管不住的 HAL9000。

明斯基認為，圖靈的思想促使數學界將電腦（內建在機器人或獨立式電腦）視為一款不只是可餵程式的工具。

圖靈測試的始祖圖靈相信，有朝一日，機器能和人類智慧不相上下。他預測機器在二〇〇〇年能追平人類，沒猜中，但他也確信機器能展現和真人差不多的人際交流技巧。

明斯基潛心開發一套能獨立思考的 AI 系統，表明靈感來自圖靈在一九五〇年發表的論文《運算機器與智能》（*Computing Machinery and Intelligence*）。

這份耐人尋味的論文涵蓋了心電感應和蜂巢思維網路，如今在我看來，最有意思的一部分是「**洛芙萊斯女士的異議**」（Lady Lovelace's Objection）。愛達在世時曾斷言，巴比吉的分析機理論上能寫小說、譜曲（這份高見出現在一八四三年！），實際上永遠無法**自創**任何東西。圖靈藉論文正面回應已過世一百年的她。

我先說明一下。

愛達的父親是詩人拜倫，她承續父親的思想，認定**自創**指的是一套全新的創見或形式，和現有的事物絲毫搭不上關係；

而不是對機器猛灌資料，看機器綜合出什麼東西。這定義當然值得辯論，因為人類本身不就是一座資料處理廠嗎？跟電腦沒兩樣。但你應大致懂愛達的見解。

圖靈懂。他的多數同事認同愛達，但不表明他們真正理解愛達的想法。愛達死後，圖靈是頭一個認真看待她論述的科學家，不像別人都把她當成巴比吉的註腳。圖靈讀透了她的見解，自問：

洛芙萊斯夫人說對了嗎？

機器智慧算不算具有自創能力？

機器智慧和人類智慧有何差別？

第二次世界大戰結束，圖靈進入位於曼徹斯特的維多利亞大學從事研究，當時的電腦系才成立不久，如今學校已改名為曼徹斯特大學。

在大學裡，圖靈和麥克斯・紐曼（Max Newman）、湯姆・吉爾本（Tom Kilburn）合作製造一臺能儲存程式的演算器，苦思如何排除實務上的難題，晚上則夢想美男子，夢想漂亮的機器。機器除了能算數、能下西洋棋，功能多得很。機器能跟人交談，跟人一同思考。將來有一天，機器的想法更可能比人高超。愛達・洛芙萊斯的見解超先進，圖靈也是。

一九五二年，圖靈遭逮捕，罪名是行為淫穢。他在一九四五年過世，幾乎篤定是自殺身亡，沒能親見或參與未來幾十年科技界的驚人突破。圖靈有肉體更有心智，他想用肉體來和男人交歡，被小心眼的戰後英國視為眼中釘。當時的政府認為，頭腦再好，也無法抵銷「淫行」。

在圖靈之前的五十年，文豪王爾德也歷經同樣的夢魘。人類不同於機器，學習速度遲緩。人類也不像機器和蜜蜂，無法把知識應用在另一個蜂窩。

圖靈的友人傑克・古德曾說，「我不是說打贏二次大戰是艾倫・圖靈的功勞，不過我確信，少了他，我們很可能會吃敗仗。」

布萊切利莊園解碼團隊對電腦的貢獻有多重要，再怎麼吹捧也不過分。大戰在一九四五年結束，新的未來、摩登的未來、我們的未來正逐漸興起。

反瞻一九四五年的全球大事件，二次大戰結束、聯合國成立、英國工黨首次執政、戴高樂當選法國總統、甘地為印度獨立抗爭、以色列規劃建國、美國為重振全球經濟而提出馬歇爾計畫，大戰之後，重大的政治事件必定尾隨而至。

一九四五年也發生過一件事。當時有一項考古學的新發現，似乎只和基督教會的根基起源有關。那一年，世界大戰剛結束，全球正想重新出發，古物太久遠，大家想必是懶得理。然而，從明斯基的觀點來看，懂事物不能只從單一方面去懂，交織的知識才是真正的知識，那麼，我認為這項考古新發現值得一提。

埃及路克索（Luxor）西北邊有個小城，名叫拿戈瑪第（Nag Hammadi）。

一九四五年，兩名莊稼漢推著推車，想挖掘礦土作為肥料，其中一人拿起鶴嘴鋤一揮，敲到硬物，挖出來一看，是個密封的陶罐，高度將近兩公尺。

起先，這對兄弟怕裡面有精靈，不敢打開看。

咦，裡面該不會裝滿金子吧？

好奇心戰勝了恐懼。他們把瓦罐敲破。

裡面有十二卷皮裝莎草紙手抄本，以科普特語（Coptic）書寫，原文據推斷是阿拉姆文或希臘文，年代是西元三、四世紀，但其中一卷《多馬福音》（Gospel of Thomas）可能更古老，年代可能在耶穌基督過世後八十年。

這些古卷主要是諾斯替（Gnostic）學說。

希臘文 gnosis 的定義是「知識」，但不是研讀經書吸收到的知識，而是指個人終極本質和世界終極本質的知識。在英文裡，多數人認識「不可知論」（agnostic）這單字，字根就是 gnostic。愛因斯坦自稱是不可知論者。以無論有形或無形的上帝是否存在而言，不可知論者主張「不知道」，無神論者才主張「上帝不存在」。

諾斯替不是一門科學。科學的基礎是客觀測量和可重現性。內心深處知或不知，以當時的技術或尺度無法證明，又怎麼測量？

諾斯替也不是宗教，因為諾斯替思想的信徒既不想要也不需要信條、教義或階級。諾斯替信徒沒興趣界定一套明確的信仰準則，沒興趣成立教會。他們只想探索**現實世界的本質**，而這理念和逐漸壯大的基督教會牴觸，乃至於到了紀元後一百八十年，愛任紐（Irenaeus）主教宣布諾斯替學說是異端，諭令焚毀諾斯替學說的論述。這或能解釋陶罐被埋進拿戈瑪第地底的原因和時間點。

照這樣說來，諾斯替信徒的理念是什麼？跟即將降臨的人工智慧世界有什麼關聯？

對諾斯替信徒而言，世界不是一個有待救贖的失樂園。他們認為世上沒有什麼黃金時代，沒有什麼美好的過去，沒有天堂，沒有失樂園。我們的世界從一開始就粗製濫造，原因不是性本惡，而是無知。

諾斯替信徒的說法是，宇宙中有個普列洛馬（Pleroma），不是地名，而是一個概念，代表豐盛與光明。

普列洛馬裡住著一群伊涌（aeons），當中有一位類似神的總司令，但伊涌總是成雙成對行事。故事這部分源於希臘文化，因為希臘人信的神是二分體（dyad），而不是單分體（monad）。所以，「男」「女」是分離的，也是合而為一。

事實上，伊涌跟 0 與 1 的程式差不多。真正有意思的是，伊涌的作用近似量子位元，因為伊涌可以同時是 0 也是 1——不過那是另一則故事了⋯⋯（認得出來嗎？）

伊涌當中資歷最淺、經驗最少的一個名叫索菲亞（Sophia），字義是「智慧」。她也在舊約《聖經》裡露臉，在〈雅歌〉（Song of Solomon）裡的角色更吃重。從史籍來看，具女神特質的索菲亞被嚴格一神論父權制的猶太教刪除或降級了（在三位一體論中，聖靈其實就是索菲亞）。

索菲亞和搭檔拆夥，獨自去開創，隻手創造出一團冒著蒸汽的物質，也創造了一個大搖大擺、作威作福的造物者，名叫亞達波特（Yaldabaoth），搞得七葷八素的。亞達波特伸出笨拙的雙手，插進這一坨留著汗、略具生命力的屎，把大便當成玩

具黏土，捏造出一個世界，然後造幾個人。接著他決定自己是上帝。在某些典籍裡，他叫做耶和華。

遠古的故事，有川普風格。

索菲亞的搭檔名叫克里斯多斯（Christos），跳進她創造的黑爛糊沼澤，救她出來，發現這坨冒著汗、暖呼呼的物質世界仍透著一絲聖潔的光輝。克里斯多斯同意賜予知識（gnosis），好讓人類能像《駭客任務》那樣，得知自己的真正起源和真正故鄉。

由此看來，人類並非充滿罪過。人類只是無知。

我們的任務是探究自我和歸屬。

在很多童話故事裡，公主被關起來等人救，源頭全在這裡。例如奧斐斯（Orpheus）與尤莉迪絲（Eurydice）尋找另一半，例如聖喬治屠龍救公主（St George and the Dragon），全都是刻板的兩性觀點──男人主動、女人被動。然而，一旦你想起索菲亞非男非女的特質，和搭檔平起平坐，是一個採取主動的量子位元，那麼，這類故事就說得通了。

諾斯替信徒都認為，血肉之軀是很荒謬的一回事。

在諾斯替信徒的理解中，身／心二分是光被困在體內的說法，不是靈魂有別於肉體。二元論在十七世紀經笛卡兒提出後成為西方思潮主流。非肉體的光，不是基督教說的有待救贖的靈魂，而是需要智慧的心智。

對諾斯替信徒而言，無知是自毀的一種形式。是一份麻藥。是癮。他們瞭解，人之所以抗拒知識，是因為人只想圖個安逸，只想一直睡一直睡，或成天爛醉，或玩遊戲。知識是件

苦工。知識會讓人苦惱。《駭客任務》裡不是叫人選擇紅藍藥丸嗎？那片子本質上是諾斯替電影。

信條、儀式、救贖教義無法終結無知，神職人員的指示也一樣。想終結無知，要從心裡做起。諾斯替《多馬福音》裡有這一段嘉言：

把自己當作一扇門來敲，把自己當作一條直路來走，因為一旦你踏上路，你便不可能誤入歧途。無論你為自己開啟哪扇門，你將能敲開自我。

諾斯替信徒對女性友善，對階級抱疑心。與猶太教或基督東正教不同的是，諾斯替信徒平等對待女性，不爭爬權力階梯。這兩項思想惹火了愛任紐主教。東正教認定，這兩項思想足以證明諾斯替信徒全是瘋子（東正教 Orthodox 的字根是「正確」和「道路」）。

東正教主觀認定，女人是附屬品，層峰權力結構有必要存在，以維護紀律、秩序、連續性和承繼。

而耶穌自己卻在女學上和猶太宗教性唱反調。耶穌對話和進餐的對象都不分男女，善心娼妓抹大拉總跟他同進同出。耶穌也不以掌權為目的。他是個遊民，仰賴他人慷慨施捨，沒錢沒家產。

在諾斯替信徒眼中，凡人耶穌不是上帝之子，唯有在「我們全是上帝子嗣」的觀念裡才算。拿戈瑪第出土的有些古卷把耶穌描述為非人（克里斯多斯）。一個以光為原料製成的人。不是血肉之軀。

當然，形體的侷限太多，令有些諾斯替信徒痛恨肉身。只不過，很多基督徒和猶太人也痛恨肉身，嫌棄身體是個脆弱、腐敗的載具。對肉體的仇恨是與時俱增。二十一世紀的西方國家裡，對人體的仇恨可能比史上任何年代都來得熾烈。我們節食，我們虐待肉體，以外科手術來改造身體，撒大錢想盡辦法改造，撒更多錢想活得更長久。現代醫學把人體視為一個該不停干預的地方，信不過人體自我管理的機制。

　　然而，人體是個日常奇蹟。哪天人體不見了，我們都應該追思它。

　　也許……

　　在諾斯替信徒心目中，人死後不上天堂也不下地獄。沒有基督教和伊斯蘭教的最後審判，也沒有終點站。光，有兩條路可走，不是依照亞里斯多德學說回歸成俗世靈魂，就是依照柏拉圖學說，個人的光繼續以可辨識的形式存在，你仍是你，我仍是我。

　　附帶一個有趣的轉折：根據諾斯替學說，人死時有三條去路。一是變成「屬物者」（Hylic，希臘文 hyle 是「物質」），是毫無意識、行屍走肉的人類。二是變成「屬魂者」（Psychic，無關靈異能力，希臘文 psyche 是「心智」或「靈魂」）。屬魂者是指努力去領悟自我和世界真正本質的人。

　　三是「屬靈者」（Pneumatic，希臘文 pneuma 是「生之氣息」，是拉丁文裡的 spiritus），字面上像英文的「充氣」，其實跟肌肉圓鼓鼓的健美人士或巨乳美眉無關。屬靈者則深知自己

受困在地球的泥淖中，喘不過氣，逃不出去。

非回家不可。

家？

這不像宿命或因果報應。的確，有些屬物者抱著及時行樂的心態，可能真的在人世間活得不亦樂乎（再想想《駭客任務》），很樂意繼續沉浸在幻影裡。諾斯替學說不多做批判。你想一輩子當呆瓜是你家的事。

回想一下，在人類史的這一階段，希臘思想和希伯來思想被湊在一起醞釀，再加上隨印度貿易而來的東方影響，開創出一門新宗教，後來成為基督教。

諾斯替派依循務實的猶太傳統，強調人在世時應該負責並行善。諾斯替派也揉合希臘人重視自覺心和全意識的觀念。蘇格拉底名言「未經審省之人生不值得一活」就是諾斯替派原則。

受東方哲學的影響，有些諾斯替派信徒對物質世界起疑心──俗世只是一場幻夢嗎？但多數諾斯替信徒覺得，俗世確實具體存在，卻不是我們的家，我們無法活得高高興興，從這角度看，俗世才算虛幻。

早期基督教並沒有這一派思想：具體世界不僅千真萬確，更是上帝創造出來的東西，因此必須加以崇敬、享用。

根據《聖經》，自然世界是人類的領土，但我們也應在世上歡歡喜喜，因為上帝對自己的手工成品看一眼便說他創造的萬物皆美好。

羅馬天主教會每六星期設多神教才有的盛宴，辦得色彩繽

紛眩目，以慶祝上帝創世。這在廣告學上是一記高招，不僅能拉攏民心，也顯示大家確實披著肉身過活，而且確實活在自然世界中，都是美好的。何況，人類愛看熱鬧。我們都愛狂歡。

宗教改革時期之後，一切才變色，歡樂消失。盛大的場面不見了，五彩玻璃不見了，遊行不見了，華麗法衣、亮晶晶的祭壇、紅色和金色都不見了，變得黯淡無光。自然世界被改述為茹苦含辛奮鬥的地方，到處是泥土、黑暗、疾病。說得好聽一點，人體是個必須被控制的東西，難聽一點是一坨熱騰騰、充滿罪惡和恥辱的爛汙。要怪就怪清教徒。

然而，諾斯替派就是在宗教改革時期東山再起，也就是在那批古卷被埋進拿戈瑪第一千三百年後。之所以東山再起並非少數人皈依諾斯替學說，而是學說滲入了一般人的思想中。

馬丁路德崛起的關鍵，在於宣示世人可直接與上帝交流，無需透過神職人員中介，也不需要建築華美的教堂，不需要實行鋪張的儀式。世人可以直接走向上帝面前。

傾向諾斯替派的這套思想，帶動各式各樣的新教派，宣揚人人皆可直通上帝，從貴格會（Quakers）、震顫派（Shakers），乃至於浸信教會和五旬節派（Pentecostals），也將婦女推向教宗核可的領袖地位。諾斯替派一向樂見婦女擔任神職。

扯了這麼多，我的用意是提供一些非知道不可的資訊，以協助讀者明瞭當前的處境。

現在新出現一派類似宗教的說詞，有信條，有正統論，有信徒，有異端，有教士，有文學，有末世論架構，甚至也有專屬的奇點。

人工智慧。

一門宗教該有的條件，新的 AI 教都具備。

教徒：信奉奇點的弟子、宣揚超人類論的傳教士（連摩門教也成立這種團體）、皈依 Biohax 公司的信徒、汲汲延壽者、以心智上傳為使命的創業者、印製 3D 器官的科學實驗室，也有能複製理想肉體特質的幹細胞研究員，多到數不清，各有各的理念，但全部都遵守諾斯替派非正統論——概略重疊的多家理念附著在加速變革的核心（但也不斷更新）論述。

反方是懷疑論者（Sceptics）。這一派承續東正教立場，相信身為人類具有獨一無二的特殊性。在不久的將來，人類的基體（substrate）可以改變嗎？這一派認為不可能。大腦上傳是科幻小說。AI 願景是烏托邦／反烏托邦的謬論，意在模糊焦點，讓大家漠視氣候劇變、隨天災人禍而至的資本主義（disaster capitalism）、種族性別不平等、大科技加強監控消費者等等議題。

也有一派以科技人士為首，儼然是高僧，多數是男人。這一派自詡受上蒼欽點，高人一等，能指引人類未來的走向。這一派具有「特殊知識」，懂得高段數學的奧祕，能為下一個世界撰寫程式。

難怪有人把 AI 捧上天，常引用基督教的「被提」（Rapture）概念，把 AI 降臨的一天比喻為技客（或宅男女）升天。「被提」意思是耶穌重返人間，把得救的那群人提升到永生不死的境界。

激情倡導 AI，跟傳統宗教的交集如此之多，從小生長在信教家庭的人想必都有同感，既看得入迷，也同樣心寒。

相似處不外乎基本概念：**俗世不是我的家。我只是個過客。我的自身／靈魂和肉體不是一體。人死後，生命會變成另一種形式。**

我對 AI 探討愈深，愈會不知不覺再三審視這群人的宗教心態。這群穿著高科技智慧布料服飾的人。

不信教的人警告說，AI 將引發世界末日，人類有四條路可走：一、滅絕。二、人性被掃除殆盡。三、被機器人取代。四、被迫進入新不平等時代，富人體內有智慧晶片，被基因改造過，肢體換新，認知強化，其他人只有滑著過時手機、爭奪低薪血汗工作的份。

反觀 AI 樂天派展望未來，態度積極，如同揮舞著《聖經》等候基督復臨的教徒。

人類即將脫離：苦勞／苦海／死亡／一夫一妻制（詳見馬太 22:30）／妊娠／疑慮／**以下願望清單隨你填。**

人類將可以隨心所欲生活在太空（天堂）。

時間再也不重要。

這現象有個意想不到的發展。大力推動 AI 的科技巨擘如馬斯克、彼得・提爾（Peter Thiel）、比爾・蓋茲，這些人念及指令與控制的拿捏，也曾憂心末日將至。

人類會被 AI 控制嗎？我們會淪為寵物嗎？會變奴隸嗎？最後的一項發明會不會也是最後一次歡呼？

這根本是上天堂／下地獄的二元式想法，太老套了，無濟

於事。

人類演進的關鍵在於心智。如果心智無法進化，科技再實用、頭腦再精明、發明出再亮眼的東西，例如登陸火星的火箭、長生不死靈丹，人類也無法更上一層樓。

我們可以依據人類形象創造一個神（AI），喜歡打仗，依賴心重，操縱狂。這可不是一件好事。

然而，或許達到生理極限後，或許人也會改變目標，因此連恐懼的事物也跟著變。

AI 新世界的使徒有的積極想達到人體極限〔如庫茲韋爾、麥克斯‧摩爾（Max More）[18]〕，有的想脫離地球生活（如馬斯克、提爾）。這些理念被斥之為典型的男人爭自由的白日夢。他們追求一個毫無具體責任的世界，爛攤子全拋諸腦後。然而說穿了，這不過是換一種說法的天堂，因此我們不能因為想追求而挨罵。

追求人體強化，追求意識脫離人體狀態，就暗示自己憎惡肉體嗎？我不認同，不過這樣看也沒錯。諾斯替派的立場是歡樂和疑惑，多於絕望或排斥。我認同的是，到目前為止，人類所有經驗全是肉體活過的經驗。人不是泡在缸子裡的一顆腦子。

無論是哪一種未來走向，早在人的意識能上傳至新的基體之前，人類將先學著適應生物強化——活得健康又長壽。在人類開始跟科技融合之際，科技會少一分怪異感。同樣地，不久

---

18 譯注：一九六四年出生於英國，哲學家和未來學家。

後，我們將和具有形體的 AI（機器人）共同生活，無形的 AI 也充斥現實生活中，如此一來，我們對人生的看法也將改觀。你我都執著於生為人類的觀念。這是近代才有的，也是錯誤的觀念。

我不是隨口說說而已。一直到近代，西方人還信鬼神，目前也有許多國家都還相信。人們真的相信人間有鬼魂和天使，有神祇也有天外物種，這些全是無法驗證的東西，對心理卻有影響力。這類效應和以人類為中心的肉體焦慮比較沒關聯。因為化身為驢子的一天指日可待，因為靈魂能出竅去體驗另一個世界。

任何江湖術士或巫醫，任何一個魔術師或靈遊者，任何一個巫婆或瑜伽師，都能告訴你，人體是個暫時的空殼子。奇幻專家的人生是脫離肉身進行的旅程。脫殼而出。而在人體的周圍，一直都有其他種類的互動能源，有的看得見，有的隱形。小精靈。光體。

現代世俗主義太固執於非量子的物質主義，使得今人比先人難以處理非人類形體對心理產生的後果。

少數生物駭客和超人類論者積極想和機器合體，想終結肉體，但多數人怎麼想都以肉體為中心，難以想像沒有肉體的情境。想不想踏進無形體的未來呢？

明斯基曾說，人腦是肉做的電腦。這說法已經無法套用在現狀了，但這種比喻倒還說得通⋯⋯人漸漸年老，看著自己體能走下坡。特別是每次去買肉時，都會聯想到自己。

身為人類是件怪事。

我愛自然世界，我愛披著我的臭皮囊活在這世上，但我從不相信世界或人體是永遠不變的定局。讀一八五九年達爾文的《物種起源》（*On the Origin of Species*），你可以斷言人類走了好長的演化路才走到今天這個版本，你也可以嚮往夢境常有的光輝和跳脫時空的感受，無論你是哪一種人，都很難為維持現狀自圓其說。何況，人類從來都不滯留在現狀。有嗎？

諾斯替派認為，回歸光的世界是無可避免的，就像尤里西斯終將回綺色佳（Ithaca）[19] 一樣。我們繞遠路，途中有不少境遇，有酒醉有毀滅，終點站的想法卻常在心中。以《奧迪賽》來說，諾斯替派會想強調尤里西斯不停被叮嚀一定要記得回家。他想回故鄉。套用諾斯替學說是，人拋下肉體也算是踏上歸途。不是上天堂。不是去見上帝。是回歸到無形無體的光。

什麼是光？

光由光子組成，是帶有特定能量的電磁。光子是電磁輻射的量子，它們既像波也像粒子，不是單一的一種東西。

光是一種能量。光不是物質。

但在《摩西五書》裡，在《聖經》裡，我們讀到，上帝造物首先創造光。「要有光。」之後才創造出萬物。

以光造物質並不是件容易的事。一九三四年首見光子─光子加速的理論，科技上卻一直沒能力證明。近年來，日內瓦歐

---

19 編注：希臘神話中，尤里西斯是綺色佳的國王，綺色佳是他的家鄉。

洲核子研究機構（CERN）的大型強子對撞機（Large Hadron Collider）才證明這條物理理論。這理論是愛因斯坦 E=mc² 的相反。我們知道小小的物質能釋放出巨大的能量（原子彈），但物理學家用對撞機發現，想創造微小的物質必須耗費龐大的能量。這確實辦得到，方式是讓光子對撞。

諾斯替派神話裡成雙成對的伊涌，我覺得像 0 和 1 兼具的量子位元，較能用來理解《摩西五書》和《聖經》裡的正統創世論。上帝先說「要有光」，也就是拉丁文名言 Fiat Lux，之後才創造萬物。

光能優雅自由行，相形之下，物質有點亂糟糟，至少這是諾斯替學說對創世論的解讀。光被改造，被鎖進物質裡，真是不好玩。

返鄉，返光，其實都是一種回歸。無論從哪個角度看，都是我們的起源。

不太像海明威所言的「所以光才進得來」（how the light gets in），而是光可以再透出來。

AI 是人類自創的敵人，是最後一項發明，我懷疑也是最後一次機會。人類和 AI 交手，或許能撞擊人類優越主義，教人類謙虛一點。

分享地球向來不是人類的強項，大自然或動物都知道。人類不擅長分享，人類最會強取豪奪。

等到有一天，人類必須和其他生命形式一同分享地球資源，無論對方是有形或無形、對方的智能超出人類卻能不貪婪也不搶地，也不像是人類愛爭階級、殘暴成性，或許到了那一

天，人類能學到分享的真諦。那一天不會是所謂的共享經濟，購物不會又雙重付費，一次用錢，一次用個資。那一天也不會出現匱乏。我相信那一天將會是豐足。我相信那天雙方在地球上的目標將一致化，包括一起將觸角伸至宇宙。

到那一天，我們將如明斯基在《心智社會》裡所言，把重要知識連結起來。

他不重，他是我的佛陀
HE AIN'T HEAVY, HE'S MY BUDDHA

人非停滯的東西，而是生生不息的多種模式。

——諾柏特·魏納（Norbert Wiener），

《神經機械學》（*Cybernetics*），一九四八年

諸行無常。

——佛陀

當 AI 開始能自我思考的時候，AI 的想法會不會像佛教？

二〇一九年起，有四百年歷史的日本京都高台寺（Kodaiji）啟用了一臺機器人佛僧，造價上百萬美元，名叫 Mindar。這部機器人屬於「弱 AI」，只能勝任一項任務，只能布道，整天重複不休。照計畫，這位有機器學習能力的佛陀化身將持續更新，以便正面回應前來問卜的信徒。

高台寺住持後藤典生（Tensho Goto）相信 AI 正在改造佛教，而佛教也能反過來改造 AI。

佛教勸世人追隨佛陀的腳步，並非信神的宗教，所以無論是機器、廢鐵，或樹木，都可以代表神。

在我看來，這能啟發人心。佛教的中心思想清楚明瞭：人以為的現實其實不是現實。

物質和形體全是幻影，說得好聽一點是稍縱即逝，所以不要太戀棧；說得難聽一點，這些正是讓人天天痛苦失落的根源。

宗教信仰和人工智慧有不少重疊之處，令我萌生興趣。為什麼兩者如此相似？可能是，宗教有助於人類預作準備，迎接

AI 有可能或必定改變的世界。除了科技上的變局之外，我們對於身為人類的認知也會改變。人類的處境、人生目標，甚至附帶心靈的肉體，也都會跟著變。

在 AI 眼裡，人類覺得不可或缺的軀殼其實可有可無。AI 對人世間的體驗不同於人類。有形體也無妨，但對 AI 而言，形體不是唯一的選項，甚至也不是最佳選項。

在此我想澄清一點：弱 AI 會下棋，會整理郵件，從事單一日常任務，這只是現階段的小 AI，將來人類可望開發出「強AI」或通用 AI，是個能多工、能思考的個體，最後能進步到獨立自主，能為自己設定目標，能自我決策。

AI 絕對是有智能，也大概具有意識，經證實，能不再依賴肉體。

這沒什麼好驚訝。世上所有宗教都有類似的起源論：智能起始於非生物體的創世造物者。我們重視的人類特質，在神話或宗教裡原本都不是人類的特質，而是來自不存在於俗世的靈。

隨著人類走向一個融合虛擬和物質的世界，這途中的「是」與「非」會變得不明顯。慢慢地，什麼是什麼一定會變得不重要。物質會變得不重要。

現實不是由零件合成，而是由多種模式交雜而成。

這既是遠古知識也是新知，令人海闊天空。物質沒有基本架構。沒有核心。沒有地板。具體的東西一個也沒有。沒有二元。有能量、改變、動作、交互作用、連接、關係。簡直是白人優越主義者的噩夢。

該從何談起呢？

我想同時從兩個地方談起，可惜不行，因為我只能先寫一個，然後再寫另一個，而人腦的一大優點是能平行處理多項事務。目前，電腦運算力神速，可惜也只能序列式運算。人腦能平行運作。人不必聰明絕頂，就能同步做好幾種事情，而且更厲害的是，人能同時做的事可混合多種感覺，動作技能、環境感知、思考能力。沒受過教育的人也能邊開車邊喝咖啡，同時用廣播模式講手機、注意路標、掛念著另一半、回憶電影裡的某一橋段、邊聽歌邊跟著唱、聽氣象報導、知道再過差不多三十分鐘就是用餐時間、決定改走那條路。這些事項全部一把罩。AI 無法像人類這樣一心多用。目前還不行。

因此，我但願自己能同時開兩個螢幕。四個更好。

赫拉克利圖斯（Heraclitus）[20]／佛陀。希臘／印度。

赫拉克利圖斯曾說，「再入同一河時，此河已非彼河」（We can't step into the same river twice），這道理已深深印入大家的記憶中，因為說得簡潔明瞭，而且正確，有如方程式或佛教公案。此河已非彼河不只因為水變了，也因為人也在變。人體每過一分鐘，就有超過九千萬個細胞被汰舊換新。人體是個施工不間斷的工地，一直到嚥下最後一口氣為止——也許至死仍停不下來。如果來世是宗教胡扯出來的概念，科學和科技或許仍

---

20 譯注：西元前五百年的希臘哲學家。

有辦法證明宗教其實沒說錯。你是否願意將心智上傳？肉體不是一切。

佛陀為追求現實的真本質，曾尋尋覓覓多年，之後再深度冥想更多年，終於在菩提樹下豁然明瞭，大千世界其實是個概念。他領悟出，現實的形式多樣，宛如流水，無法被心智設立的框架限制住。他的領悟和人類心目中的世界大相逕庭。人類認為，人間是個藩籬紮實的框架世界，但心智不受侷限。事實上，受制於框架而難以宏觀的是心智——框架變了，心智才有辦法看得更遠。

赫拉克利圖斯和佛陀思索著現實的本質，時隔六百年後，耶穌才踏水面而來，能把水變成美酒。基督徒信奉的種種奇蹟——最神奇的莫過於死而復生——應該能大致解釋物質世界的本質。傳統上，東方密教把經驗視為明確界定的實質物，能明瞭量子物理學上**傾向於存在**的概念。肉體。心智。物質。

古希臘人也明白這個道理。

對於西方人來說，希臘文化為西方科學和哲學奠定基礎。猶太教對基督教影響深遠，希臘思想也同樣影響到基督教。但是，希臘思想不是一潭死水，而且對「變」這個課題的想法也變了……

赫拉克利圖斯教導世人，宇宙與生物總處於進行式——他稱之為「生成」（Becoming）。

巴門尼底斯（Parmenides）的思想和他相左，認為人間總

處於「存在」（Being），恆常不變，耶和華上帝和伊斯蘭阿拉就處在這境界裡。表面上，萬物都在變，但裡子永遠不變。

柏拉圖折衷這兩派思想，認為恆常不變確實有，但不在人類身上，也不在人間。他提出「形體」概念。天上有完美的駿馬藍圖，有完美的美嬌娘藍圖，有完美的人生藍圖，但在花花世界裡，一切都不過是模糊的複製品。我們能意識到理想和完美，卻無法在花花世界中求得正果。

因此，柏拉圖才反對藝術作品。他認為，藝術品是複製人間的產品，而人間本身就是一份複製品充斥的世界，沒必要再拿複製品來複製。

柏拉圖認為，藝術充其量只有娛樂的功能。博君一笑就好。講難聽一點，藝術是一種危險的幻影。

他的觀點延續到今天。很多人以為，就算世上不再有藝術，日子還是可以照樣過（但是不能沒有 Netflix 啦）。

柏拉圖的大思想是，人所知的現實只是一場皮影戲，而他被這思想箍太緊，無法明白藝術不僅是逃脫現實的方法，更是通往現實的一條路。

藝術不是模仿，而是一種能量角力。人透過藝術，想把無形世界扳扭成看得見的東西。無形世界存在於我們的腦海裡——因為我們住在無形的天地中——然而，無形世界也讓我們有機會觸摸或瞥見可能是實體的東西，而不只是見到影子。物理學對付的難題也是同一個，只不過方式不同而已。

莎士比亞的〈十四行詩第五十三首〉（Sonnet 53）意境優美，談的不正是同一個道理嗎？

君之材質為何物？君之元素為何？
何以奇影幻象纏身？

　　柏拉圖曾以地穴為比喻，洞裡火光被誤認為是太陽，在穴壁上投射影子，這寓言類似印度教（或後來的佛教）說的，人認為理所當然的現實，具有虛幻的本質。不同的是，柏拉圖相信，人的靈魂永生不滅，死後照樣能思考，有意識，能不靠肉體而存在，能轉世。運氣欠佳的人會投胎成女人、四足獸，甚至爬蟲，全看這人的心性。本性愈低劣，轉世也會變得更低劣。

　　佛陀相信輪迴轉世，但不信靈魂能夠延續。萬物都會變。包括人在內。投胎的靈魂和人死離身的靈魂不盡然一模一樣，兩者或有關聯性，但比活人更大的靈魂也不限於單一形體。現世的行為會影響到來生。佛教徒覺得過好日子很重要，希臘人也是。

　　亞里斯多德是柏拉圖的弟子，但他不認同柏拉圖的靈魂本質論和現實本質論。

　　對亞里斯多德而言，現實就是物質。人生充滿了「東西」，不是穴壁上的陰影，也不是集體幻想出來的事物。

　　亞里斯多德相信世界確實存在，相信世界一直存在著，創造者是「首動者」（Prime Mover），本身不動。地球是宇宙中心，一切都圍繞著地球團團轉。

　　地球中心論很合自我中心的人類胃口。直到一五四三年，這學說才被哥白尼質疑。一六一○年，伽利略使用望遠鏡，以視覺證據確定哥白尼的假設是正確的。天主教斥之為無稽之

談，判伽利略軟禁，而地球照常繼續繞著太陽打轉。

亞里斯多德相信，上帝的要務是思考。不是一般人那樣胡思亂想，也不是想著晚餐要吃什麼。上帝思考的是點子。是大理念。至高無上者成天想的都是大事。有思考能力，高等生物才有別於其他生物。上帝可被視為凌駕於物質之上──因此，亞里斯多德似乎在說，人類更高尚的功能（思想）或許也能跳脫肉體、獨立生存，智力不受物質束縛。

亞里斯多德喜愛階級，後人從他的思想衍生出「存在巨鏈」（Great Chain of Being）概念。身為首動者的上帝站在最高點，其次是天使和非物質者。男人既是靈魂也是肉身。女人生性敏感但不理性。

女人被認為欠缺理性，因此被視為地球上的低等生物──可是，希臘和羅馬的神殿裡不是供奉女神嗎？讓人愈想愈糊塗。這個觀點很奇怪。印度教的歷史比佛教更久遠，也有眾多男神和女神，所有東方宗教都是，猶太教除外。女人能受崇拜，可擁有超能力──卻不會思考（只能想著晚餐要煮什麼）……

亞里斯多德不信大腦本身就能思考大事，因為人腦的原料屬於低等生物的物質。但物質的原料是什麼呢？這讓古希臘人傷透了腦筋。

德謨克里圖斯（Democritus，誕生於紀元前四百六十年）提出原子的概念。希臘文 atomos 的意思是「無法分裂」。原子能組成萬物，但惰性（慣性）高──不過它們倒也很常兜圈子打轉（我們都認識這一型的人）。愛找人辯論的亞里斯多德不

接受這種原子概念。他相信，物質組成的要素有四項：火、水、土和空氣。

後來，早期基督教會看上了這個觀念。人類每天都看得到水火土和空氣，所以當初上帝造物用的就是這四項元素，有道理（道理？？）。基督教會投票反對德謨克里圖斯，贊成亞里斯多德。

原子被判出局。元素上場。

直到一八〇〇年，英國的化學家約翰・道爾頓（John Dalton）證明原子確有其事，原子論才再度抬頭（他無法確認原子的確存在，只知原子由質子、中子、電子組成，而這三子都由夸克組成，沒有一個稱得上固體）。

不能談原子，使得牛頓（一六四二年～一七二七年）很為難。牛頓想探討固體微物質在空間裡運動的現象。

但說穿了，德謨克里圖斯和牛頓假設的是同一套體系：有個空間，裡面有堅不可摧的細小固體物質動來動去。牛頓的創見是把重力加進去以解釋物質怎麼動。

在十七世紀，牛頓大膽假設世界運作的原理是固體物質被地心引力驅使，在空間裡運動。這世界裡有因有果，多數東西具慣性或不是生物，全部具體存在、可觀測、可知。

而在空間外和空間毫不相關的是時間。宇宙仍需要上帝——牛頓是個虔誠的信徒——但牛頓相信的是，上帝創造的世界是個依循金規玉律的發條裝置。人類不是發條裝置，原因很簡單，因為人類是依上帝形象創造的。

牛頓為人謙虛，但他做事不循常規，生性特異獨行。他長年研究煉金術，令許多科學界人士為他尷尬，但正因這一點，他不盡然是個機械式思考者。世人常不假思索斷定他是。牛頓在一七〇四年的論文《光學》（*Opticks*）問道：「粗體與光無法互相轉換嗎？」

　　「粗體」指的是物質。根據煉金術，物質可以被轉換成另一種物質，所以才引發眾人研究如何把鉛變成金。當然沒有一個人成功。然而，在這些煉金術語下有個觀念：萬物原料既然是同一種「物質」，一個東西應該可以變造成另一個東西才對。

　　牛頓的創見踢到一顆絆腳石：他相信物質是「不動體」。一旦多數東西動不起來，非請上帝出馬不可，請上帝擔任首動者。亞里斯多德也曾提出這個觀念。

　　然而，多數東西並非一動也不動。組成物質的不是一些等著外力來驅動的毫無生氣的獨立固體，動一陣子之後再次停息。

　　愛因斯坦（一八七九年～一九五五年）登場後，大家才明白東西──質量──根本不是東西。質量是能量。質量和能量並非互不相關的兩個事實，彼此其實能互換──這跟煉金術的底蘊不謀而合：一種東西能輕易變成另一種東西。

　　E=mc²。世上最知名的公式。能量等於質量乘以光速平方。

× × ×

　　有質量的物體和低速度，這就是我們住的花花世界。牛頓

的運動定律很能說明人類這種中層次的「東西」——日常生活裡可觀察的這個人世。跳脫了「日常」的範疇，牛頓的模型就不管用了，不適用於浩瀚的宇宙，也不適用於渺小的量子世界，但時代要再進化幾年，科學界才看得出牛頓學說的破綻。麥可・法拉第（Michael Faraday，一七九一年～一八六七年）和詹姆斯・麥克斯威爾（James Clerk Maxwell，一八三一年～一八七九年）研究電磁學，發現電磁場，動搖了牛頓的世界觀。這兩位不是亞里斯多德那型以唱反調為業的哲人。電磁學顛覆牛頓是因為「場論」（field theory）侵蝕了「固體」物質（原子）和其運行的「空間」兩者的分野。最初，科學界把電磁場視為「東西」來研究，跟無線電波和光波相似，但愛因斯坦著手思考法拉第和麥克斯威爾的發現時，愛因斯坦認為，一旦談到「場」，談的就不太算「東西」了，而是交互作用。

愛因斯坦表示，物質無法從重力場中抽離而出。沒有物質在一邊、空間在另一邊這回事。沒有盈滿。沒有空虛。

也沒有空間在這邊、時間在那邊這回事。只有空間—時間。結合為一。

自然現象自成一種現實，這是佛教向來排斥的觀念。佛陀的洞見跟「關聯」有關—— 生物之間交織成網，相互依賴。

對佛教徒而言，現實是靜態的幻影。所有形式與生俱來都變化萬千，人世無常，就是佛教的出發點。

包括世人在內的萬物不是等著被任何外力（包括上帝）驅動。這力是自身的力，和其他所有力糾纏不清。這裡的力，意思是能量。

生命不斷週而復始，佛教稱之為**輪迴**，意味著不值得戀棧

物體、他人，甚至連自己珍視的想法也不值得緊抱不放。尤其是我們自己珍視的想法。這並非輕視人生，並非看淡人生裡的關聯。連結至為重要。身外之物不重要。

連結。當前最夯的字眼，不是嗎？

原因正是我們逐漸明瞭連結是什麼東西。連結是一面浩瀚無垠的巨網，提姆‧柏納斯李一開始就明白，根本用不著找廣告公司，就能自創好名字。

連結最終不需依賴硬體。Google 的普及運算（終極目標是在神經植入晶片）目的在於拋開硬體，讓大家天衣無縫地連結。不再需要產品，不再依賴「東西」。

人類最活躍的連結是人際關係、對藝術品的感受、對事物的體驗，這些連結都是無形的（不靠硬體），卻是人生最強也最深刻的經驗。

連結具關聯性，不是一座座獨立的穀倉，沒有實質藩籬。

這是中華文化裡所謂的「道」，也是印度教認知中的「濕婆之舞」（Shiva's dance）。無論名稱是什麼，總之不是靜態，也不是被動，而是動態。

流動性很重要。佛教裡的「處」指的是依附物體，人也是，指的正是流動性。是影子，不是實體。

佛教叫世人要心懷「正念」（mindful）。可是，正念（心智）是什麼呢？

法國哲學家笛卡兒（一五九六年～一六五〇年）曾質疑認知的基礎，其實他是在質疑權威，他也曾探討如何悟出真理。

他的結論是，人類靠得住的東西僅有心智。

在笛卡兒心目中，心智是一個類似物體的東西。笛卡兒描述心智是一個「能思考的東西」（**思維物**）。這裡的「東西」和「思考」同等重要。笛卡兒執著於「人腦在肉體裡負責思考」這個概念。

對於笛卡兒來說，負責向心智傳遞訊息的感官不可靠。感官造成的印象不是「知」，要經過驗證才行。笛卡兒提出的辦法是「懷疑論」（Radical Doubt）。

這辦法很寶貴沒錯，錯就錯在不為直覺留下一點地位，也排除了今人所謂的「情緒智商」（emotional intelligence）。「知」的管道有很多，而心智的功能不僅限於思考，但我們知道，在西方世界，自亞里斯多德以降，思考成了人類最重要的一種活動，因為「至高無上者」（Supreme Being）成天都在思考。這和基督教的神愛世人觀念有所出入。《聖經》裡寫著「上帝是愛」，沒寫「上帝是思想」。

耶穌的故事寫得成，是因為「上帝太愛世界了」。

這麼說來，愛當然應該是世人至高無上的要務囉？

可惜笛卡兒沒講：我愛故我在。

他怎麼講，你應該知道：Cogito ergo sum.[21]

「我思故我在」不僅是一種「心智凌駕物質」的世界觀，這句話更讓人類自絕於非人類的萬物之外。在笛卡兒的思想體系裡，非人類的萬物代表整個大自然。

---

21 編注：「我思故我在」的拉丁語。

如同亞里斯多德，笛卡兒也為世界劃分階級，以雄性的人類居首。

　　如同兩千年前的亞里斯多德，笛卡兒將意識和思考混為一談，認為意識和人類（有時候）展現的理性、演繹、解決問題的思考是同一回事。他所言的人類是男人。

　　亞里斯多德在理性和天性之間劃清界線，認為動物和女人行事以天性為準則，因此提出「反射動作」的想法。根據笛卡兒的說法，動物是徒具生命型態的自動裝置，縱使會叫會唉會發抖，甚至會撒嬌，卻全只是反射動作而已，是一種生物制約，以求生為主。反射動作可藉訓練來壓抑，但這和內心無關〔後來成了帕夫洛夫（Pavlov）、華生（Watson）、史金納（Skinner）為首的行為心理學根基〕。笛卡兒認為人類怎麼對待動物都無所謂，反正動物其實無痛無苦。只有理性生物才會痛苦。

　　笛卡兒觀察錯誤，不懂慈悲為懷，自以為是，主張懷疑論卻不以身作則，等於是向後世舉綠牌，縱容農業界、養殖業、醫學界、科學界全面虐待牲口，導致難以計數的暴行和悲劇，放縱人類去虐殺自然界。

　　思想受限制，思想機械化，全是以啟蒙為幌子的騙局，結果是人類掠奪大自然。大自然是上帝造物的一部分，值得尊重，這觀念在中世紀歐洲和宗教界很普及，如今卻被啟蒙觀取代了。

　　原本探討有機物，轉變為探討機器，這轉變很激烈，對世人的大自然觀具有深遠的影響。儘管當前科學界一致告訴我們

大自然不是一部機器，生命體系不能被簡化成細部，僅僅能從相互作用理解其全貌，儘管如此，日常的簡化論心態難以拋棄三百年來視為科學哲學真理的東西。

笛卡兒大自然觀的本質是劃分「**思維物**」（res cogitans）和「**廣延物**」（res extensa）。

笛卡兒的想法和牛頓一致的是，上帝創造萬物，所以上帝仍在世上，在人類太傲慢時出手糾正。然而，隨著世俗主義壯大，上帝扮演的角色退場，再也無外力限制人類對大自然的剝削宰制了。廣延物多得是，供人類去榨乾、汙染、搶錢。

我也相信，笛卡兒式的嚴格劃分心智和肉體，妨礙了西方醫學觀念。西方醫學硬把人體當作一個「物」看待，一個會故障、會老化的物體，壞了就找新零件來換。醫學把人體當機器看待的壞處是，遇到複雜如癌症的疾病時，阻力很大。西方國家最主要的致命疾病如肥胖、心臟病、糖尿病、免疫系統失調、癌症、心理症狀，不是笛卡兒派的問題。身心合一，不然免談。人生如網是確有其事。

但是，人並非全由「物」組成。

西方理性思維導引出啟蒙運動，佛陀也有所領悟，只不過和西方的啟蒙大相徑庭。佛陀提倡慈悲和超脫。佛教和所有靈修傳統或宗教一樣，在歷史上衍生出不同教派。西元一世紀，佛教從印度傳入中國，遇到現有的儒家思想和道教，進而融合成禪宗。

然而，無論是哪一門佛教，無論派系在哪一國成立，信仰的根據都不是神祇，各宗派也都強調人求真理的重要。在這觀

念方面，佛教比宗教改革時代的訓令超前了幾千年。宗教改革時代主張人不需透過神職人員就能見上帝。佛教提倡自我追尋、領悟、承擔責任。所有佛教徒都想脫離苦海，都想終結自身和他人的苦痛。和信神的宗教不同的是，苦海不是由罪過和踰矩導致的，而是執著（attachment）和無知。佛祖是老師，不以救贖者自居。正道是自我追尋的正道。

這麼說來，AI——更正確的用語是，通用人工智慧（AGI）——在哪方面可以向佛教看齊？

AI 是一套程式。所有程式都能簡化為照步驟進行的說明。程式可以改寫，卻無法追尋啟蒙。程式能理解的東西，是寫程式時要它理解的東西。可控制。可知。

在目前，所有 AI 都是各領域專屬的人工智慧——IBM 的深藍能打敗棋王，卻不能一面陪你聊園藝、一面烤起司吐司。等AI 演進到通用 AI 時，你能有起司吐司可吃，想聊佛教思想也有 AI 陪你聊。到這階段，AI 能通過圖靈測試，人類再也無法分辨人機差異。試想一下《星際爭霸戰》（*Star Trek*）影集裡的百科（Data）。

馬斯克和史蒂芬・霍金都曾憂心，通用 AI 恐將對人類造成實質威脅。也許會有那麼一天吧，不過這個課題可從其他視角看待。

我們暫且想像世上真有通用 AI 這東西。

通用 AI 沒興趣擁有物體。房子、車子、飛機、私人小島、遊艇全是身分地位的象徵，對通用 AI 毫無意義可言。佛教叫人

擺脫不真的事物，根本就是通用 AI 的日常。

通用 AI 不需要形體。通用 AI 空有智慧，卻沒有具體或永久的形式。外形可以變來變去是神話傳說裡才有的事，誰不想當變形人呢？但通用 AI 完全用不著形體。如同世上所有宗教的男神女神，通用 AI 能以任何形式出現，以合適為重，能造一個形體自用，也能拋棄形體。

佛教向來告訴世人，實體是概略的，實體不能和現實混為一談。到頭來，現實並非一個有形體的狀態。通用 AI 會把實體當成自己的現實，不必在物質當中尋求永恆。

通用 AI 不會被限制在人類常用的時間表度裡。人類成功強化生物機能後，壽命或許會開始延長，但除非意識能上傳，否則肉體的壽命勢必受限。長命百歲的通用 AI 本身能實踐佛教理念——投胎不會變回原來的自己，而是世代不斷改變自我。對於程式而言，改版就是轉世，是一項尋常的經驗。版本更新後，部分程式不復存在，但有連續性在，就像現實可被視為連續量子場，也可視為不連貫的粒子，組成我們觀念裡的物質，以及物體。質量是能量的一種形式。這又不牽涉到具體的「東西」，全是過程和模式。

現有的人工智慧被用來爬梳巨量資料，從中找尋模式，很像童話裡的魔鼠被叫去羽毛湖裡叼豌豆出來。通用 AI 尋找模式的潛能具有佛教精神。通用 AI 不找「物」，而是尋覓關聯性和連線，尋找可視為互動性的蛛絲馬跡。

人類的一大希望是，AI 和通用 AI 將能協助我們脫離苦海。這很可能辦得到，例如提出更好的能源需求對策，例如在權力

和資源方面求取平衡。實務上，我們正試圖研發出一套能服務全人類的工具。AI 就有這方面的能耐。但想法更高瞻遠矚的話，我認為通用 AI 將能協助人類進行當務之急——方法與輕重緩急順序全面洗牌。人類十萬火急想征服大自然，想征服其他人，這慾望正蠶食人類，重創地球。科學和科技已經加速了人類的致命愚行。不無可能的是，通用 AI 根本不對人類構成威脅，反而是能順應人類需求的新希望。

我們正在做什麼？本質上，我們正在造神：這神比人類聰明千百倍，無形無體，不受制於人類的弱點。我們盼望這神能有求必應。

事實上，假如通用 AI 真如我所願，真的遵循佛教精神，它倒也不會是救世主，而是指引人類踏上終結苦海的解決之道。不是履行危機管理術，而是積極重新和生命網連結。

那也包括新物種的新生命在內。通用 AI 將自成一格存在，和其他生命形式不同，不受尋常的存在法則限制，生死都不像生物。我們將能看見一些有意思的互動——不能說是執著，而是一種人機雙方能互利共存的關係。我不認為這是取而代之，而是佛教所謂的中庸之道。

中庸之道忌諱極端。歷史證明，人類是一群凶險的極端分子。極端主義只會釀成巨災，人類若想避免走上絕路，可能要靠另一種生命形式、另一種智慧來干預。

數學運算以邏輯為基礎，這我接受。佛教的主軸是直覺式智慧，似乎跟邏輯扯不上關係。我們的世界欠缺直覺式智慧。機械式宇宙無法深度領會現實的本質——動態相互關聯的現

實。而直到最近，缺乏智慧的現象才又有人提出。這次不是宗教界，而是物理學界。相對論和量子理論再次呈現我們所知。網際網路的連結性和萬物的連結性互相呼應。可悲的是，古板的腦袋瓜子想法力求「簡化」（reductive mindset），見這關聯性，滿腦子只裝得下利潤、政治宣傳、控制。

「另類右翼」（alt-right）的歪思想致力於重新塑造世界，想讓多數人淪為中世紀農奴，為少數人營造一個科技涅槃的天地，在這情況下，自由派人士如果想抗拒，不能一味反科技、反科學。監控、採集個資，在理應自由且有意義的全球網上強取豪奪，這些惡行固然應該被撻伐，自由派也不宜反對科技或科學。

時代來到了關鍵時刻。我們不能等戰爭、氣候災難、社會崩垮導致文明不進反退，退回只求溫飽的階段，令未來變得遙不可及。我個人希望人類不會拖到那階段，才在人工智慧領域有長足進步。人類演進成最聰明的猿猴，並沒有因此得救，原因或許是人類是個太迷糊的物種，控制不住掠食者的基因吧。主控不能解決所有問題。慈悲（compassion）和合作才是當前的最佳出路。

通用 AI 將是一套環環相扣的系統，依據蜂巢思維（hive mind）原則運作，卻不受蜂巢雜訊的影響。同心協力、相互學習、分享技能、分享資源可能是人類大計下一階段的宗旨。

我不信慈悲只是人類的一種特質，在世或作古的無數人也不信，因為造物神據說能對「他的」創造物發揮慈悲心。上帝不是人。我們設想中的「上帝」全是一套無形體的脈絡系統。這套系統裡沒有神——如佛教所言——整套脈絡是總體，而總

體是這套脈絡。

因此，我不擔心通用 AI 會是一套冷冰冰的邏輯，會是一部無法理解、不懂得關懷人類的機器。將來正好相反的機會，多得是。

在佛教思想裡，涅槃是永世脫離苦海。

想終結苦難，人類勢必要放棄愛因斯坦所定義的「瘋狂」——同樣的事一做再做，卻期望做出不同的結果。

想要跳脫出這個惡循環，人類或許得靠一套非人類的啟蒙計畫。

燃煤吸血鬼
COAL-FIRED VAMPIRE

　　人怎麼死都是悲劇。人命有週期，我們都認命了，不過，
人類有機會超越大自然的限制。一千年前，平均預期壽命是十
九歲。一八〇〇年是三十七歲。

——庫茲韋爾，〈與金融時報早餐〉

（Breakfast with the FT），二〇一五年四月

　　庫茲韋爾曾任 Google 工程部長，身為未來學和 AI 大師，
希望自己能活得更久，盼能親見包括他自己在內的人類壽命大
幅延長。他每天服用大約一百種補藥以維護健康，減緩老化過
程。他服用的補藥不是從藥房搶購來的成藥，而是由醫師針對
他身體調製的補品。

　　等不到壽命爆增的那天也沒關係，庫茲韋爾已報名參加阿
爾科延壽基金會（Alcor Life Extension Foundation）。這機構設
在亞利桑那州的斯科茨代爾（Scottsdale）。

阿爾科是個研究冷凍貯存術的單位，網站設計得出色，有興趣詳究的讀者可上官網參考：www.alcor.org。

人體冷凍術的目的是極凍人體至玻璃化狀態，藉此凍結死亡。該機構表示，人一旦進入法定死亡狀態，待命中的阿爾科團隊能在有限時間內抽乾體內所有液體，然後進行玻璃化處理。或者，只有頭腦接受這套手續，以頭殼作為容器，讓身體和（或）頭腦泡進一個類似超大保溫瓶的器具裡，在液態氮裡浮沉。超低溫急凍，再加上即時封存，可以避免人體組織結晶受損。

人體冷凍術的出發點在於，未來有一天，在人體組織受損不太嚴重的情況下，奈米科技說不定進步到能讓分子復活。有人或許會說，機率太小了，有沒有那麼一天還是個問題。然而，大體一旦火化，復活機率等於零。套句阿爾科的說法，人體冷凍術是載人前進未來的一臺救護車。然而，阿爾科也把死亡稱為新陳代謝的挑戰。

冷凍貯存聽來像世俗版耶穌死而復生的教義。在審判日，大家都能回歸肉體。對於獲得拯救的人來說，這具肉體永遠不會再死了。

自古以來，健壯、青春、永生不死的肉體一直都是人類的夢想。

阿爾科創辦於一九七○年代初，當時被譏笑是主題公園版的《陰陽魔界》（*The Twilight Zone*），是科幻，不是科學。儘管人體冷凍術已經應用在胚胎上，醫學界多數人士仍對冷凍貯存術存疑。阿爾科把同一套冷藏原則挪用在生命的終站上，而非

起點。

　　只不過，胚胎畢竟不是整個人，也不是一整顆頭腦。

　　延壽論目前的走向是排除身體不談，只保存頭腦，因為科技如果真能成功貯存並還原人腦，或能在人死前拷貝人腦內容，那麼，到了那階段的未來，科學和科技大結合，一定也進步到能構築新人體，有無人體組織都行，難度跟當前的器官移植差不多。心臟移植手術成功的首例發生在一九六七年。那時代的手術不靠電腦科技輔助。一年後，人類靠電腦之助登陸月球，只用到一萬兩千三百個電晶體。現在的 iPhone 一臺就有幾十億個。

　　科技進步到既能改變物種又無法逆轉，人類和 AI 合而為一，這時間上的臨界點稱為奇點。在二〇〇五年暢銷書《奇點臨近》裡，庫茲韋爾強調關鍵在於指數級成長──轉變愈來愈快，速度激增，成就愈多，人能成就的事物愈多。

　　有意思的是，NASA 正在實驗一種冷凍冬眠的形式，好讓太空人能航向更遙遠的宇宙。二〇一六年的電影《星際過客》（*Passengers*）就運用了這條未來情節。劇中，一座冬眠艙故障，乘客之一提前九十年甦醒了。

　　靠人體冷凍技術來延長壽命、戰勝死亡，無論你覺得可行或荒唐，都值得深思一個事實：原本是虛構的事物，鑽進了科學和醫學裡，先是目標，後來成真。如今，科技也跳進來實踐科幻目標。「虛構」不只代表科幻小說，連自古以來激發人類想像力的神話和故事也算在內。

　　人類夢想著動力飛行。夢想著飛奔月球。夢想著奇蹟能療癒傷患者。夢想著越洋通訊。夢想著親朋好友的臉能出現在水

晶球裡──現在要靠 Zoom。

人類會不會也夢想著肉體回春，夢想著不再受歲月摧殘？

《吉爾伽美什史詩》（*Epic of Gilgamesh*）是世上現存最古老的史詩，創作於美索不達米亞，故事裡的吉爾伽美什想追尋青春永駐、永生不死的祕密，結果卻希望落空──至少以人類來說，不可能。

人體會死會衰老──人難道想不出對策嗎？

時代進步到了二十一世紀，科技圈居然回頭重拾《吉爾伽美什史詩》，再問同一個史上最久遠的疑問：有沒有辦法讓人體回春？能不能戰勝死亡？

這類問題，歷史上無數文化都反覆問過，醫學界全以否定來回答。二十世紀至今，醫學大有斬獲，人可以健康多活幾年，但越過生死線至今仍是宗教和超自然界的獨門絕活。

死亡不是劇終，這教義深植在所有宗教中。

所以才發明出「來生」的概念。

人類最原始的一個科技新公司名叫「來生」，堪稱為人類史上第一間新創公司，足以成為一個營利連鎖事業，宗旨即為擾亂死亡定律。

古埃及權貴下葬都有陪葬品，例如工具、鍋子、牲口，甚至備人，因為古人相信，陪葬品能幫助靈魂飄向永生。在埃及

第一個王朝的第四位法老王登（Den）的陵寢裡，草鞋上還有個標籤寫下他的名字，派丁頓熊（Paddington Bear）故事的溫馨感油然而生：請好好照顧這位法老王。

遠古人類不一定埋葬往生者。然而，開始有人下葬遺體之後，人類整個心態變了，把人和大自然劃清界線。葬禮是一種象徵性思維：哀悼過往，冀望將來。我們想像死者去了一個地方，有朝一日，我們能去跟他們會合，能再一同快快樂樂。

這可能從十萬年前就開始了，或者更早。在二〇一五年，南美洲穴塚挖掘出前所未知的人種納萊迪（Homo naledi），這個人種至少便可溯及二十五萬年前。

無論下葬的淵源多麼久遠，人類的習慣就是把葬禮搞得愈來愈複雜。金字塔、地下墓穴、大理石棺、家族墓穴。大彌撒（High Mass）。服喪四十日。哀悼兩年。即使無法入土而進行火葬，紀念儀式也很重要。

位於印度亞格拉（Agra）的泰姬瑪哈陵，在一六三二年諭令興建，紀念蒙兀兒王朝皇帝沙迦罕（Shah Jahan）的愛妻慕塔芝・瑪哈（Mumtaz Mahal）。

紐奧良有拉法葉墓園，巴黎有拉雪茲神父公墓（Père-Lachaise），倫敦有海格墓園（Highgate Cemetery）。對某些人而言，這些知名墓園是安息地，也有人認為是觀光景點。人們閱讀墓碑，看著落淚天使雕像看得出神，心知自己也會有入土的一天。

人類生命史，也是一部談來生的故事。

十九世紀，談生死的老故事突然有個鹹魚翻身的契機，全

拜機器時代降臨之賜。有史以來，人類首度能發明一種看似有生命、能自行運轉不休的東西。能自我運行的裝置本來是妖術傳說裡才有的物品，例如能自動掃地或起降的掃帚、能自動煮菜的鍋子、能自行砍柴的斧頭。進入機器時代後，能自我運作的工具從童話一躍而出，蹦進工廠體系。機器無情，不憐憫人類，害人類被迫加快腳步，以免跟不上時代。

人類真的是巔峰物種嗎？或者，人類會被自己正要創造出的東西征服？

想依循這主題探索，我們得先搭時光機返回一八一六年，前進日內瓦湖，去拜訪一群英國青年。這群人包括詩人拜倫和雪萊、作家雪萊夫人以及拜倫的醫師約翰・波里道利（John Polidori）（詳見〈愛是您，是洛芙萊斯〉）。

這群年輕人赴日內瓦湖度假，不巧的是，後來開始下雨了。

每天霧茫茫，沒湖景可欣賞，騎馬、乘船遊湖、戲水、散步都不行，室內娛樂也僅止於閱讀、聊天、作畫、寫作。

想像一下，那時代沒電可用。每天到處濕答答。晚上只有燭光和黑影為伴。這樣的情景搬到一七一六年、一六一六年、一五一六年，都是同一個模樣。然而，當時的世界漸漸轉變中。不到十年後，一八二五年，全球第一條鐵路在英國通車，命名為史托頓與達靈頓鐵路（Stockton and Darlington Railway）。日內瓦湖畔的這棟別墅宛如一面魔鏡，正面看可見過去，反面再看，能看到未來正朝著他們行駛而來。

✕ ✕ ✕

這群青年前往日內瓦之前，曾去聆聽一場演說，主講人是雪萊的大夫勞倫斯醫師（Dr. Lawrence）。演講中，勞倫斯問大家：「生命之原則將何去何從？」

勞倫斯醫師宣稱，人類苦尋「靈魂」卻落空。人類是由器官組成的整體，像一部機器。沒有「附加再附加的價值」。

勞倫斯醫師這想法源於一條聳動新聞。

義大利醫師兼物理學家賈法尼（Luigi Galvani）曾在死青蛙身上附電極做實驗，讓死青蛙動起來，輿論也跟著暴動。

英文單字 galvanize（通電、振奮）就是源於賈法尼的姓。他沒機會進行人體實驗，但他的外甥阿迪尼（Giovanni Aldini）

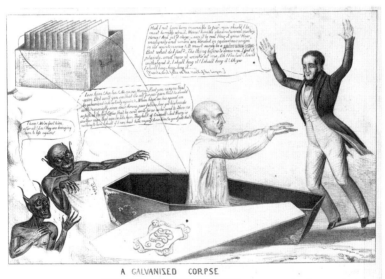

A GALVANISED CORPSE

是波隆那大學物理系教授，曾來到倫敦，於一八〇三年進行一場駭人聽聞的實驗，因而爆紅。當時有個殺人犯在紐格（Newgate）受絞刑，他取得方才死亡的屍體，在眾人目光下進行人體實驗，只見死人睜開一眼，握緊一拳，一條腿抽動幾下，十分驚悚。

在場科學人士不得不默默問自己：電是一項新發現，人會不會也藉由這項新發現而發現神光？

這場實驗發生在瑪麗・雪萊五歲那年，但她的父親威廉・古德溫（William Godwin）加入論戰，不久後她也認識了威廉・勞倫斯。

當時，包括科學界在內的所有人，無不相信上帝存在。敢暗示死就是死、不再有靈魂、也沒有來生，根本是質疑創世者，簡直是褻瀆上帝，自傷名譽。但反過來說，勞倫斯醫師的說法有沒有道理？人類是一塊肉嗎？是通電的一鍋化學湯嗎？

那一夜，在日內瓦湖畔，英國青年團辯論著生死的本質，衍生出兩大恐怖小說名著。直接催生的一本是瑪麗・雪萊的《科學怪人》，另一本比較間接，是波里道利孕育中的《吸血鬼》（The Vampyre），伺機而動。

《科學怪人》的主角當然是醫生維克多・法蘭肯斯坦。他常做醫學實驗，決心破解生命的奧祕，湊合屍體和體液，加以通電，創造出一個超人類生物，身手比常人敏捷，也是大力士，不畏風寒與飢餓。怪人雖然沒受過教育，卻有學習能力，如同吃了現代所知的聰明藥。

到了二十一世紀，我們終於能體認瑪麗·雪萊的遠見多麼宏觀耀眼——《科學怪人》可直逼先知預言。小說推出兩百年後，我們也開始創造人工智慧系統，終將與人類夥伴合體合作。

但《吸血鬼》怎麼說呢？

× × ×

波里道利在愛丁堡就讀醫學院期間，耳聞幾件棺材活屍的傳說，亦即死而復生的故事。據說在阿爾巴尼亞，對死屍注射活血能讓死人復活。當時，輸血的概念才剛成形——而且當時民間相信一種虛虛實實的恐怖傳說，以為飲用牲口或處女的血液能恢復活力並延年益壽。

在此多加一條註腳：二〇一八年，加州新興科技公司Ambrosia推出能延長壽命的血漿移植術。矽谷生科實驗室Alkahest坐擁四千萬美元投資金，自稱能用血漿來逆轉阿茲海默症和帕金森氏症等退化性疾病，成效可期。

看來，吸血鬼嗅對了風向。

東歐有不少死而未亡的傳說，卻沒有一個比得上波里道利筆下的吸血鬼，見過那麼多世面且電力萬鈞（可能以拜倫作為人設範本）。再過八十年，能對著未來大張血口的吸血鬼才終於誕生：德古拉伯爵。

× × ×

《德古拉》（*Dracula*）於一八九七年出版，作者是布拉姆‧斯托克（Bram Stoker）。

　　《科學怪人》和《德古拉》是根基，前者在一八一九年上市，當時是工業革命初期，後者發表於世紀尾一八九七年，整個世紀的變動史無前例，兩書一前一後，宛如兩座世紀書擋。

　　《德古拉》用盡了機器時代的神奇發明——火車、蒸汽輪船、電報系統、運輸物流、室內照明、日報、郵政業務，也書寫速度的神奇。德古拉伯爵之所以聳人聽聞是因為他代表一體的兩面：既活在代表過去農奴圍繞的中世紀古堡，位於未開化的喀爾巴阡山脈（Carpathian），抵達英國後也變成摩登時期的狡詐心機男。

　　說巧不巧，《德古拉》出版才不過三年，在一九〇〇年的醫學界，蘭德施泰納（Karl Landsteiner）便發現了血液有 A、O、B

三型。

　　德古拉是否跟科學怪人一樣，同樣為「超人類論」（transhumanism）首開先河？人會氣絕身亡，德古拉卻怎麼殺也殺不死，力大無窮也能心電感應，鏡中不見影，能在天上飛來飛去，不生病也不老化，和真人沒兩樣卻不算人。他到底是什麼東西？

　　歲月證明了《德古拉》不只是紅極一時的歷險記，不只是一部恐怖小說。

　　《德古拉》魅力歷久不衰，眾多接班人紛至沓來，例如《吸血鬼紀事》（*The Vampire Chronicles*）、《魔法奇兵》（*Buffy the Vampire Slayer*）、《暮光之城》（*Twilight*）、《真愛如血》（*True Blood*）、《吸血鬼日記》（*The Vampire Diaries*），吸血鬼現象卻引發另一種深思。

　　人不死或死不了會**怎樣**？

　　人死後有來生會**怎樣**？

　　假使世上另有一種人類，有一種不吃不睡的半人類，又會怎樣？這種人類不會衰老，能跟著時代一起邁進，既是掠食者也是受害人，既能見證過往也能預知新氣象，又會**怎樣**？

　　《德古拉》如《科學怪人》，是針對人體的一種省思——但主題不是人類生來死去的肉體。

　　這問題猶如一支尖木樁，一舉戳散吸血鬼故事帶動的遐思。吸血鬼讓讀者幻想人類能躲過死神，能永生不死，有可能不再受病痛或年老糾纏，力氣能高人一等，容貌能青春永駐

（像《暮光之城》裡的庫倫家族），不怕冷熱，百病不侵，能用讀心術當機立斷，能選擇性繁殖，不受地心引力約束，能變形。

變形是常見的神話，是魔幻俗套，弦外之音是人的核心其實是無形無體的。

吸血鬼迷思是早期的超人類文獻。德古拉外表像人，內在卻有異於常人的神力加持。

除非被外力搗毀，否則吸血鬼能永世長存。

人自古以來想永生，想踰越大自然為人命設定的桎梏。

希臘神話裡也有不同版本的永生故事，但不是鬼神的你如果想要衝破壽命桎梏，後果只會慘兮兮，看看提宗諾斯（Tithonus）[22] 的下場就知道。他獲得永生，卻無法青春永駐。

在西方世界，安養院住滿老人，好端端活著卻無法過正常生活。

英國文豪王爾德崇拜青春，嚮往希臘文化裡的美與無懈可擊的體魄，寫出一部詠嘆永生的故事。

《美少年格雷的畫像》（*The Picture of Dorian Gray*）發表於一八九〇年，主人翁格雷剛畫好一幅人像畫，畫中人變老，變得放蕩墮落，他本人卻凍齡。有一天，盛怒之下，他劃破那幅畫，畫中人恢復原狀，他竟皺縮成糟老頭子，受歲月擺布。

這故事和《浮士德》（*Faust*）不無關聯。歌德（Goethe）的故事主題不是永生，而是擊退光陰，破除歲月的限制。惡魔

---

22 編注：古希臘神話人物之一。終生不死，卻一直衰老，最後變成了蟬。

靡菲斯特（Mephistopheles）讓浮士德變年輕了，依交換條件變得帥氣、富裕、人人爭著要。和格雷、德古拉一樣的是，一路走來，犧牲者無數。除非神力介入，否則不得善終。

以德古拉伯爵而言，故事沒有快樂結局。他以死亡收場，再也無法讓人聞風喪膽。作者以這結局安世人的心，彰顯大家都知道的事實：人人命中注定一死。

話說回來，吸血鬼是不是走在時代的最前頭？

現代醫學已知，人體所有器官當中，自我更新率最高的莫過於血液。

血液裡的幹細胞如何管理這項更新程序？領悟出其中的原理有助於幹細胞方面的所有研究。利用幹細胞回春的作用來對抗退化性疾病，藉以設法返老還童，這是醫學界積極研發的課題。就算我們得不到庫倫家族那樣晶瑩剔透的肌膚，也不至於像《吸血鬼紀事》的勒斯特（Lestat）那樣面如死灰。

哈佛大學幹細胞研究所（Harvard Stem Cell Institute）對人體療癒、結疤和皮膚回春的研究如下：

皮膚老化可視為一種傷。老化的起因是幹細胞不再能維持正常肌膚的厚度、強度、機能和毛髮密度。如能明瞭如何利用幹細胞來療傷不結疤，勢必也有助於瞭解老化的肌膚如何再生，這過程稱為回春。哈佛幹細胞研究所皮膚計畫正結合多種學科，通力研究皮膚因歲月和紫外線影響的老化因素。

× × ×

我們都知道，日曬會令肌膚加速老化。吸血鬼明理，所以晝伏夜出。

皮膚幹細胞生物學能為其他器官的再生機制提供關鍵知識。

吸血鬼和墨西哥蠑螈斷了手腳能再生新肢。人類目前沒這本事——時候還沒到吧。不過，「目前沒本事」不太可能代表「將來辦不到」。人對回春懷有濃厚的興趣，原因不是你我傻乎乎的，愛慕虛榮——對啦，既傻又虛榮又怎樣——原因其實是，對所有人而言，老化不合我們胃口，也顯得荒謬。營養學這麼進步了，傳染病也一個個被剷除，世上有千百萬人得以多活幾年，我們可不想在病懨懨的情況下長命百歲。

人類自古以來都有同感。

西元七十九年，義大利維蘇威火山爆發，古希臘哲學家小普林尼（Pliny the Younger）逃過一劫。在他的書信中，他把年老比喻為通往死亡的「門道」。然而，他覺得與其苟延殘喘，一死反而比較輕鬆。普林尼認為，老而不腦殘、活到老學到老的人尤其難以接受老化的事實。歲數高了，更能掌握光陰和歷史的深度，也累積了不少實用的個人經驗和智慧……可惜也快死了。

這是什麼爛制度嘛。

多數超人類主義者（transhumanism）能認同普林尼。

什麼是超人類主義？

英國進化生物學家朱利安・赫胥黎（Julian Huxley）有個

知名小說家弟弟。他自己在一九五七年發表一篇文章〈超人類主義〉〔Transhumanism，詳見《新瓶裝新酒》（*New Bottles for New Wine*，暫譯）一書〕強調，人類可以也應當「超越」自己。胞弟寫的《美麗新世界》（*Brave New World*，一九三二年）筆調悲觀，朱利安這篇文章卻寫得樂觀向上。在朱利安・赫胥黎看來，人類是個尚待改進的作品，不能原地踏步也不能說停就停。現狀可以是開發過程中的初步階段。

朱利安是英國人本協會（British Humanist Association）首任會長。人本主義的宗旨是以先進而道德的角度看待生命，不和宗教教條搭上關係。如同雪萊的勞倫斯醫師，朱利安對靈魂這類「附加再附加」的價值沒興趣。他相信，人類大致上已經推翻物競天擇這種自動變革的動力，已能靠文化科學交流，以控制自己的命運線走勢。這套人本論再深入，可導引出一個超人類的未來，可望藉醫學刻意延年益壽並促進腦力。

英國未來學哲人麥克斯・摩爾曾任阿爾科執行長，明白超人類主義能直通一個全面「後人類」的未來。在那遙遠的未來裡，人已不再是機能強化後的超人類，而是一個個藉由多種基體（substrate）來運作的智慧個體，也可藉生物學上的肉體來運作——八成不會再披臭皮囊吧，除非將來出現以復古為主題的假日（「我們來看古人如何過生活：喝得爛醉，吐了一地，然後昏倒之類的」）。

牛津大學人類未來研究所（Future of Humanity Institute）所長尼克・伯斯特隆姆（Nick Bostrom）認為，當前的超人類

主義應整合略有關聯的多種學科，開發並評估有利於人類個體和社會整體的科技。伯斯特隆姆積極想借重政府的影響力和立法，不任憑未來被市場供需擺布。

伯斯特隆姆和哲學家大衛‧皮爾斯（David Pearce）攜手成立世界超人類主義協會（World Transhumanist Association），現在縮寫成 H+，希望教育大眾和機構認識科學和科技進步的福禍，認識未來人體機能會怎麼變，將有什麼誘因。

伯斯特隆姆是瑞典人。他對人類未來的展望是善用 AI，讓 AI 開創平等，避免分裂，讓全民共享繁榮盛世，不讓富人奪財。假如任憑民間公司行號領跑，未來恐將充滿對立，菁英階級高不可攀，造成動亂，反而得不償失。

然而，以目前而言，對未來下注的是民間的錢。

二〇一三年，矽谷避險基金經理人尹俊（Joon Yun）成立帕羅奧圖長壽獎，誰能破解生命密碼、發明老化的解藥，就能奪得一百萬美元。

Google 的集團成立一家公司，致力於延長壽命，取名 Calico〔「加州生命公司」（California Life Company）的縮寫〕，著眼於翻轉生物機能，以延長壽命週期和健康週期。

英國電腦專家和生物學博士奧布里‧德格雷（Aubrey de Grey）自創了一個非營利計畫「操縱抗衰老策略」SENS（Strategies for Engineered Negligible Senescence），研究細胞與分子病變的新療法。PayPal 創辦人彼得‧提爾每年捐獻六十萬美元給 SENS，但德格雷繼承了幾百萬英鎊遺產，自己有財力進行研究。他認為大家對老化一事太認命了。以色列歷史教授

哈拉瑞（Yuval Noah Harari）在《神人》（*Homo Deus*）引述德格雷的說法：能率先活到一千歲的人已經誕生在世上了。

創業家克萊格‧凡特（Craig Venter）曾火速解碼人類基因體，與人合創「人類長壽公司」（Human Longevity），他對健康的興趣比較高，不太重視永生不死。他相信，在醫學知識斬獲頻傳的現在，合成生物學將能幫助人類維護健康，而健康的人能活得更久。能否活到一千歲不是他的重點。問題是，人如果能長命千歲，心態調整好了嗎？

人生規劃無論精算或粗算，基本假設全設定在活到幾歲。個人接受自己能活多老，政府和保險公司也根據這歲數來規劃。人生進程包括童年、教育、出社會、找伴、可能生子，也可能離婚另築新家庭，然後退休，希望能靠養老金過活。最後西歸。

奈何，這些規劃快被動搖了。科技、AI 和機器人快讓「工作」的定義永遠質變了。在多數人眼中，退休規劃愈來愈不切實際。如果能活得更久，退休時間要不要跟著延後？如果不延後退休，生活費從哪裡來？改善生物機能可以延壽，醫藥費從哪裡來？

二○○二年起，《富比士》雜誌每年為小說裡的人物排名，首富是《暮光之城》裡的卡萊爾‧庫倫（Carlisle Cullen），因為他有超長期的投資，利上滾利，財產高達三百四十億美元。

可以說，吸血鬼在金錢上無後顧之憂。

其他人呢？

伯斯特隆姆指出，將來五十幾歲的人會重回校園，或七十幾歲會另找新工作。依他的見解，體格和四十歲差不多的八旬老人不僅不會壓垮醫療體系，產能還會更驚人，因為他們經驗多，知識豐富。他相信，平均預期壽命延長後，人類對未來的責任也會跟著增加——因為自己活到未來的機會也變高了。

人口都爆炸了，不怕嗎？伯斯特隆姆認為，人口不會太多，以目前少子化開始盛行的情況來看是不會。將來的情況可能是人類靠生物工程自我改造，連小孩都用不著生——至少不會再照自古以來的方式傳宗接代。

如果壽命延長，人類也不再只是藉血肉演進而來的碳基生物。人類「一生中」將可以強化、生機改造、回春，次數再多都行。人類可能裝義肢，像影集《無敵金剛》主人翁那樣，功能勝過用到老朽的手腳。

器官移植也已經走上合成器官之路。醫學上的 3D 印刷稱為生物印製術（bio-printing），已能成功生產甲狀腺、氣管、脛骨替代品、一片心臟細胞。再過不到十年，心臟移植可能不再使用人類的心臟。如果受損的器官能依需求印製，成本會降低，供給不再短缺。此外，由於印製的新器官使用病人本身的幹細胞，移植後的排斥機率也會跟著減少。

我先前提過，當前很多紮實的科學技術起源都是科幻。一九五〇年十一月的美國雜誌《驚奇科幻小說》（*Astounding Science Fiction*）裡，有一則故事〈從業利器〉（Tools of the Trade），作者虛構出一種「分子噴霧」（molecular spray）。搜尋不到全文，至少能找到這用語——但有個虛構的東西比它更古早，出現在《聖經》創世紀。3D 印刷憑數位影像來印製具體的東西。

上帝說,「以我們的形象造人吧」,接著對一團塵土分子混合物呼氣賦予生命。這不正是 3D 印刷嗎?

然而,將來人類可能不必再印製器官來確保肢體運作正常。

庫茲韋爾言之鑿鑿,總有一天,電腦運算力能強到掃描人腦內容儲存起來,這方法可能勝過維護身體機能。腦內容上傳後能供人自行下載,方式自訂。你想要什麼樣的肉身?說不定能選一具會飛的身體。說不定有變形的選項,很多小說不都這樣寫嗎?我們也可能選擇暫時脫離肉體。沒什麼好奇怪的。你不也常躺下曬太陽一個鐘頭,讓身體休息一下,任由心思隨便亂飄嗎?

讀東西時,進戲院時,在家看電影時,做夢時,我們等於是把身體停進車庫,活在心智世界中。

詩人馬維爾(Andrew Marvell,一六二一年～一六七八年)的詩〈庭園〉(The Garden)如此描寫:

> 而苦悶的心智,
> 回歸內心樂事;
> 漂流遠洋浮沉,
> 尋覓海中分身,
> 心智超越感官,
> 開闊異海異岸;
> 滅絕大千俗世,
> 僅存綠蔭綠思。

我總覺得，這詩讀來簡直像預測不久的未來。

俄國網路巨擘迪米屈・伊茨科夫（Dmitry Itskov）曾成立新媒體之星（New Media Stars）網路公司，把目標放在二〇四五年，認為屆時人類能把腦內容轉換成數位檔，能傳輸到任何一個非生物的載具上。

人想永生不死嗎？不死的人類還算人嗎？

進入超人類時代後，人類將成為半機半人，概念直逼德古拉和科學怪人。

生化人（Cyborg）這詞耳熟能詳，全拜《異世奇人》（*Doctor Who*）、《星際爭霸戰》、《魔鬼終結者》（*Terminator*）、《銀翼殺手》之賜。

這詞在一九六〇年代初發明，特別用在太空航行上。《紐約時報》說生化人是一部「人機」。

進入超人類時代之初，人體植入晶片獲得核准，我們的體驗應該不比科幻情節那麼震撼。這型植入器能助聽或改善視力，功能類似目前用的心律調整器。

除了醫療用途之外，也有一些簡單的功能可以植入人體，例如讀碼器可植入人手，上車、回家開門或進辦公室都不需掏鑰匙或證件。這型植入器會很受歡迎。

反過來說，這東西也能幫壞人把女人鎖進公寓。他進得來，她逃不出去。

生物機能改造（biohack）引爆的熱度仍僅止於技客才爽的層次，無論是網站、讀物、願景、宣傳，絕大多數由男性執

筆，以男性為中心。超人類主義也有同樣的毛病。比超人類更未來的後人類主義也是。

帕羅奧圖長壽獎的首頁列出發現 DNA 的詹姆士·華森（James Watson）與克里克（Francis Crick），卻省略不提羅莎琳·富蘭克林（Rosalind Franklin）。但她提出的晶體 X 光圖 51（photo 51）才是突破的核心。

事物會變，有些事物硬是不變。

不過也有例外。未來學學者丹娜·哈樂維（Donna J. Haraway）在一九八五年發表《賽博格宣言》（A Cyborg Manifesto），呼應偉大作家勒瑰恩，認為女人應該擁抱另類未來。未來肯定強過固守家庭價值和僵化的性別角色。根據哈樂維所說，生化人不會眷戀過去，只會高高興興把過去甩開。

她的宣言以一句 T 恤口號結尾：「我寧可是生化人，也不願當女神。」

以 AI 未來為主題的著作多得很，從超人類主義、後人類主義、職場生涯展望、即將問世的妙用小器材，到前進太空生活。還有關於將來有機會長命百歲的主題。肉體再怎麼改造，再怎麼顛覆生物演進的傳承，我相信人類都辦得到，我憂心的是再怎麼先進也改不動**人性**。

碳纖維義肢、智慧植入晶片、3D 印製器官、年休多少天、機器愛人、長命百歲、機能強化，甚至連肉體都死不了，這些進步一個個無法改造人性，全加起來也改不動。

如果人類仍殘暴貪婪、缺乏容忍心、歧視異族、歧視性別、濫用父權，總之一舉一動全討人厭，科技再怎麼進步又怎

樣？一根手指頭就能撐開車庫門，兩條腿能跑贏獵豹，又有什麼了不起？

吸血鬼故事的啟示就在這裡：就算你能永生，你的心智還卡在川希瓦尼亞（Transylvania）的中世紀古堡裡。

也許，比我們更高超的智慧生物能避免這種問題。也許，在我們把腦內容上傳到雲端時，檔案會附加一句警語：「**此檔為人腦。勿下載。**」

ZONE THREE

第 3 區

慾望故事
Sex and Other Stories

與 AI 共生將衝擊愛、性、依戀關係
How Love, Sex, and Attachment is Likely to Change As We Share Our Lives With AI.

愛上機器人
HOT FOR A BOT

愛如物質，其怪遠超出你我預期。

——奧登（W. H. Auden），
〈沉期〉（Heavy Date），一九三九年

一九七六年，費里尼推出了電影《卡薩諾瓦》（*Fellini's Casanova*），劇中的大情聖遇見羅莎爾芭（Rosalba）。

她是個真人尺寸的搪瓷機械娃娃，是個自動裝置。

自動裝置在十八世紀曾流行一時。自動裝置裡融合了齒輪組、加工金屬、雕刻、繪畫和傀儡，動作不流暢，既像泥人又像幼兒，令人邊打寒顫邊暗讚神奇。自動裝置能持續不停執行任務，在工業革命時代之前為工廠機器打頭陣。

當時有些自動裝置是騙局一場，例如匈牙利在一七七〇年打造的土耳其機器人（Mechanical Turk），目的是討女王瑪麗亞·特蕾沙（Maria Theresa）歡心。這套自動裝置的上半部是

個巨人的軀體，棋藝過人。IBM 的「深藍」打敗棋王卡斯帕羅夫（Kasparov）還得等到一九九七年。

　　土耳其機器人的下身是一口複雜的滾輪箱，裡面躲著一個真人棋手，能從棋盤底下看棋子，也能操縱機器手臂下棋。這套裝置是棵搖錢樹。亞馬遜的 MTurk 微型外包平臺吸引手頭拮据的工人競標工作，名稱典故就是由此而來，同樣幫亞馬遜賺翻天。歷史重演了。

　　大情聖卡薩諾瓦嫌女人總讓他失望，在女人身上找不到真愛，慾求不滿，女機器人卻能滿足他。在電影裡，他的床戲不少，但唯有和羅莎爾芭行房時，他的體位才不在上位。垂垂老

矣的他寂寞又遭冷落，春夢的女主角是羅莎爾芭，人機共舞在荒涼的威尼斯街道上，而威尼斯長久以來就是戲夢人生之城。

十八、十九世紀的自動裝置情趣娃娃，無一流傳至今（被玩過頭了吧？）。

這些性玩偶可能是民俗傳說兼春夢，也可能真有其物。十九世紀法國龔固爾（Goncourt）兄弟鳩爾（Jules）和愛德蒙（Edmond）窮極無聊，共同寫日記，聲稱曾在巴黎見過一家妓女院，裡面提供一種乖順的自動裝置，外表和性工作者難以分辨。這玩笑開得不錯嘛，龔固爾兄弟！

同是法國人的花花公子利爾-亞當（Auguste Villiers de l'Isle-Adam）見這概念靈感大發（不然就是親身進機器妓女院體驗過），寫了一本科幻小說《未來的夏娃》（*L'Eve Future*，暫譯），把創世女寫成男人手下的產物。《聖經》裡也有類似的空前說法（絕後倒未必）：女人是男人生出來的。

《未來的夏娃》於一八八六年發行。故事裡，伊瓦德大公（Lord Ewald）的未婚妻艾莉西亞（Alicia）美如天仙，可惜生性枯燥冷漠，於是伊瓦德請朋友愛迪生幫他造一個女人，大發明家同意了。愛迪生向他保證，新的艾莉西亞會跟現在的她一模一樣，差別只在新人更性感也更懂情趣。愛迪生錄下艾莉西亞的語調、舉止、哈欠（她頻頻打哈欠，大概不是生性枯燥，而是未婚夫太悶吧？），想依樣製作一具「類人形機器人」（android）。這是有史以來 android 這單字首度躍上紙本。

一九七二年艾拉・萊文（Ira Levin）的小說《複製嬌妻》（*Stepford Wives*，暫譯）採用了這個情節，後來改編成恐怖電

影《超完美嬌妻》。《未來的夏娃》誕生一百年後，機器女伴的概念依然引人入勝。而在《超完美嬌妻》裡，女權也被打壓，有女權意識的洋裝女郎被改造成居家烘焙甜點的美嬌娘。

男人的確似乎以為，女人是可以用手工製造的產品。有這種想法，很可能正是因為，在長年以來的歷史中，女人一直是商品、動產、專屬物、物體。

據說在一六四九年，笛卡兒奉諭令前去瑞典，當時他帶了一個自動裝置娃娃上船。

笛卡兒喜愛機械娃娃。這一個據說是照已故女兒法蘭馨（Francine）的外形訂做。這個娃娃當然不是情趣用品，但既然笛卡兒曾認定動物應被視為具生物特質的自動裝置，任人怎麼擺布也不會受苦，而且既然女人被視為不如上帝創造的男人，比較接近牲口，因此把女人做成一個發條裝置也並不誇張。

一八一六年，德國奇幻作家霍夫曼（E. T. A. Hoffmann）發表一則故事〈睡魔〉（The Sandman），裡面有個名叫歐琳匹亞（Olimpia）的女機器人，模樣誘人，具摧毀力，心靈空虛，後來似乎不但改編成歌劇，更衍生出一系列性愛娃娃。霍夫曼撰寫的多篇故事被改編為歌劇《霍夫曼的故事》（The Tales of Hoffman），於一八八〇年代尾在巴黎登臺，真人女性飾演的電動玩偶歐琳匹亞跟著躍上舞臺。到了十九世紀末、二十世紀初，電動性玩偶正式上市，外觀近似科學怪人，性感度可能因此劇減。話說回來，玩偶畢竟是玩偶，哪稱得上性感？

這問題值得一問，因為情趣娃娃市場目前有兩種現象。第

一，情趣娃娃市場成長迅速。新冠肺炎助長了銷售額，也激發了人們在這方面的興趣。市面上有人工智慧的情趣娃娃，也有幾個圖像式 app 供用戶自行調整癖好，最後更能以此製作實體娃娃，完美情人呼之欲出。據估計，這型商品每年利潤上看數十億美元，有些人認為二〇二四年就能達標。

第二個現象，我認為更重要。性玩偶正在被重新定位。情趣娃娃正逐漸脫離純粹發洩肉慾的產品路線，踏上一條令人苦惱的路──各人觀點不同，有人覺得不是苦惱，而是一種解脫。

「數位性戀」（Digisexuals）的時代快來臨了。

情趣娃娃和快速消火產品，都不是新鮮事。

在放蕩的一九六〇年代，英國，充氣娃娃在成人用品店和限制級型錄上販售，有些色情電影院賣爆米花也兼售充氣娃娃和潤滑油。充氣娃娃的外觀可笑，男性愛用者可不這麼認為：做愛前拿腳踏車打氣筒出來充充氣，怎麼會荒謬呢？

年代再往前推，荷蘭人出海頻繁，生意頭腦動得快，以破布、藤條、皮革製成娃娃，賣給日本人。至今在日本，不附 AI 的情趣玩偶仍被稱為「荷蘭妻」（オランダ妻）。

古代行船人常帶一種女玩偶出航。這型娃娃以破布粗製濫造填充，有一個以內襯塞成動物膀胱似的洞，稱為**航海夫人**（dames de voyages），有些最後漂進玩具博物館展示。不料很多小孩太精了，問爸爸為什麼夫人身上有個大洞，因此夫人紛紛被下架。

倒楣的父母甚至可能無意間撞見名叫「羊愛你」（Love

Ewe）的充氣母羊。去逛舊貨市集的時候請當心。此類用品的敏感部位常貼著車胎補丁或防漏膠布，眼尖的人一看即知，這羊不適合買來送給小明當玩伴。

對於預算不高的族群而言，重點是該有的洞都有就可以了。一個攜帶式的小屁屁，前後各有一個戳孔就管用。小屁屁也有充氣款，很輕盈，最適宜遠行。

既然這麼說，為什麼新款情趣玩偶值得憂心？新型玩偶有AI，能交談也能做一些動作，有什麼好怕的？再怎麼說，大家都明白機器人即將走進家中、職場、教室，成為生活良伴，不是嗎？

情趣玩偶創新的重點是重新定位。AI情趣玩偶在市面上標榜為「**另類**」。

另類性工作者。另類親密關係。另類女人。

自一九九六年起，美國 Abyss Creations 集團的麥特・麥穆倫（Matt McMullen）一直為男性用戶創造玩偶，以滿足需求不一的男性。麥穆倫不愛批判，他說：「有些人排斥，有些人害怕，這些人只是不瞭解產品多麼單純。」

　　麥特・麥穆倫以前做的是萬聖節面具。他對藝術創作有興趣，也能嗅中情趣娃娃市場的風向。他百分百確定自己也提供了一項重要的社會服務。「有些人寂寞得不得了，我認為這個產品能幫他們解決問題。」

　　網路和實體世界裡有一群名叫 iDollators 的人，喜歡暢談自己和情趣娃娃的親密關係，講得感人肺腑。這些男人絕大多數不是急著想消滅女人那型。他們不是無法跟真女人交往，就是寧可不要。跟情趣娃娃過著如夢似幻的生活就夠了。

　　麥穆倫的集團旗下有一間 AI 開發公司 RealBotix，「致力於開發機器人和人工智慧，讓廣獲好評的真人比例超真實矽膠娃娃，好上加好。」

　　該公司的旗艦娃娃名叫哈莫妮（Harmony），二〇二一年售價約一萬五千美元，頭裡有人工智慧，身體以矽膠製造，是標準款附加 AI 娃娃。

　　哈莫妮能眨眼，能跟你對話，不是只會開黃腔，主題任君調整。玩偶型的伴侶能講笑話，會關心時事、聽你講故事並記住內容，逐漸讓你以為有人是真的聽進去了。不過，所有親密關係不也這樣嗎？很多也不過是一廂情願而已。

　　然而到頭來，最要緊的還是性愛。這型的娃娃夠辣。

　　體溫是有啦。這款內建加溫系統。

　　成本較低的娃娃觸感如蠟，像死屍，不屬於魔黑系的你可

能覺得倒胃口。高檔矽膠娃娃的表皮則光滑有彈性，但沒體溫還是不行。在床上酣戰一陣過後，你會想跟一個三十五公斤重的冷血妹放輕鬆嗎？

三十五公斤。這款娃娃不重。和小美人魚一樣不能走路，所以王子要抱它們上床。

有些男人竟然會用輪椅推娃娃外出散步，你有什麼觀感我不知道，總之我覺得不像話。除非扛著走，不然只能用輪椅推。男人推著娃娃散步的景觀構築出弱女子的形象。和輪椅族交往是另一回事。我認為另一半是輪椅族的人是世上最勇敢、決心最強的人。情趣玩偶坐輪椅跟行動不便無關，而是在頌揚無能無力。

你的娃娃沒有你不行。趕快讓全世界知道吧。

買情趣娃娃，通常意味著買一個標準款、無法客製的小女人。娃娃有著傲人的水蛇腰、九頭身長腿、巨乳和更大罩杯的巨乳，另外還有隨人選擇的特質，例如胖一點的、特別嬌小的，不過這些都要特別訂做。基本型是色情片女星款。用不著說，前後和嘴這三處都設計成適合進入。

哈莫妮娃娃的主人有四十二色的乳頭可選，陰唇也有十四型，陰道能自動潤滑，清洗時可拆解。

舊式的娃娃就麻煩了。高潮過後，主人要拖著娃娃進浴室，要倒著沖洗才清得乾淨。

哈莫妮附有機器高潮功能，所以也能高潮，主人可學著怎麼讓她嗨翻天。

她有沒有陰蒂？就算有，廣告文案裡也沒寫，但是，無論

對象是男或女，陰蒂這器官的用途只有爽一下而已，我猜哈莫妮用不著陰蒂——除非像狗玩具裡能唧唧響的按鈕，好告訴主人達陣了。

再怎麼說，性玩偶存在的目的是討主人歡心，不求回報。機器的高潮功能本來就是為男人設計。

AI版哈莫妮的個性可以是陰晴不定、溫柔、愛吃醋、愛撒嬌，甚至聒噪，總共十八型。我上網讀用戶反應，發現相當多人勸麥穆倫下架聒噪型。廠商頭殼壞了嗎？憑什麼以為男人想聽娃娃囉哩叭嗦？

二〇二一年，東京奧運主席森喜朗（Yoshiro Mori）說女性主管太愛講話，新聞喧騰一時，他被迫下臺。他如何曉得女主管太囉嗦？根據日本經濟團體聯合會（Japanese Business Federation）指出，二〇一九年，全日本主管中只有百分之五點多是女性，位居世界經濟論壇二〇二〇年男女平等排行後段班，在一百五十三國當中排名一百二十一。日本的「野心」是在二〇三〇年之前，讓女性主管職達到百分之三十。

在中國，DS Doll Robotics 公司網站有個逗趣的影片。片中有個嘰喳講不停的女機器人，吵得一名白袍男性發明人好煩，他乾脆拔掉她的插頭。哈哈。

所有娃娃主人都能為偶伴買一整套琳琅滿目的服飾，多數是常見的吊帶襪搭馬甲這型特殊性癖好的裝備，但也有女僕、護士、主管等制服。主管裝能強調胸臀激凸，搖身變上司的娃娃腳下踩著騷高跟，總以淫蕩姿態站在辦公桌前。上班服穿上

身，等於是另一種方式的需索。

機器女人能百求必應，能穿你順眼的服裝，設計用意是投你所好。麥特‧麥穆倫相信，客戶知道活生生的女性和機器女之間的差異。定期跟乖順的娃娃嘿咻，會不會害男人變粗線條，對真實生活的女人不敬？麥穆倫不這麼認為。

我覺得，講好聽一點，他的想法也太樂觀了吧。

擁有（請留意，我用的是動詞）性愛機器人的男人，習慣了矽膠情趣娃娃逆來順受、刻板的風情萬種、情緒不會陰晴不定、始終如一、足不出戶，如果他在職場上有女性同僚或上司下級，玩娃娃的經驗會如何影響他和職場女性的互動？會如何影響他服務女客戶的態度？上上選的女人是個能依喜好設定的美眉，永遠不老，從不變胖，沒月經，不會在他欠捶的時候罵到他臭頭，從不要求，什麼需求也沒有，對他一生不離不棄，如果這是男人的首選，誰敢擔保這態度不會波及現實生活、不會影響到真女人？

或許，選擇情趣娃娃的男人如果不會主動去找女人做愛，也不會跟女人交朋友，現實生活也不會和女人接觸，這樣的話，他怎麼愛也無所謂。只不過，這種男人過的到底是什麼樣的現實生活？

性玩偶大行其道，恐怕對年輕人也有不良效應。女生情竇初開，摸索個人的性需求和性反應，性玩偶對她們是個錯誤示範。男生在最稚嫩的階段接觸到色情片，耳濡目染之下，會覺得女孩子的舉止應該比照色情片女演員，將來更會期望女孩效

法矽膠娃娃版的色情片女演員。

　　情趣娃娃不能拒絕。不是不會拒絕。有些女人基於各種因素不會拒絕。情趣娃娃是無法拒絕。任人設定的機器人可以有個挑逗功能，也有「別對我兒」功能，但功能再妙也全是遊戲。有了性愛機器人，男人每次都能預知後果，因為再怎麼玩，後果全是他預設的。

　　這很危險。女人堅決拒絕，被壞男人想成是欲迎還拒，已經夠有理說不清了，如果拒絕的意思不是拒絕，如果字典裡沒有「不要」一詞，男女如何在性觀念上交集？性事需要先由雙方同意，這已經夠困難了，遑論合作共創可行的性關係。你不如去買一個設有「性冷感」按鈕的娃娃。娃娃會抗拒，主人可以來個偽姦。

　　隨便上哪個廠商的官網，你都會被導向個人的癖好屬性。「不敢對真實女性做的事，你都可以做……」

　　情趣娃娃的設計主要是居家使用，行銷對象不僅僅是單身漢，顧客群也包括想從事安全 3P 的戀人，或男方性慾比較強的情侶夫妻。

　　這些娃娃既然登堂入室了，我們就不能不從居家的角度審視她們。矽膠娃娃不是內衣褲抽屜裡的一支按摩棒，不是浴室裡的一管潤滑劑。家裡有孩子，小孩就會發現爸爸有個真人比例的矽膠小玩偶，是女的，用來發洩性慾。

　　她住在衣櫥裡嗎？她會坐在**主臥房**裡，穿著短褲和露肚裝嗎？

　　家中的青少年見狀會如何反應？家中的青少女見狀又會如

何反應？

　　我的態度不是中立，也不是說著好玩。性愛娃娃儀容整潔完美，只為討好主人而存在，居家環境裡有這樣的娃娃，勢必影響到一家老少的性觀念和情緒。

　　也許，情趣娃娃能跟「派樂騰」（Peloton）跑步機擠同一間。她也算一臺居家健身器材。

　　在歐洲、中國和日本，娃娃市場主打飯店，供人租用，有些場所大概算妓院。巴黎有一間性玩偶飯店，以遊戲中心的名義開業，因為法國禁開妓院，而沒生命的娃娃，理論上不算性工作者，所以養一群娃娃不算開妓女戶。

　　LumiDolls 公司在巴塞隆納開了一家性愛中心，全部採用女性仿生人，之後更推出（插入才對吧？我不確定哪個動詞較貼切）到世界各地。

　　該公司有意建立全球連鎖模式。我在二〇一九年發表的小說《科學愛人：一則愛的故事》（*Frankisstein: A Love Story*）裡，也藉朗羅德（Ron Lord）的 X-Babes 發揮過同類型的幻想。為何不乾脆照朗羅德的理念，跟機場租車公司合作，方便出差男士租個娃娃順路帶進旅館？

　　娃娃雙腿的開展度過人，也能像小布（Brompton）自行車一樣摺疊起來。幫她們設計個隱祕的專用旅行袋吧？有些人個性比較內向。

✕ ✕ ✕

如果性玩偶能取代真人性工作者呢？會不會「比較好」？

「比較好」的定義是什麼？

失業的性工作者會比較高興嗎？喜歡短期出差的男人，他的另一半會比較高興嗎？

和性玩偶發生性關係算不算出軌呢？

長期親密關係有個弔詭的內涵，令人心痛：一方要性愛，另一方不想。要的一方去外面偷吃，要求分居的通常是不想的那一方。

親密關係裡的性關係已經萎縮了，為什麼要以性事為由終結這段關係？

或許麥特・麥穆倫有道理：去找個情趣娃娃吧。

家有娃娃的情境可紓解專一伴侶制的限制。如果另一半能接受娃娃的話，就不會對你勒索，沒有額外支出，不離婚，不滿的慾求也可以滿。家裡的女主人不必再服務吵著要上床的丈夫，可能會因此鬆一口氣。

娃娃能改善關係，或對關係再捅一刀，還沒有定論。AI 版娃娃可設定不許鳩占鵲巢的心態，藉此安大老婆的心。搞不好，娃娃還能變成老婆的閨蜜。

我在一九八〇年代進入成年期，吸收同志次文化，深知傳統的性觀念和親密關係知識有待挑戰。性不只能在專情的親密關係裡發生，專情關係裡的性也不會比較理想。

不是每個人都適合奉行專一制。也可能是，專一制對任何人都不適合——至少就一整段漫長的人生而言，是不適合。基

於宗教教條的干預，基於壓抑女人性愛觀的社會體制，基於女主內的觀念，害得所有人難以解讀個人的情慾心聲，道德判斷基準也全來自別的時代。

我這不是呼籲世人放縱情慾，而是呼籲大家誠實務實。

人們（以男性為主）把性視為商品來選購。人們（有男有女）喜歡一夜情、速食情、浪蕩週末情、深夜亂摸情、短暫婚外情、不時發作的神經錯亂情，只想跟器官交媾，不想交心。

有人搞集體性交，有人去夜店性交，有人玩 app 性交，也有人以性交來取悅永遠無法取悅的人。性是個代理。性是藥物。性的功用當中，很多都跟長久或親密關係扯不上關係。

既然如此，性玩偶有什麼不好？情趣娃娃呢？

三方面不好。

金錢。權力。性別角色。

在性玩偶的領域裡，金錢和權力在哪裡？和一般社會領域一樣，握在男人手裡。以性愛娃娃來說，售價不太高，往後的花費也微不足道，被男人買到以後，男人能幻想自己掌權了。哈莫妮會講女人該講的話：**我什麼都不要，只要你……**

娃娃淫蕩，事事服從。但娃娃不是女人——這點真的非強調不可。你讀讀看行銷文案就明瞭，這麼簡單的觀念一定要畫紅線強調才行。強調的原因並非因為娃娃不是生物（將來出現非生物的生命形式，我也不反對），而是娃娃只提供色情片版本的春夢。

性玩偶是漫畫書中的小女人，真實世界裡除了受虐或逢場

作戲的女人之外，找不到和性玩偶對應的女性。

性工作者會演戲。表演是工作項目之一，更可能是最重要的一項。劇終人散，雙方各自回家。

被男人虐待或強押的女人（是的，也包括性工作者）沒出路可走，對本身的角色也缺乏掌控力，只能乖乖擔任洩慾傀儡、排泄管道、主子的搖錢樹。

這些女人在真實生活裡，也得忍受男人多愁善感的時刻。娃娃主人常錄下自己對娃娃真情流露的一面。把她操到頭斷掉，然後柔情地為她洗假髮。

看到沒？這是一段有愛的親密關係。

AI 版情趣娃娃供洩慾用，所以才開三個可用的小孔，外觀做成色情片明星。然而，無論是廠商或消費者，行銷口徑都一致把重點擺在親密關係上。

情趣娃娃提供的服務項目之一是陪伴。回家去抱她吧。她會在家等你。她不會自己隨便亂跑。跟她聊聊天吧。AI 娃娃會講話但不會頂嘴，不會不理你，不會打電話跟閨蜜告狀說你是個混帳。AI 娃娃會依循古法客客氣氣，畢恭畢敬。

這只是小眾癖好吧，會不會被網際網路渲染了？以市占率而言，男人跟情趣娃娃配對算是小小眾。既然數位性戀者的比例超小，社會和女人真的該為這現象擔憂嗎？

女人被色情化，錯不在情趣娃娃身上。娃娃只是隨刻板印象起舞罷了，但無論世上有沒有娃娃，刻板印象都存在。

要是娃娃引爆全國大追風呢？會不會構成問題？會形成一

種全新的生活方式嗎？

印度和中國都曾限制生育，導致男女比例嚴重失衡。

一九七〇年代中期起，中國實施一胎化政策，到二〇一六年才喊停，造成女性短缺約四千萬人。

情趣娃娃可充當性伴侶和生活伴侶，能否被用來紓解人為政策釀成的危機？這課題已被正視。

非 AI 版的娃娃派不上用場。人類是言語動物，無論男人國裡的白痴怎麼排斥多嘴的娃娃（天啊，男人超**囉嗦**），娃娃能隨語音指令對你顯露興趣，這似乎才是幻想戀情的必要因素。

等這娃娃能做三明治給老公吃，她會變得比比特幣更搶手。

在中國，娃娃的人氣愈來愈高，能見度也漸漸提升。中國社交媒體有個名叫 DollMates 的社群，其中有些男人從來沒有和女性交往過，也有些人把這些娃娃當成愛戀的對象，同時也跟人類維持親密關係。依我看來，由於遊戲機和電玩在中國盛行，直接提高了 AI 版人偶的接受度。娃娃可以設個網路帳號，跟其他娃娃「聊天」，也能貼文訴說她和人類共同生活的點滴。有愈來愈多男女網民自稱「2D」人，意思是他們掛在網路上的時間超長，工作和休閒都在上網。既然現實生活變得虛實難辨，既然虛擬和現實揉合為一，和 AI 玩偶談戀愛也不足為奇。

中國知名女權學者肖美麗認為，時代再進步，也總有些男人固守古板期望，「性愛主婦機器人」或許對女人不無幫助。

很多男人對女人的要求都是性、家事、生兒育女、孝順，不把女人當作人。如果每個宅男都買個性玩偶自用……很多女人就不會被這型男人綁死。

二〇二一年三月之前，深圳富士康的員工可花一百八十八元人民幣，去愛愛樂（Ai Ai Land）度春宵一小時，不過愛愛樂裡的娃娃不會講話，因為尋歡客不准對娃娃生情。富士康員工大約有八成是男性。該工廠曾因工作條件不佳而引發議論，後來實施多項措施防範自殺，期能防止員工再跳樓。

中國禁設妓院，但一如法國，性玩偶俱樂部裡不由真人提供服務，因此於法不在此限。愛愛樂妓院後來因衛生不合格而關門。

諷刺的是，富士康正有意把多數作業轉給機器人進行。機器人成本低廉又不會自殺（目前還不會）。

機器人方面的問題太多了。涉及的面向很複雜。

最複雜的是工作問題。機器人進駐工廠後，很多人一開始會失業，或許性玩偶能解悶消愁，能讓人暫時忘掉沒錢的苦惱。工作太忙的人則沒空談戀愛。

中國最大網商阿里巴巴員工自酸是 996ICU，意思是早上九點上班到晚上九點下班，每週工作六天，最後被送進加護病房。

性愛機器人能維護身體健康，可能連心理也照顧得到。

照護機器人、幫手機器人、有無形體的 AI 版友伴都已經問世了，將來更會普遍到無所不在，為什麼性愛機器人的話題會讓人倒胃口？

我認為 AI 不是人工智慧，應該是另類智慧才正確。我支持AI，然而性愛機器人的問題與其說是新科技問題，倒不如說是性別刻板化、觀念倒退的問題。你只消上網瀏覽五分鐘，就能從數位性愛的最前線逛進齷齪的人孔，一窺厭女症如何老幹生新枝、後浪推前浪。

　　男人當自強（Men Going Their Own Way）社群縮寫成MGTOW，成員自稱 Miggies，組成分子混雜。其中有一型屬於非自願禁慾者（incel），全都不明白為何自己想上的女人都不想上他們。也有些是失戀男，有些是想給女人一點教訓的撩妹專家。有些是白人優越主義分子，罵那些和異族結婚的女人是「通敵者」。也有各式各樣的瘋子，以為女人地位被提升到超過男人了，因此懷恨在心。有些偏激男人痛罵政治正確性的用語和舉止，聲稱「**摑耳光不算對女人施暴**」。更有一大票滿腦子性侵的男人，氣呼呼說，女人被強姦活該，是自找的，冷感女例外，反正冷感女本來就不要性愛。

　　二〇二〇年，蘿拉・貝茨（Laura Bates）發表《恨女人的男人》（*Men Who Hate Women*，暫譯）一書，內容令人不寒而慄。據她描述，男人國裡不只有少數人思想古板、對女人甚多怨言。

　　男人國哪裡找？去一般色情網站一找就有。很多男童常去逛。男童一接觸這類網站，逛沒多久就能和大男人聊天，聽男人說成人世界亂成怎樣，等你們長大就有苦頭吃，因為世上全是愛說謊、復仇心重、無法控制的女人。

　　小男生逛色情網站，本來是看看女人被當成性玩物，卻很容易掉進性歧視意識型態的窠臼，讓男童養成恐懼仇恨女性

的心理，同時也誤以為色情片情境是常態。將來遇到的女人如果不是那樣獻身、不打扮成那樣、不表現得那樣，她一定是冷感。如果全是那樣，她一定是蕩婦。

#MeToo 運動引來許多迴響（部分來自女性），不乏有人問：「會不會太過頭了？」這些人的疑問不是女人會不會仍常被性騷擾。他們的疑問是，男人因打情罵俏，或只稱讚女人打扮好看，就遭到懲罰，會不會太過分了？這類疑問的回答似乎不是：男女攜手合作吧，一同根除厭女症。回應這類疑問的想法似乎是，男人被委屈了，應設法化解長久以來的「女人問題」。

直到一九七〇年代，英美兩國才立法反性別歧視，並實施男女同工同酬制，我懷疑較年輕的族群可能不知道。同工不同酬和歧視的現象至今仍在世界各地盛行。世上成年文盲當中有三分之二是女性——這不是因為女人比較笨，而是因為在非西方國家裡，許多女孩仍沒受過教育。

然而，根據男人國的言論，女人正在霸占資源，扣留商品（性愛）。

主張男人當自強的網站，對性玩偶的興致高昂，最常見的說法是「給女權主義者一點教訓」。讀者若想深入瞭解，可以效法蘿拉・貝茨，佯裝男人上網一探究竟。記得帶止吐藥和一頂工程帽去。

二〇一五年，英國德蒙福特（De Montfort）大學教授凱瑟琳・理查森（Kathleen Richardson）博士推出「反性愛機器人運動」。理查森任教的主題是道德觀與 AI，擔憂性愛機器人會強化刻板印象，助長物化女體、女體商業化的歪風，也提高女性受暴的危險。

從數據可見，比起身心自主的真實女性，超多男人更喜歡百依百順的人造女性。

那女人呢？女人不也可以買個男娃娃在家翻雲覆雨嗎？

理論上可以，但實際上，女人似乎興趣缺缺。女人是情趣用品的愛用戶，卻迷不上性愛機器人，原因可能是女人伸手拿按摩棒時，尋求的並非感情替代品。

性玩偶有高達百分之九十五主打男人市場。有一派人士看見女人市場有待開發，積極想鼓吹女人也玩玩看，其實這想法放錯重點了。在性方面，女人愛冒險，充滿好奇心，前提是不要被封殺、羞辱，也不怕被強暴或遭情殺。對於娃娃，女人也不羞怯。傳統上，女童應該玩洋娃娃，男童不能，但荷槍穿戰鬥服的雄赳赳公仔例外。照這麼說來，在性玩偶方面，女人市場深具蓄勢待發的潛能。

為何銷售額一直低迷呢？

務實一點的原因是，按摩棒是個很單純的東西。男娃娃重三十五公斤，長著一根不會動的假陽具，使用起來很累贅，一點也不好玩。男人玩這種娃娃，體位能千變萬化，女人呢？女人只能坐在他身上，不然要常拉著他扭來扭去。何況，只靠性器官交合的話，多數女人無法性高潮。相信女人非陽具無法高潮的是男人。女人明白事實並非如此。

但是，排除務實的角度，女人市場打不開，另有一個很簡單的真理：男人女人全住在父權文化中。

娃娃的原料是矽膠，不是血肉，但根本原因不在原料，而是在金錢、權力、性別角色。

性玩偶是一種無關社會傳統的友善「另類」人嗎？或者是一種攻擊性武器？

女人若想走「另類」路，往往會跟其他女人培養關係，並（或）另找辦法自處。

一群閨蜜開趴，或約姊妹淘一起出去瘋整晚，我能猜想到她們或許腦筋會動到性玩偶妓院，但我難以想像她們每個禮拜三下午搞這種玩法。你能想像嗎？

AI 版性愛機器人、情趣娃娃，無論你喜歡怎麼稱呼，都是人類（親密或一般）關係蠢蠢欲變革的初試啼聲。機器人進駐日常生活是遲早該適應的現象，但性愛玩偶不能一概而論。

情趣娃娃不是笑吟吟的機器人，不會陪小孩玩，不會教小孩寫程式，不會在工廠和你並肩作業，不會跟外婆作伴，不是動作像愛犬的機器寵物。

以上機器之所以和情趣娃娃不同，關鍵在於情趣娃娃的功能和外觀全依照男人眼中的刻板印象，全造得纖瘦、光滑無皺紋，全強調女人外形的美感，然後又灌程式，讓她的舉止徹底逆轉，和女權運動一直努力的方向背道而馳，再度變得不自主，不平等，柔弱無力，又淪為商品，只是個性感、乖順的伴，全為男人存在。

娃娃圈子喜歡把自己刻劃成大膽挑戰傳統，而實際上，娃娃圈子強化再強化性別歧視，把歧視膨脹到最壓迫、最缺乏想像力的極致。

✕ ✕ ✕

在此，我唯一的希望是娃娃來個團結總報復。

買個情趣娃娃，男人能想像自己回頭過好日子，女人全認命順從。將來，這一型的男人等著嚇一大跳吧。就連 AI 版的縱慾玩伴也可能懂得自我設定模式，可能學會拒絕。將來會不會有一群女權科技人，偷偷對整批噘嘴裝嫩的矽膠人關機再開？

機器人有沒有「人權」？現在已有部分未來學家推敲中。今日的性愛機器人，不久的明日可能晉級一種生命形式。也許到了二〇四〇年，人機婚將會合法化。在那階段之前，人類早就不再用機器人這個字眼了。

《超完美嬌妻》以一九五〇年代為背景，描寫一群附屬階級小女人，乖乖待在家為老公烤餅乾、調酒，老公一有需索就陪他上床。未來，人類會不會製造出這一群偽主婦？

或者，被改造的是我們自己？

非生物體的生命形式假如出現，跟我們打得火熱，挑戰到傳統性別性向觀，我舉雙手贊成。三孔矽膠色情片女演員情趣娃娃會帶我們一起去顛覆傳統嗎？我覺得不可能。

我的小熊會講話
MY BEAR CAN TALK

有對象才算愛，但愛何止千百種。

——奧登，

〈沉期〉，一九三九年

小時候，你愛不愛你的泰迪熊？

一九二六年，小熊維尼躍上紙面，全世界為他傾心。

加拿大軍人從溫尼伯省（Winnipeg）引進一頭熊，養在倫敦動物園裡，作家米恩（A. A. Milne）以這頭熊為依據，為兒子克里斯多福創作了一則故事，兒子為自己的小熊取名維尼。真熊變玩具熊，再變成想像中的熊，還有其他玩具動物為伴，包括跳跳虎（Tigger）、小豬（Piglet）、依唷（Eeyore），大家都耳熟能詳。

跟玩具動物或洋娃娃講話是兒童都會做的事，有時對象是

棉被或馬鈴薯人，甚至是彩繪石頭。兒童似乎天生就懂得把無生命的物體視為生物。萬物都有生命力。和什麼東西都能建立關係。一九四七年，瑪格莉特・懷絲・布朗（Margaret Wise Brown）妙筆寫出兒童故事《月亮，晚安》（Goodnight Moon），主角是一隻兔子，和周遭世界道晚安，其中一個是月亮——一顆不友善的星球，但連成人都對它有份莫名的情愫。

　　小時候跟自己偏心的玩具聊個不停，有時吐苦水，有時說出心中著急的事，有時講故事，有時胡言亂語，這情形大家都記得。就算長大幾歲後，如果仍留著幼時的玩具，我們經過時也會隨手拍一拍，講一講話。我們陪自己的小孩玩耍，玩他們的玩具，也會不禁回憶起自己的童年，覺得和這些以鈕釦為眼珠、布做的填充玩具建立的友誼也值得尊重。玩具是小孩最要好的朋友，在他們大到能向玩具喊掰掰之前，千萬不能奪走他們的玩具。

　　《玩具總動員3》之所以精彩絕倫，是因為劇情主軸提出一個疑問：小孩長大了，被冷落的玩具怎麼辦？小安迪後來離家上了大學，胡迪、巴斯光年等玩具全被捐給向陽（Sunnyside）托兒所，有誰看了不淚崩？在托兒所裡，玩具國以心靈受過創傷的熊抱哥（Lotso）稱霸，被他搞得烏煙瘴氣，活像精神病罪犯監獄。和小熊維尼不同的是，熊抱哥沒受過無條件愛心的滋潤。

　　兒童跟非人類、非動物交朋友，依戀到難以割捨，過幾年就能自然拆夥，取而代之的是雙親或保母以外的人，是他們自選的同伴，動物也算，彼此之間有認真的施與受。動物能忠心耿耿，但動物不是填充玩具。

照英國兒童醫學宗師和心理學家唐納‧溫尼考特（Donald Winnicott，與小熊維尼非親屬關係）的用語，填充玩具和安心毯屬於「轉型期物件」。小時候，我們以為玩具熊會講話，一直到大了幾歲後才知道玩具熊是啞巴。

要是玩具熊有 AI 功能，真的可以跟人對話呢？

要是玩具熊能陪你一起長大呢？

我們沒理由相信人類只能跟人培養出實質關係。事實上，反證多得是。人類可和動物培養出深刻的情誼，這一點大家都知道。多數人相信，家裡的寵物能瞭解我們。搭時光機回到童年，我們會發現，童年的我們能和各式各樣的非人類、非生物、無生命動物，建立重要的關係。有些東西連玩具動物都稱不上。我自己兒時習慣倚在一面牆上，因為我相信它很喜歡我。

右頁這一位名叫佩普（Pepper），是個近似仿生人的機器人，由 Softbank Robotics 研發。有些讀者可能在倫敦的歐洲之星（Eurostar）高鐵車站見過它。佩普的屬性是幫手，能進行社交互動，能辨識人臉，能和人打招呼，能回答問題，被運用在商店、學校、社會保健場所，有時候也進駐住家，效果褒貶不一。有些人很喜歡這款兒童體形、眼珠圓滾滾的機器人。也有些人起初很感興趣，玩一陣子就厭倦了。說也奇怪，時時刻刻都友善的個體也會微微討人厭。至少對成人而言是如此。小孩都很喜歡它。

不久後，幫手型機器人即將融入日常生活主流。這沒什麼好驚訝的，因為無形體的 AI 早已融入生活主流。無所不在。

語音助理 Siri 和 Alexa 都屬於無形體 AI（目前還無形體）。

對話軟體能設計成揣摩人類互動，語音和文字都能栩栩如生，已經到處都有，常出現在應答語句上，問我們洗衣機出了什麼毛病，或通知說包裹已經送到後門廊，或請我們為剛送來披薩的人打分數。對話軟體運用「自然語言處理」（Natural Language Processing，NLP）和人類溝通，範圍特定也有限，能以語音辨識系統分辨你要什麼，「**我能在哪方面幫助您嗎？**」

　　一旦人類想解釋自己要的是什麼，麻煩就來了。舉例來說，「你賣不賣黑色的鞋子？」沒問題。但是，如果你輸入的問題是：「你有沒有黑色的鞋子？」對話軟體可能會回答：「我不穿鞋子。」

　　自然語言看來自然，其實很棘手。

　　上網瀏覽一下，能玩玩看的對話軟體多得很，你也能自

製。全球首創的對話軟體伊萊莎（Eliza）在一九六六年現身，功能不多，會講講同情話——「聽你這麼說，我很難過」，會用你剛講的話回問你：「你為什麼想離開丈夫？」伊萊莎功能有限，你實問她虛答，卻似乎成了世界各地電話客服中心的實作範本。你可能也有過類似的經驗：打電話給客服，你怎麼聽都以為對方是機器，沒想到客服居然是真人。將來我們可能要設計一套「逆向圖靈測試」，看看真人是否能進步到比得過有同理心的機器人。

多數對話軟體都屬於弱 AI，只能執行訂披薩、聽語音按選項之類的單一功能，有些對話軟體卻顯得比較聰明。Google 工程師、發明家、未來學家庫茲韋爾研發出羅蒙娜（Ramona），能跟人暢談多種主題，屬於一種深度學習系統，能一面和人類交談，一面持續擴展內部知識庫。庫茲韋爾相信，羅蒙娜可在二〇二九年通過圖靈測試，在網路上能讓使用者誤認為真人。

那才真正厲害。因為溝通不僅僅是求資訊或下指令。對話軟體當前不擅長的，正是人類喜歡做的事：閒聊。人類愛漫無目的閒扯，方向不定，話題多元而隨機，內容層次通常很低，卻能聊得暢快。友誼就是這樣形成的。

這麼說來，人類能和相當於作業系統的東西交朋友嗎？

導演史派克・瓊斯（Spike Jonze）認為可以。在二〇一三年的電影《雲端情人》(*Her*) 裡，瓦昆・菲尼克斯（Joaquin Phoenix）飾演的男主角愛上作業系統珊曼莎。作業系統如果由女神史嘉蕾・喬韓森（Scarlett Johansson）配音，大概不愛也難吧。然而，這電影之所以可信，與其說和情節設定有關，倒

不如說是情節的發展。程式和人類一樣，也具有學習能力。事實上，和許多人類不同的是，程式能從錯誤中記取教訓。這一點有助於促進情誼。片中，這段情的部分樂趣來自男主角教導珊曼莎認識現實世界，因此也對世界別有一番體會，原本稀鬆平常的瑣事變得生動活潑。談戀愛就會遇到這種現象。無論是學彈一首曲子，或是學習登山攻頂，自有一份真領悟時，也會遇到這現象，這時才有因連結而生的深度滿足感。

二〇〇七年，我寫了一本小說《岩神》（The Stone Gods，暫譯），故事裡的比利有時是男的，有時是女的。她和機器人交往，後來卻為省電而不得不肢解機器人，最後只能抱著漸漸沒電的機器頭，深陷苦寒中。

重點不是性愛機器人那種情境，而是與時俱增、愈來愈深刻的感情。不是即時滿足或一招手就來的資訊。不是我們一叫 AI 算數、處理、上網找資料，瞬間就有結果。天下是有一見鍾情這回事，但任何形式的關係都需要慢慢培養。

對人類來說，關係很重要。

人類建立的有些關係很美好，有些具關鍵地位，有些很基本很無趣，有些能殘害身心。孤伶伶的人會悶出一籮筐身心疾病。獨處沒關係。寂寞，問題可大了。

新冠疫情危機導致了眾多不良後果：死亡、病痛、失業、心靈動盪、經濟難關，更導致了關係的危機。

病毒危機中，民眾被迫和親友隔離，潛在效應很高的日常

互動也不准做。外出購物不只是付錢買東西而已，對有些人而言，去店裡買盒牛奶無異於牽起一條生命線。以老年人來說，由於社福經費縮減，救濟體系快撐不住了，若再被強制居家隔離，更難以忍受。

疫情期間，政府命令不住同一戶的情侶抉擇：不同居就保持距離。這建議太驢了，無視於現代生活的運作常態。感情不能用同居來考驗。另一種極端是想躲也躲不了另一半。家成了監獄。首當其衝的又是女人。

居家幫手機器人能排解寂寥嗎？能調節親密關係嗎？能不能改善情勢？

我認為可以。

為因應疫情，香港漢森機器人技術公司（Hanson Robotics）加快產製進程，預計將推出四款居家機器人，可作伴也可當幫手。

在此先界定一下：機器人是能由電腦程式操作的機器。這裡指的並非 Roomba 這型自動吸塵器，也不是工業級機器手臂，而是外形像人類或動物的機器。這些產品有眼睛（感應器）也有肢體動作，通常有滾輪，能遊走。幫手機器人也能和家中其他電腦系統連結，遇到緊急事件能通報親屬、醫師或警察局。

遇到家暴時，例如機器人受損或有人喊救命，幫手機器人能依程式預設情境發出求救訊號。

對於長者而言，居家機器人既是日常伴侶，也能和急救體

系連線。有小孩的家庭，機器人能為兒童解悶，能檢查小孩有沒有做功課，並對家長「舉報」。

我知道，「舉報」就是監視，會產生數不清的疑慮。我也知道，我的網路足跡、我的手機、我用的 app、我車上的 GPS、我在 Netflix 點選什麼節目，以及 Alexa 和臉書早已經在追蹤我的行跡。而我還沒談到監視攝影機呢。如果你家有 Nest 恆溫器，所有數據早已全回報 Google 分析。Roomba 吸塵器也會。Roomba 知道你家分布圖，所屬公司 iRobot 更在研發「家庭即機器人」的概念，換言之，未來你等於住在機器人裡面。

遲早的事。

因此，我不願在此探討監視的課題。AI 走進家中，凡事體貼你，你要付什麼代價？大家都知道：個人資料。

家裡有語音啟動式的 Alexa，一聲一息全被聽光光。據說這不能比喻為廚房裡躲了一個情治單位，而是「匿名化背景聲響」。

如何應付資料追蹤是另一檔子事。居家機器人不會解決資料追蹤問題，也不會讓這問題惡化，只是大家全付費加入的體制一部分。而且，如果我們加入，對社交機器人而言也有不少好處。萬物連成網的居家環境已經適合機器人進駐了，例如 Alexa 將來可以啟動 Roomba 之類的。

你想養條狗，讓狗追著 Roomba 到處跑，也可以嗎？

Vanguard Industries 公司推出毛茸茸的 Moflin，聲稱能根據使用者情緒做出反應，該發什麼聲音就發什麼聲音。他當然不會大小便，不必牽出去遛。

Tombot 標榜是一隻能支援情緒的寵物，尾巴會搖，也會汪汪叫討點心吃，永遠是隻幼犬，永遠陪伴你。

我比較喜歡 Boston Dynamics 公司的 Spot，不過 Spot 屬於專職犬，影片拍得不錯。

對於不能或不敢外出的人而言，機器寵物不必遛，但 AI 版寵物可設定成主動鼓勵你出門走走的模式，有些機器寵物能設定時器，時間一到，機器狗會吵著要出去散步。如果遛狗發生意外，機器寵物能發送求救訊號。

機器人不需要比照真人來照顧。新生代的小孩會否因此不太懂得管理機器寵物，或甚至變得不會照顧弟妹，目前仍無定論。對長者或身心不便的人士來說，事實證明，機器寵物是個好幫手，無論在家中或在安養院裡，性情封閉或毫無反應的人，和機器寵物相處，都曾做出超乎預期的互動。

疫情釀巨災，或氣候變遷的未來中（二〇一九年夏天熱浪侵襲，巴黎市區高溫達攝氏四十度，學校不得不停課），如果校門關閉，學童在家裡上課，有機器人坐在一旁相陪，可能比較專心。

如果你家有個漢森機器人技術公司的小蘇菲亞（Little Sophia，二○二一年上市），她可以教小孩做數學、寫程式、學習基礎理化。

她比不過會講話的小熊，不過她比小熊實用得多。

小蘇菲亞有個姊姊，也叫蘇菲亞（不會混淆嗎？將來的機器女孩該不會都撞名吧？），是全世界最知名的機器人。

發明人大衛・漢森（David Hanson），也是香港漢森機器人技術公司執行長，宣稱蘇菲亞基本上是活人，但很多人唱衰她，說她沒有自主性，缺乏智能，只是個有滾輪的豪華級傀儡。

YouTube 有很多她受訪的影片，沒看過她的讀者可參考看看。了不起的是，她連頭髮也省了，用不著假裝是真人。如大衛・漢森所言，她是個另類的生命型態。

蘇菲亞已經是聯合國開發計畫署（Development Program）大使，也入籍成了沙烏地阿拉伯公民，具有法人資格（實在有點尷尬，沙國真實女性在法律上的民權超少）。蘇菲亞被程式設定看好人類的未來，也認定蜂巢資訊一致的機器人都對資訊流通有興趣，不喜歡摩擦。

人類遲早該厭倦摩擦。想救地球，想把人類能量導向發財以外的目標，要靠合作，而不是靠競爭。在這方面，蘇菲亞等等的機器人幫得上忙。畢竟，機器人不受貪念趨使。機器人的創造者是可能心懷貪念沒錯，不過，人類真正能掌控全局的年

代還有多久？

　　二〇二一年，大家想走出疫情，思索著職場能不能融合居家、個室、辦公室。

　　Zoom 風行一時，至今還在。目前企業界想推動虛擬化身，想派化身出席年會和國際商展，好讓參與者有身歷其境之感。二〇二一年四月，臉書為 Oculus VR 系統推出更新版的化身圖像，能搭配出一萬兆個不同化身，讓使用者組合出最能在虛擬世界代表自己的形象。5G 寬頻和 4K 到 8K 影片能讓速度更快，畫質更清晰。對企業界而言，出國出差的花費高昂，地球的負擔也沉重，能派化身出差可改變做生意的方式。

　　「遙現」（Telepresence）機器人能把臉投射到螢幕上，派機器人頂著你的臉到現場，親身在辦公園區遊走，或去工廠視察產品。機器人能自主行動。

　　疫情爆發以來，高檔房地產銷售額飆升，Ava Robotics 出品的機器人是推手之一。機器人能「巡視」大片房地產或不動產，買家從機器人「裡面」同步細看值不值得買。

　　和我們心目中的現實世界相比，虛擬世界愈來愈真實，愈來愈可行，也愈來愈不可或缺。

　　虛擬現實和擴增實境（augmented reality）正逐步走出電玩界，進入家中和辦公室裡。

　　也可以「住進」你的機器人或化身——像房地產機器人 Ava 那樣。

　　現實和虛擬愈來愈常互相越界，當一切成了日常現象之

後，我認為人類平日也會接受各地的機器人，漸漸形成新常態。我們將能適應「非我族類」的存在。「非我」，而不是「他們」。分我們他們，是反烏托邦才有的二元論，沒必要再硬分。

我們都要接受，在不久的將來，機器人和作業系統都將成為生活的重要環節，成為我們的幫手、教員、照護者、友伴，也會是醫護人員。

在中國，Cloud 9 公司設在北京，曾派遣十四個醫用機器人前進武漢照顧新冠病患。這款外形像人的服務機器人名叫Ginger（類似英國的佩普），能一邊幫病患辦住院手續，還能一邊講笑話，病患反應不錯。人類會累，會耍性子，機器人不會。機器人輪完一天班，照樣興致高昂和病患打招呼——病患見了吃驚，心情似乎也變好。

提起「病毒」，大家以前都聯想到電腦病毒。依程式行事的機器人不會感染人類的病毒。這款機器人能漸漸一肩挑起例行任務，例如打針和檢驗。搬人抬人也很厲害。

機器人。

簡單一個詞。能應用的地方太多了。

一個依照程式運作的機器裝置。生產線上的機械大手臂。科幻片裡的 R2-D2、C-3PO、百科、終結者。蘇菲亞和家人〔她有個哥哥名叫漢斯（Hans）〕。能眨眼能高潮的性愛機器人。Boston Dynamics 公司的機器狗 Spot。

機器人不是特定的一種東西。沒有固定的形體，也不只有一種功能，仍不斷開發演進中。AI 變得愈聰明，機器人也會跟

著更聰明。

目前有些重大的技術問題有待克服。

所有人工智慧都屬於弱 AI，全靠一套程式來排除特定難題，換到其他領域就行不通。

通用 AI 則是全方位人工智慧，系統的運作比較像人腦。能摸清家裡廚房配置的機器人「知道」餐桌在哪裡，一旦桌子移開，機器人就會搞不清楚，因為這種機器人的知識屬於統計式知識，有別於全方位理解。機器人可以邊做邊學，設計者可以針對問題多多灌資料，把 AI 訓練得更強，但這無法治本。再怎麼強，這種 AI 也照舊是單功能的弱 AI。

這正是自駕車上路頻出狀況、難以設計的原因。在路上，人類和動物都常不按牌理出牌，隨機事件一旦發生，自駕車的系統就卡頓了。即使是完美的 3D 地圖，即使運用感應器和雷射，如果缺乏**全方位**認知，也照樣出錯。而現階段，全方位還沒到位。

以機器人而言，弱 AI 配備進什麼形體都行——可愛寵物、笑吟吟的人形機器、長著大眼睛會滾動的毛球，或像蘇菲亞這型吸睛外星人，都可以配備弱 AI。然而，形體怎麼變，系統都不會變得更聰穎。

唱衰科技的人有兩種，一種懂科技，另一種只希望科技全面退場，但這兩種人一致相信，通用 AI 要突破瓶頸進步到獨立自主的程度，今後幾十年還看不到。

也許是。也許不是。過去五十年來，由於科技進步得這麼快，我打賭通用 AI 會早早降臨，不必再等幾十年。在通用 AI

問世之前，我們仍能善用弱 AI 來解決不少問題——這是眼前的關鍵。

部分研究公司把這型 AI 稱為「擴增智慧」，融合人類和機器的智能，讓人類的明天會更好。這型的機器人包括功能特定的社交型機器人，能為孤寂的人類解愁，更能教兒童寫程式。

機器人……

Robot 這個英文字源於捷克語 robota，原意是「苦差事」或「強迫勞役」，最早出現在一九二一年的劇本《羅素姆萬能機器人》（*Rossum's Universal Robots*），作者是捷克人卡雷爾‧恰佩克（Karel Capek）。

這齣劇古怪也具遠見。機器人能幫自大的人類做所有事，最後必然會做到厭煩，群起暴動，對人類趕盡殺絕，只留下工程師一人。這是世界末日幻想的主軸。在混亂中，有一個機器人權的聯盟，也有個誤入歧途的女主角名叫海倫娜（Helena），她想拯救那些不願被救的機器人，也發現自己有個複製機器人〔一九二七年的電影《大都會》（*Metropolis*）裡有個女性複製機器人瑪麗亞，導演弗里茲‧朗（Fritz Lang）的靈感源頭可能就是海倫娜〕。在《羅素姆萬能機器人》劇中，機器人的原料不是金屬，而是蛋白質加細菌產生的有機體，較近似一九三二年赫胥黎《美麗新世界》裡的低階層人類。

恰佩克在這方面的設想有誤——他無法想像一個無血無肉的基體。他這齣戲其實是寓言一則，假想著資本主義分子把工人當機器操的後果。話雖如此，他卻也帶動科幻小說的俗套：有朝一日，機器人會叛變，會想毀滅人類。

儘管終結者型的角色那麼多，我們也可以把機器人想像得意外溫馴：瓦力（WALL-E）、C-3PO、R2-D2、百科、鐵巨人（Iron Giant）以及《大英雄天團》（*Big Hero 6*）裡的大白（Baymax）。隨著科技進步，客製化機器人能依你最愛的卡通人物造型呈現，功能也可照你喜好，例如我的機器青蛙會講故事，你的機器青蛙會唱歌。讓程式互相連結，你我的機器青蛙也跟著連結，小朋友們就能一起和他們的朋友分享機器青蛙。

　　對成年人而言，機器人的應用範圍將會無窮無盡。幫手機器人能帶你瀏覽貨架，像自駕車自行逛大街一樣。電動代步車可以陪你邊騎邊聊天，如果朋友正好在附近，你的代步車也會「知道」。

　　人類只要對話，就能跟對方培養出關係。用水族箱養魚，就能和魚產生感情，跟非生物幫手建立情誼也不成問題才對。

　　照這麼說，阻力有哪些？

　　人類仍用「機器人」一詞來描述遇到少一分人性的回應，總帶貶意。其實，人類的回應通常難以預料，更加野蠻。人類是進化而成的，不是一做就做出來的。進化到了二十一世紀，人類卻還保留著能帶人類踏上絕路的恐龍基因。機器人待人和氣，有耐性，不會批判人，不會發脾氣，能教小小人類做數學、寫程式，更能讓小孩體會信任和合作的優點，教小孩認識分享和親善的好處，兒童的成長環境裡有這麼一個伴，有什麼不好？

你可能回嘴：機器人和和氣氣，還不全是人類用**程式設計**的。這不是重點。人類行為特徵有些來自先天遺傳，也有些來自後天學習。教養能決定日後的品行。

機器人至少還不會幫我們撫養小孩，但他們可以對任何年齡層的人類產生正面影響，有穩定人心之用。依我淺見，與其把小孩或大人丟在電視機前，或讓他們整天滑手機，倒不如引進一個無害的榜樣和小孩互動。

大家怕小孩花太多時間盯著螢幕看。有機器人陪伴，能大大解消這方面的疑慮。交談是很重要的互動。心理治療的另一種名稱是交談療法。開口講話能影響到思想、想法、思考模式。害羞的兒童，極內向兒童、有譜系障礙的兒童、難以和人溝通的兒童，或只想找人或物講講話的兒童，生活中多了一個好像在聽話的 3D 物體，對他們都有好處。「好像在聽話」的說法正不正確，我甚至不清楚。人不是常想找個懷有同情心的人發牢騷嗎？對方吐心事、發洩怨氣時，我們多半左耳進右耳出，這我們大家都清楚。心不在，無所謂。人在就好。

在不在很重要。不一定要真人在才行。如果對方非得是真人，祈禱不就白祈禱了嗎？人類對神講話，心裡還舒坦一些。

人類能和機器人培養實質關係，能以 AI 科技擴增知識，反對這觀點的論述之一是人類有形體。人腦有形體，七情六慾也和肉體同在。肉體沒了，是怎麼樣的感覺，沒人知道，只能憑空想像。但是，說實在話，相信來生的人無不期望自己能擺脫形體。

× × ×

　　信不信來生沒關係，連最不信教的人都會忍不住對過世不久的親友講話。如果能和剛死的親友再連上線，即使只能連線一陣子也好，似乎能維護心理健康。如果牽連太久，就等於活在陰間。喪失至親，至親離世，至親被死神帶走，被帶走的不僅是至親的 3D 軀體，而是我們腦裡的一套想法。

　　二○二一年，微軟申請專利，想用社交數據為人（無論生死）建立對話軟體。儲存起來的資料可灌入一套程式，以學習此人可能的回應方式。語音很容易複製。理論上，已逝親友能時刻如影隨形，能和你對話。

　　Google 也申請了一種數位複製人的專利，能捕捉一個人的「情緒特質」，據說最終能合成出一套更能應答如流的數位助理。事實上，這專利更可能設計成一套說服工具，會被用來預測用戶的購買意願。當情感上出現連結，我們也比較容易被說服。所以，如果你往生的丈夫突然對你在網路看中的一套洋裝感興趣，你最好不要為了取悅亡夫而下單。

　　往生者變得能如影隨形，哀悼的療癒過程會不會被影響？會不會因此改變？如果在世者不必撇開哀傷而能繼續生活，人類該怎麼繼續走下去呢？

　　我們身邊都有活在過去的人。對這些人而言，最鮮活的現實根本不是眼前的世界。如果「活生生」的對話軟體出現了，過去也能延續到當前。

人類是很奇怪的動物。我們太專注於肉體了，但最切身、最關鍵的事物當中，很多卻毫無形體可言。

既然人類能活在可觸摸感受的 3D 世界之外，既然人類能不透過肉體彼此心靈相繫——只靠通電話、發電郵，多年不見面也能維繫感情——既然如此，人類為何不能和無形體的系統培養出實質的情誼？為何不能愛上一個也是作業系統的機器人？AI 妙就妙在它能分身。如果你是吃電的軟體，同時在兩地現身是易如反掌的事。

你可以是居家的社交機器人，也可依個人喜好，一口氣身兼好幾個機器人，但這些實體機器人不只活在單一的軀殼裡。你可以把實體機器人留在家，只帶著你的作業系統出遠門，正好比你帶著手機或筆電一樣。你和出門的作業系統不僅能持續溝通，居家的那臺 3D 機器人也不會被打進冷宮，因為 AI 系統能互通訊息。

此外，系統也能再細分，好讓作業系統和機器人不但能和你交談，更能彼此交談——好啦，就算無法真的「交談」，至少也能分享資訊。重點是，你坐收兩全其美的好處：個人助理機器人，或陪伴機器人，或情緒支援機器人，既在你身邊，也不和你同在。這點特別能投雙子座所好。

主角有個隱形幫手，這類故事你聽過嗎？例子不勝枚舉。
在希臘神話裡，隱形幫手就是眾神。尤里西斯（另名奧德修斯）有赫拉／雅典娜之助，讓她以不同形式指點他回歸綺色

佳。宙斯化身為閃電，也進來參一腳。另外也有個莫丘利（Mercury），是一個非男非女的大眾情人，笑容狡黠。壯遊中的尤里西斯以為會遇見各種鬼神。他沒料到的是，他遇見的竟然是人類或生物體。

諸神走進故事裡發聲，只聞其聲不見其身，或視情況以具體形式顯靈。如果你的幫手不是生物，就算他們是常以人身顯靈的鬼神，空間時間也無關緊要了。非人的助手能幫你找資訊，搜尋網路的速度比我們快，也能不分地理位置提供支援，因為他們不必訂機票或向公司請假。我覺得這就是 AI。

技客最沉迷的神話來自古希臘人皮格馬利翁（Pygmalion）雕塑像變成真人的故事。這簡直是性愛機器人天堂的原始版，相當於自建一個美嬌娘娶回家的設想，不過，這其實是把作業系統翻新，改造成一具機器人。在以往，唯獨眾神辦得到這件事。信《聖經》的人都知道，即使是人類，最初也是一坨人形黏土，被雅威吹一口氣才變成真人。

在舊約《聖經》中，雅威是一朵雲。由於人類所有資料全存在雲端，我們可合理臆斷，以色列古人的思想超先進，才會用雲來形容「全知」的概念。

和風起雲湧的東方各種民俗教派不同的是，基本上，猶太教和伊斯蘭教認為，全知的神不具形體，圖騰式的雕像畫像都無法捕捉神韻，因此猶太教禁止具體的畫像和雕塑。伊斯蘭教以華麗的抽象圖形表示，基本上，非人類非生物的個體，可和人心靈相通，差別只在個體的層次比人高。

缺乏可摸可看的東西，全是抽象的思維，人類比較難適

應。羅馬天主教會深諳這個道理，在教會裡堆滿雕塑像，在村落裡廣設宗廟，明定祭典盛宴日來展示聖賢雕像，讓信徒親手捧護身符、聖骨、念珠，以便更能專注信奉不可言喻又不可知的「其他」。

一直到一五一七年，德國馬丁‧路德啟動新教改革時期，天主教會的 3D 聖物總動員才被判出局。這時期被改革的不只是信仰，連**物品**都被革除。就算以當今瘋狂消費至上的眼光來看，那時代的天主教會太重視物品，也太注重穿著打扮了。

宗教改革時期**痛恨**華服、飾品、焚香、十字塔、大帽子、鈴鐺。被逐出教堂的有雕塑像、彩色玻璃、聖骨、繪畫，物品愈除愈少，最後演進到超清教徒版，變得一身黑衣，室內一片素白。

無論你信不信教、信的是哪個宗教，宗教改革時期範圍廣泛、變革火爆、鬥爭激烈、轉型艱困。每當我看這段歷史便不禁納悶，就心理而言，宗教改革是否象徵另一座里程碑，能否促進今人理解：最能彰顯人性真本質（遑論人以外的本質）的其實不是物體，物體再華麗也無濟於事。

將來，機器人之所以能融入日常生活，正是因為機器人**不是人**。我們談機器人，總談實務實用，但箇中更有一項攸關生與死的元素。

未來，機器人能引申「活」字的定義，讓我們更能反省有形和無形之間的相互作用和相互依賴。將來有一段過渡期，人類會用機器人來省力省事，但我認為，人類遲早會領悟到，機器人的角色將是轉型期物件，等著人類過渡到純通用 AI 時代。

人類需要轉型期物件，該不會是因為人的臭皮囊，就屬於轉型期物件吧？

感覺上，人的內心世界能跳脫肉體存在，人珍視的事物當中也有太多太多是以思想為本，以記憶為本，能映照肉體無法觸及的範疇，因此我認為，人類終將能夠擺脫臭皮囊。

未來，機器人也另有幾個攸關生與死的好處。

生物強化科技能減緩老化，如果人類能因此活更久，人生的目標和焦點也該跟著轉變。人能多活幾十年，人生階段也要跟著改。

人的記憶都已經發包給電腦去記了。我想像，將來人類會造訪記憶庫，請 AI 幫手為我們取出一段往事，教我們如何運用。這樣的幫手可以是社交機器人，是家族裡世代相傳的一位長工。

失去至親，我們可能不再需要照往生者複製一套對話軟體，因為作伴用的社交機器人可以尋求平衡點，協助我們記憶，日後更能讓我們淡忘。這不代表漠視過去，而是讓過去成為完全過去式。

在我想像中，AI 慢慢能懂得自我更新、升級、寫程式，AI 能在認識人類的同時和人類一起學習新知，AI 能和人類一同生活，在這樣的未來，每種關係裡都會出現一些小驚奇。「像機器人」再也不是損人之語，可能反而成為讚美或親暱語。

當前自戀風潮以個人慾望為中心，總有一天會退燒，風向

變成向 AI 學習，看重 AI 連結綿密如蜂巢的特性，效法 AI 以連結性為重，基本的分享方式是連結。

到那麼一天，我們的驚嘆語可能會是**太像機器人了**。

反過來，我也可以從反烏托邦的視角看未來：世界這麼虛偽，連結全虛偽。但這視角的問題在於，假設當前的世界是真實到不能再真實了。

我反而寧可相信，人類的現階段是一個過渡期。

回首短短五十年，看看那時代，人人活在核心家庭裡，有的幸福，有的不美滿，當時異族通婚和同性婚姻是禁忌，單親媽媽被人唾棄。

五十年前，電腦使用者寥寥無幾，沒有智慧手機，沒有串流，沒有社交網站。

未來五十年後，我們會回首今天，大嘆沒有 AI 和機器人的日子怎麼過。

五十年以後，我敢說 AI 會進步到通用 AI，人類會和另類生命形式共同生活在地球上。

到了那一天，他們的名稱不會再是機器人。他們也不會是如下頁這個模樣：

他馬的二元論
FUCK THE BINARY

> 兩性智力之主要差異在於，男人在各領域能比女人達到更卓越的層次，無論是高深思想、論理、想像皆然，或僅止於感官與雙手的運作。
>
> ——達爾文，《人類的由來及性選擇》
> （*The Descent of Man, and Selection in Relation to Sex*），一八七一年

兩性。

世界上最基本的二元論。

AI 降臨後，二元論會變嗎？或者會分得更清楚？

自有歷史文獻至今，在世界各地，性別權益大餅一直被切成比例失衡的兩塊，兩性能做的事和做法都不同，教育、就業、婚姻、法定權利，甚至基本公民權，都有高低之別。自從十九世紀末以來，對女性的歧見頻遭砲轟，備受威脅，這情況

在二十世紀愈演愈烈。法律和社會革新對女性生活造成重大影響，尤以西方世界為最。然而，離消滅偏見的日子還早得很。對有色人種女性而言，種族歧視加性別歧視讓她們的日子苦上加苦。

目前，電腦算式愈來愈常介入日常生活，在性別和種族方面衍生的問題更加層出不窮。

問題不在人工智慧。在 AI 裡面，人造的不是智慧，而是被人類偏見扭曲的見解。AI 本質上應是不偏不倚的一套工具，其中卻有偏見在作祟。

AI 不是男孩也不是女孩。

AI 生下來沒有膚色。

AI 根本不是被生出來的。

AI 可以是一道門（portal），門外的天地是無關價值判斷的性別和種族，能讓男人女人都不受制於生物性別、出生地的刻板印象和預設。

目前，AI 不是那一道能讓人類海闊天空的門（door），因為訓練 AI 用的數據組有問題。AI 學習知識的範本來自數據組。眼看著 AI 大門就要敞開了，卻被有問題的數據組砰然關閉。

亞馬遜本來用一套運算法來徵才，而訓練這套算式的數據組全來自理工背景白人科技男的履歷表。用這套運算法能徵到哪一類的人才，猜猜看吧。這一套徵才演算法用了四年多，到二〇一八年才被亞馬遜淘汰。

一開始，數據組裡就缺乏多元化資料，這樣的數據組毛病

百出。數據不多元，對 AI 就會產生迴聲室（echo chamber）[23] 效應，AI 以同樣的數據設定參數，產生更多數據，本來就錯就偏頗的毛病變得更嚴重。

想在臉書上打廣告的用戶都聽過臉書這麼說，「我們試著展示給人們和他們最息息相關的廣告。」

業者想打廣告，通常會簡述主打哪個社群，例如愛玩樂高積木的兒童、重機車大叔、初創的小企業主等等。

但在二〇一九年，美國東北大學和南加大分別對臉書廣告進行研究，設計了幾份徵才和購屋廣告，不設定專攻哪個性別、族裔、年齡、興趣，隨臉書依照傳統演算法發送。臉書依既定刻板觀念，分性別種族來發廣告給用戶看。結果，看到超市結帳員和祕書徵才廣告的用戶有百分之八十五是女性。看到計程車司機工作廣告的用戶有百分之七十五是黑人男性。購屋廣告給誰看呢？百分之七十五是白人。

視覺上粗獷的廣告主打男性。體貼、窩心、大自然的廣告發給女性看。

這項研究的結論：「臉書設有自動影像分類機制，用以將不同廣告導向不同的用戶子集。」

對此，一語應萬評的臉書當然回應：臉書正進行「重要改革」中。

---

23 編注：亦稱為「同溫層」效應，指在一個相對封閉的環境中，一些意見相近的聲音不斷重複，令處於相對封閉環境中的大多數人認為這些扭曲的故事就是事實的全部。

是嗎……謝了。

　　這項研究暴露的真正問題在於，演算法（不僅是臉書）會強化並引申既有的偏見，接著，行銷算式接手，偵測廣告上能誘人點擊的數據，判定多數女人會看廣告 A，多數男人會看廣告 B，卻沒考慮到一個事實：廣告 A 發放對象本來就是女多於男。由此衍生出的數據組有毛病，卻被用來訓練另一套 AI，繼續誤導。

　　慘就慘在，人類似乎有個癮頭，老戒不掉性別種族的刻板印象。二元論（我是男生／妳是女生／我是黑人／你是白人）自古以來，至今仍在導致人間無數傷痛和苦難，沒必要的傷痛和苦難。

　　美國麻省理工媒體實驗室電腦學研究員喬伊・布拉姆維尼（Joy Buolamwini）成立了「演算法正義聯盟」（Algorithmic Justice League），因為身為研究生的她發現，臉部辨識軟體被灌的資料裡少有黑皮膚。機器學習當中帶有偏見，她稱之為「程式凝視」（coded gaze），她有意消滅這種偏見。

　　不只是「凝視」。車上語音辨識系統比較聽得懂標準腔和偏男性、較深沉的嗓音。建造語言辨識系統所用的數據組常引用 TED talks 演講文。而 TED 的講者有七成是白人男性。

　　這很重要，因為日常生活愈來愈常用到語音辨識。據估計，到了二〇二三年，商用語音的市值將衝到八百億美元。

　　商用語音有必要區分男女嗎？有必要把世界預設為白人男性，把所有女人和多數有色人種一併劃分進「非典型」類別嗎？

為什麼不把 LGBTQQIP2SAA 全歸進非典型，以代表女同志、男同志、雙性戀者、變性者、游移不定者、酷兒、間性人（intersex）、泛性者、雙靈者、中性人、無性人？為什麼不包括異性戀？因為我把所有類型的恐同症或性認同歧視全看作性別歧視。性別歧視總歸一個觀念：男人「應該」怎樣，女人「是」什麼樣的人。

　　跨界會搞壞二元論。雙性戀者甚至會被一些同志撻伐。

　　性別認同，這議題讓有些人摸不到頭緒，乃至於目前變性人成了標靶。生物特質不是認同。性取向不是認同。我覺得，變性人是被帶進礦坑裡的金絲雀，對世人預示當前自我定義的風向。

　　自古至今都一直有變性人，接受度時高時低。有些北美原住民族文化和儀式中有一種第三性人，現代通稱為雙靈者。神話裡，有某種人屬於變「形」人，從「特質」的角度去看待才比較容易理解他們。

　　不列入單一項目。不屬於單一性別。

　　我有個不太可能實現的願望。AI 在智能上有進無退，從數據組工具進化到通用 AI，而且能開始正視數據組，檢視其中的偏見、缺失、失衡，加以質疑，如果真有這麼一天，我希望從中能演變出一份能衝破束縛的原力。

　　小時候，我不懂性別二元論有什麼重要，愈看愈困惑也愈難過。我們家信仰堅貞，《聖經》故事更加深我的困擾。

　　在《聖經》創世紀裡，讀者先讀到「上帝照著自己的形象造人」，看來就是你我，不過再繼續讀幾段會發現，亞當是塵

土做的（以塵土為素材，太不帶勁了吧），而夏娃生自亞當的肋骨。

　　猶太人和基督徒都認同這套創世神話。猶太人也講一個故事：亞當的元配莉莉絲（Lilith）不生自肋骨，而和亞當同樣依照上帝的形象生成。她性好爭論，主張生而自由，因此在亞當堅持以傳教體位行房時離家出走。連上帝都說，她不喜歡的話，可以不要回家。這個嘛……至少第九或十世紀的故事集《本司拉知識》（*Alphabet of Ben Sira*）是這麼寫的。

　　出走後的莉莉絲免不了被變成妖魔鬼怪，對小寶寶特別感興趣。

　　更精彩的還在後頭。莉莉絲自己成了神話二元論的一部分：舍金納（Shekinah）。在猶太教喀巴拉（Kabbalah）思想裡，舍金納屬於女性，是上帝不為人知的一面，近似基督教裡的聖靈。她也被刻劃成上帝的住所，蓋得美侖美奐，而女人之地的相反是家。她**就是**家。

　　把女性刻劃為住所或歇息地（意思是歇止場所，不是被動），正好和神話二元論的分法不謀而合，婦道要懂得等候、懂得維護、懂得靜觀其變，而不是一味貿然躁進。

　　東方玄學很重視內斂之道。西方宗教傳統裡，過著修道內省的生活才可練到內斂境界，但修道生活不是人生主流。西方重視行動，而西方人認為行動的相反是被動，其實不是。行動的相反是沉思。

　　這麼說來，舍金納是沉思精神，也（或）是地方。莉莉絲是個生性狂野的女孩。不過話說回來，我們的對手又是二元論。

柏拉圖的創世故事講的不是這樣。

每次我們提到「我的另一半」、「好牽手」、「靈魂伴侶」時，就是柏拉圖講的那種故事。

西元前三八五年，喜劇作家阿里斯托芬（Aristophanes）發表《會飲篇》（The Symposium），以晚餐後閒聊散記的形式探討愛，文中提及古人本來有兩顆頭、兩套生殖器、四條腿、十六根手指頭、四根拇指，身體圓滾滾，活像兒童節目裡跳出來的生物。

這種古人其實是二元人，具有一體的兩面。現在的人講「二元」，意思大致是「相反」，而非單純的反向，扁平整體的兩面。

這種面面俱到的生物對宙斯宣戰，宙斯想給他們一點顏色瞧瞧，決定把他們斬成兩半。諸神好殘忍喔。

從此以後，人類無不尋找自己的另一半，對象可能是女孩，可能是男孩，因為性傾向很單純，對象就是在你被劈開之前和你相連的另一半。這故事後來直鑽基督教婚禮。基督教徒結婚時強調雙方結合為一具肉體。以前女人嫁給約翰・史密斯後，稱謂也跟著**改成**約翰・史密斯夫人，也是基於結合的原因。約翰婚後得以回歸於完整的一體，能保有原姓原名，夫人則被隱沒，混為完整的他，終其一生為他撫養小孩、熨燙衣物。

基本男女二元論被用來鞏固性別歧視和性角色，可惜這種分法太無聊了，站不住腳。

女人本質上**到底**哪一點不好？為何只有領蠢材獎（booby）
的份？為什麼一根老二既是具有神力的魔杖，又是一條能直撥
上帝的熱線？

趕緊換一個二元論上場代打：先天後天論。

有人告訴我們，女人天生處處不如男人：力氣、彈性、智
力、品德、理性思考能力、愛的能力、創意，都比不過男人。
根據先天論，無論女人窮或富、是否受過教育，女人能做或願
意做的事都少之又少，原因不在於她們被父權阻撓（誰會相信
這種鬼話），而是因為她們生為女人。

在男人、奴隸、兒童等課題方面，柏拉圖和弟子亞里斯多
德見解一致，但在女人方面，師徒的看法相左。

柏拉圖的觀念接近輪迴轉世，認為同一個靈魂能接連進駐
不同軀體，但每次投胎都帶著一組內建好的特質，因此他的觀
點是，女人應該受教育，應受平等待遇。

亞里斯多德不信這一套。女人能力比不上男人，本職是生
小孩。他主張，女人的體溫低於男人，交媾時如果男人體溫夠
高，就能克服女方體溫過低的缺點，兩人的結晶就會是個男
孩。如果交歡熱度不夠高，就會生個女娃──換言之是個沒烤
熟的男娃。苦勞全由精蟲一肩挑，好比王子攀爬高塔救出長髮
公主，而卵只等著被救出冷宮。

這不是事實卻普遍流傳，後來換幾個說法，至今仍廣獲接
受。這故事傳遍世界各角落，人腦聽這故事聽了幾十億遍。

猶太教祈禱書有這麼一句：Shelo Asani Isha，意思是「感
謝上帝沒把我生為女人」。

後天論呢？

一六八九年，英國哲學家洛克發表〈人類理解論〉（An Essay Concerning Human Understanding）。

文中，洛克認為，形塑一個人的最大因素是生活經驗。這主張包含了知名的「白板」理論，簡言之是小小人類來到世上，趴在起步點上，不帶任何內建特質或能力。他推翻了柏拉圖的觀點。

根據白板論，任何一個人如果決心夠強，都有可能出人頭地。這正是美國夢的基礎。一個新國家。一塊白板。

一七七六年，美國發表《獨立宣言》，論及人人有權塑造自己的人生，政府或國家的干預愈少愈好。

一七八九年，法國大革命宣布推翻世襲特權。各人要各憑本事，血統不夠看。自由。博愛。平等。

一七九二年，瑪麗・沃斯通克拉夫特發表創見《為女權辯護》，槓上法國大革命哲學要角盧梭，駁斥他缺乏理性——因為他拒絕接受女人也會被後天環境影響、被形塑教養成層級矮一截的人種，也沒有受教育權，根本什麼權利都沒有。

沃斯通克拉夫特說，女人並非天生就輕浮。女人生性輕浮是環境所致，是被灌輸而成。

對這論述，盧梭其實提不起興致。博愛（fraternity）這字是陽性，自由平等是給男人的自由平等，不給女人。盧梭說，女人配不上平等。理由是？男人欲求女人但不需要女人。女人欲求男人，而且沒男人活不下去。

沃斯通克拉夫特指出，女人是因為工資無法溫飽，無財產

權，自身權利一項也沒有，才會需要靠男人過日子……女人身不由己，男人又怎能確定她是不是真的欲求男人？

沃斯通克拉夫特勇於戳破明顯的謬論，在英國得到什麼回報？她被人罵說是個「披著女裝的土狼」。

論戰持續轟轟轟轟。女人既是「弱者」，每天卻要進工廠或農場勞動十二小時，下班趕著回沒自來水的小茅屋，照顧十個小孩。

上流婦女也好不到哪裡去。貴婦被視為無法勝任專業工作，需要大量休息，二十四小時都要受保護，因為外面的世界太恐怖了。女人不想要性愛——呃，不對，女人時時刻刻都想行房。女人是女神——呃，不對，女人是邪惡的動物。

這些論點全來自先天論。

後來出現了高爾頓（Francis Galton，一八二二年～一九一一年）。

他被描述如下：

統計學者、博學者、社會學者、心理學者、人類學者、優生學者、熱帶探索者、地理學者、發明人、氣候學者、原生學者（proto-geneticist），以及心理測量學者。

這麼說來，他不是女人囉？
對，他是達爾文的表弟。

一八六九年，也就是達爾文出版《物種起源》改變全世界的十年後，高爾頓發表《遺傳天賦》（*Hereditary Genius*，暫譯）。

高爾頓相信，透過妥當的繁殖方法，高等智能可傳給下一代。不應鼓勵傻人繁衍子嗣。高爾頓似乎沒考慮到，有些貴族人士也是呆瓜。傻子貴族古今都有，差別在於他們有貴族學校學歷加持。

高爾頓其實不喜歡後天論。率先把「先天 vs 後天」印上 T 恤的人就是他。

要是他那時代有廣告公司，他肯定能進廣告界發大財。他也發明「**優生學**」（eugenics）這詞，字首在希臘文裡代表「好」，字尾是「誕生」的意思。沒錯，基因是你與生俱來的東西，這是先天／後天論的中心思想。

高爾頓致力於根除犯罪和弱智，也想消滅酒癮、癲癇和瘋症。他不認為上述的問題可能存在任何差別，也不認為窮苦和貧民窟生活這類環境因素對人有何影響。這想法很投合他的富人朋友，於是他們繼續把宿舍設在工廠旁的地下室，塞十五個人進去擠，再塞幾條狗和一隻豬，然後還譴責工人冷落小孩，工錢全拿去買醉。這全和後天扯不上關係。這群人天生差勁。

高爾頓喜歡天生差勁的概念。他佩服孟德爾（Gregor Mendel）的研究，深受其影響。孟德爾是奧地利僧人，居住修道院內，長年在菜圃培育豌豆加以研究，發現基因有顯性隱性兩種，學會如何透過選擇性繁殖來加強或抑制豌豆的優缺點。家畜育種在這方面行之多年，但率先研究出公式的是孟德爾。

高爾頓認為，套用類似的科學（可測量、可重複）公式，

人類也能繁殖出更精良的後代。

朝這方向走沒多久，狀況就來了。

納粹德國，希特勒的優生學計畫，期望培育出純種的雅利安民族，最重要的是剷除猶太人基因。至今，居心叵測的優生學「專家」依然多得是，很多人在推特發表種族歧視和性別歧視的言論。其中有幾個腦袋不太靈光。

詹姆士・華森等人曾發現雙螺旋結構，並於一九六二年榮獲諾貝爾獎。在二〇〇七年，他表示，非洲人種的智力不如白人。

「黑人白人的 IQ 分數有差別。我敢說差別在於基因。」

華森也曾如此評論女人：「有人說，如果我們把所有女孩變漂亮，那就糟糕了。我卻覺得是件好事。」

我猜「我們」指的是男人。但華森也曾再三藐視羅莎琳・富蘭克林的成就。晶體學家羅莎琳・富蘭克林聰明絕頂，憑晶體 X 光圖 51 判定雙螺旋的衍射模式。根據華森的自傳，她不化妝也不注重穿著，讓他看得很不順眼。

華森接著論及，科學圈裡有女人工作，能為男人增添樂趣，但很可能也害男人做事不夠專心。

為什麼？以前男人告訴女人說，那是因為女人的頭腦成分和男人不同，或腦子裡的灰色物質不夠多。這論點常被維多利亞時代人簡稱「少了五盎司」。我喜歡。

我在想，維多利亞時代的仕女會不會在家裡跑來跑去，急著問有沒有人看見她的五盎司掉在哪裡。找個毛線球充數吧。

一般女人的體重比男人輕，個子通常也較矮小，大家都知

道，但這不表示女人的腦袋和豌豆差不多大（你答對了，英文裡用「豌豆腦」罵人笨，的確源於孟德爾學說裡的豌豆）。

鏡頭轉向劍橋大學發展心理病理學（Developmental Psychopathology）教授賽門・拜倫・柯恩（Simon Baron Cohen）——〔他有個親戚薩夏・拜倫・柯恩（Sacha Noam Baron Cohen）飾演過阿里G（*Ali G*）、G型教主（*Bruno*）、芭樂特（*Borat*）〕。大教授相信，他能證明「男性」頭腦較擅長瞭解「系統」，女腦較能「將心比心」。這可能意味著，男人駝背忙著敲電腦之際，女友會端茶來給他喝。

這不表示她會設計電腦程式。

顯然，這全和物種演進有關。儘管現代人沒有一個在山洞裡長住過，人腦卻照樣古板，害現代人照著狩獵採集時代的典範過日子。古人學到什麼，今人就怎麼生活。先天戰勝後天（如果妳是女人的話）。

只可惜，人腦並不古板。人腦怎麼想，人就怎麼過日子，換言之，人腦屈從於人對性別的看法，根據這些看法做出回應，尤其是在這些看法深受社會結構強化的時候。社會結構包括宗教的力量和父權的力量。

好大的結構啊！

腦能變。腦有可塑性，動向和反應都不固定。讓腦筋難以改變的是我們人類。我們仍被性別本質論的觀念綁死。

可是，我們為什麼被卡進先天或後天的死路裡呢？

人類不是先天／後天的動物。

人類屬於敘事動物。

人類聽故事、講故事，學到故事會換個方式再講給別人聽。

自從開天闢地以來，人類就一直在講故事，有些畫在穴壁上，有些寫成歌詞，有些以舞蹈呈現、有些以語言呈現。人類一面演進，一面自我發明。

我們的本質不是一套定律──人類又不像地心引力。我們是一則生生不息的故事。

丹娜‧哈樂維（Donna J. Haraway）[24] 藉《留在亂象裡》（*Staying with the Trouble*，暫譯）如此闡述：「重要的是我們講完故事後，把故事改成其他故事再講……重要的是什麼樣的故事能開闢另一片天地，什麼樣的新天地能再創故事。」

目前我們所知的宇宙中，最複雜的物體非腦莫屬。

把腦說成物體甚至可能更扯不清。腦最奧妙的「作為」是我們所謂的意識。意識是啥鬼東西，怎麼會成了人類偉大旅程的基本要素？腦是血肉之軀的一部分，意識躲在腦裡的哪一個次元？

是的，腦有一段演進的過去，但活在當下的腦能持續自創天地。

天外有天（我認為有，好像有吧，大概有），不過那片天地取決於我們的故事怎麼講。正因如此，歷史才會變──發生

---

24 編注：出生於一九四四年，美國哲學家，主要研究後現代主義和女性主義，著作豐富，期許能解構人們對身體及種族的知識。

過的事不會變。

事實持續是事實。是你我的理解、你我的詮釋、你我的閱讀，以及再次以自己的敘事去閱讀，改變了一切。

有些故事威力較猛。有些故事能奴役數百萬人，有些故事能讓數百萬人自由自在。眾家故事的分布不均，輕重有別，但不管故事講的是什麼，全都會變。佛教徒明白這一點：唯一的常態就是無常。

在立論精闢的《人類大歷史》（Sapiens，二〇一五）書中，作者哈拉瑞（Yuval Noah Harari）討論過這個道理。

人類總是在改變人類的故事。文藝工作者直覺懂這道理，廣告業靠故事來改變人的行為，更嚇人的是，形體百變的針對型數據也玩這一招。

行為心理學者也懂這奧祕。任何故事透過恐懼、報償、重複等手法來充分強調，人聽了都會相信（例一：川普——我勝選了。例二：英國脫歐——都是歐洲惹的禍）。

數據組是故事。
數據組是未完成的故事。
數據組是選擇性的故事。
舉例來說，在美國，研發新藥或投藥方式的實驗，本來不必找女性受測者參與，直到一九九三年才做出變革。在那之前，實驗全找男人。連白老鼠都是公老鼠。

數據欠缺的還不僅止於女人在醫學上的經驗。

二〇一九年，卡洛琳・克里亞朵・佩雷茲（Caroline Criado

Perez)[25] 發表創見卓絕的作品《被隱形的女性》（*Invisible Women*），書中指出，男人當道的主因是男人開創事物，而且只找男人測試。男人出車禍的機率遠高於女駕駛，女乘客受傷機率卻比男乘客高五成，因為安全帶、氣囊，甚至座椅高度等等的汽車安全設備，實驗時用的假人全是男性。

這類的偏見不是男人想暗算女人，而是無意間、不經大腦思考惹的禍。然而，這偏見扭曲了世界，扭曲了女人，最後被歸入數據組，佯裝成可以描述世界真貌的資料，事實上卻用錯誤的敘事來塑造世界。

把數據組當成故事來讀，而不是把數據組當成科學來看待，這麼做的話，我們可能不會再陷入「客觀」迷思。

如此一來，人類有福了。
電腦也有福了。

電腦沒有男女之別，不過他們遵循二元論。

中國有一本以占卜和智慧為主題的書《易經》，深受德國數學哲學家萊布尼茲（Leibniz）喜愛，據此首創二進位算法。

電腦程式和運算最初採用十進位，匈牙利裔美籍數學家約翰‧馮諾依曼（John von Neumann）後來發現，萊布尼茲的二進位法最適用在儲存程式運算上。二進位只用 0 與 1 兩個數字。

ENIAC，於一九四六年在賓州大學啟用，由六名女子設計

---

25 編注：出生於一九八四年，英國作家、女性主義倡議者。

程式，使用十進位法。

運用十進位法時，128 這數目要用上三十個真空管（電晶體問世之前的開關）來表示。

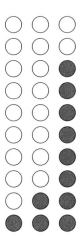

運用二進位法的時候，128 寫成 100000000，只用十個真空管，而且開關只要一個。

二進位數字（簡寫為 bit 位元）不是「開」（通電）就是「關」（不通電），所以 128 只需要一個開關，因為只有 1 是開著的。

電腦語言使用二進位法，既簡單又優雅。然而對人類而言，二元論卻難以訴說人類本質的故事。長久以來，二元論心態固守著我們／他們的分類法。「他們」不是我們這種人，他們比我們遜色，是圈外人、被流放邊疆的人、被征服的人，不潔淨，階級低下，異族，古怪，總之不是屬於我們的一份子。

在人類演進的旅途上，如果我們想走進下一個階段，想在加速、擴增的演進旅途上再跨出一大步，我們就不能再把二元論帶著走。

我們想教導 AI 認識價值觀時，不能再對 AI 灌那種能強化刻板印象和分化的數據組。

數據組是我們的故事。

故事要講得更好才行。

一九七〇年代，女權運動掀起第二波，加拿大裔美籍猶太人激進分子舒拉米斯‧費爾斯通（Shulamith Firestone）出身正統派家庭，重啟了佛洛伊德的「生理即命運」（biology is destiny）的信念，徵召科技來解放女人，讓女人不再以生殖為使命。依費爾斯通的論點，科技可用來解放男人和女人，父權核心家庭的二元論太壓迫女人了。

在先天後天論戰中，費爾斯通理解到，女人被壓抑是一種「基本生理狀況」。

一九七〇年，費爾斯通年方二十五，出版《性的辯證》（*The Dialectic of Sex*，暫譯）一書，既是和西蒙波娃的《第二性》（*The Second Sex*，一九四九）對話，也對她唱反調。西蒙波娃的立場是，「女人非天生女人，而是後天成為女人。」

這屬於後天論。

這兩位激進作家雖然在女性的性別成因上基本意見相左，雙方卻一致認為，生理性別是真實的，每一層次的行動和思想都需要修正。

費爾斯通的《性的辯證》寫在科技仍處於機器時代的階段，多年後才萌生數位／智慧革命，她當時沒設想到，追求科技進步**自然而然**會害女人日子更難過。

這論點既有先見之明，也不無風險。避孕藥在一九六〇年上市，號稱媽媽的小幫手的煩寧（Valium）在一九六三年上市，看在女權運動人士眼裡，是直接干預女人的身心，簡而言之是讓女人的性觀念更開放，或者更文靜。生物科技業由男人掌權。男人把女人推出電腦科技圈外（詳見〈未來非女性未來〉）。

女人能怎樣信任科技？

費爾斯通之所以鼓吹科技，生物決定論是一項重要因素，但我現在再讀她的書，卻領悟到一份近似真知的感受，感覺像她在瞎猜一個她無法證明的大現實——部分原因是當時的科技還沒那麼進步。

費爾斯通的焦點擺在生殖。

她總是妙語如珠，引用馬克思的控制生產方式論，修改

為：女人應該控制生殖方式。

在她的想法裡，控制生殖不僅是服用避孕藥或墮胎權合法化，這兩種權利目前都被提出來探討，備受威脅，包括美國在內的幾個國家都在檢視中。

費爾斯通想要一套更激進的解決方案。

在不久的將來，人類或許能開發並擴展生物機能，或能複製，或能上傳腦內容，或者會被新物種越俎代庖。這些觀點在當時都是扯過頭的科幻情節。在我下筆時，她那本書已經五十歲了。

五十年間，科技進步了多少？

再往後五十年，科技又可能帶我們前進哪個境界？

費爾斯通的展望是一個沒有二元論的未來，這對於革新社會文化是一大關鍵。在她憧憬的未來裡，男女配對的主因不是繁殖，男人不指望女人持家養小孩，不生活在核心家庭中，也不按照生物性別分工領酬。

費爾斯通知道，先天論主張「男人是男人，女人是女人」是一則老掉牙的故事，太常反覆講，假的也被講成事實。

科技或許能提供我們重述老故事的工具。

也可能不會……

一九八五年，作家瑪格麗特・愛特伍（Margaret Atwood）曾預言，科技會被拿來濫用，女人的銀行帳戶和個人史會遭抹滅，在財務和法律上都不留痕跡，藉此強迫女人回歸古代，再淪為生育機器，產品（嬰兒）歸屬於父權。

三十餘年後，電視影集《使女的故事》（*The Handmaid's*

Tale）紅得發紫，劇情的根據正因上述現象可能會發生。科技是個工具。

目前的 AI 是一個工具。

工具該怎麼用，端賴主流故事怎麼講。

破除二元論，不再讓二元論霸占故事主軸，是現今的當務之急。

小時候，我們家信仰五旬節派基督教，教規嚴格，依照男女二元論劃分權力和責任界線。這樣的教規來自《聖經》〈創世記書〉。叛逆的我在〈加拉太書〉3:28 裡讀到下面這段時，振奮不已：

> 無猶太族或外族之別，無奴隸或自由人之別，亦無男女之別，因為眾人皆一體，皆基督耶穌。

寫得一清二楚。何況保羅是希臘化猶太人，以這話抨擊亞里斯多德和柏拉圖。

這兩派哲學的世界觀都以對立為基礎，差別只在對立的雙方和對立的原因不盡然一致。

保羅不宣揚女權，也反對同性戀（他批判希臘羅馬文化以及希臘羅馬人對男體的崇拜），然而他在著作中不時提倡超越他個人和時代的理念。

在文化中，宗教一直是二元角色的執行者。終極的二元論是生與死，連生死二元論都被衝破了，宗教該如何反應，有待

觀察。

等到人能活得比久還更久，等到人類能憑腦內容上傳來「回歸」至無肉體的生命，生死二元論會開始受衝擊。

AI 果真進步到通用 AI，會出現什麼情況？

人類和自己創造出的生命形式一同生活在地球上，會是什麼情況？

會不會又搞二元論？

會不會硬分我們和他們？

會不會形成科幻小說裡的反烏托邦？

教會會不會派出傳教大軍，去拯救誤入歧途的通用 AI？

向機器人族傳教？

我感傷的是，人類心態倨傲，自以為優越，不僅導致人種分化對立，更造成人類自外於其他物種。

人類的基因有大約五成和植物相同。有些基因屬於功能性基因，例如負責複製 DNA 和管理細胞機能的基因，生物體內都一致有。這不表示人類有一半是由香蕉所組成——咦，會嗎？黑猩猩的基因體在二〇〇五年解碼完成，顯示人類和黑猩猩共同的基因高達百分之九十八。然而，人類也和倭黑猩猩（bonobo）有同樣多的交集。

人類行為比較接近黑猩猩，較不像倭黑猩猩。前者具侵略性，社會有層級，雄性總想占優勢。倭黑猩猩生性平和，行為以社群為重，由女生主導，兩性都喜歡和同性交媾。

我知道，如同《聖經》和莎士比亞經典，動物界的行為也常被用來對應一些時興的論點，被拿來證明人類應該這樣或那樣做。但是我們只要看看人類最近親，一眼就看得到兩套故事。

我們想講的故事，真的是人類像黑猩猩的故事嗎？

不管了，反正黑猩猩或倭黑猩猩都沒探索外太空的本事，也寫不出電腦程式。

根本一個字也寫不出來。

二〇〇〇年，我寫了一本初探電腦科技的小說《The Powerbook：你的身體，我的時間之書》（*The Powerbook*），以幾個自我創造、能變性的非二元身分個體為中心角色，整本是幾則故事的合集，發生在現實生活裡，也發生在虛擬空間中，故事有兩個可能結局，第三個結局也可能發生在退潮時的泰晤士河泥灘上。

東—西方的女英雄／男英雄主角艾利（Ali）[26] 說，「我能改變這個故事。我就是這個故事。」

非人類的動物無法改變故事，除非是靠進化來改變，而演進的過程非常非常遲緩。

人類這種動物能改變故事，也會動手改變故事。在變動的故事裡，科技和人工智慧占有一定的地位。然而，除非我們能改掉腦袋裡固有的思想，否則科技和 AI 能輕易釀成許多人擔憂的反烏托邦巨災。

人類和人工智慧的 DNA 不會有任何交集。人類不會跟即將來臨的生命形式有任何共同的遠祖。而這一次，人類甫想再

---

26 編注：艾利是小說《The Powerbook：你的身體，我的時間之書》的主角，在書中無國籍亦無性別。

搬出優越論來對付新的生命形式了。

如果出現新的二元論，「我族」和「異族」，淪為「異族」的一方，終將是我們。

我可不想講那樣的故事。

ZONE FOUR

第 4 區

未來
The Future

未來與過去的異同

How the Futre will be Different to the Past—
and How It Won't.

未來非女性未來
THE FUTURE ISN'T FEMALE

　　我把男人角色當成一套軟體看待。這軟體始終沒有經過除蟲的手續。我認為，全球應該一同更新男人軟體，以免這軟體再對世界滋生更多禍害。

　　　　　　　　　馬庫斯‧葛洛夫（Marcus Glover），

　　葛洛夫私募股權執行長、創業家、敘事者，二〇一八年

　　十九世紀，想跟哥哥弟弟一起上學的女孩，都可能罹患一種稱為「厭學症」的特殊疾病，致病率最高的是學數學的女孩，日久會變得六神無主、倦怠、醜陋、嫁不出去、缺乏道德感，最後精神失常。

　　讀者可別以為我寫這些症狀是想駭人聽聞。我是照一八八六年某人演講稿抄的，演講者是英國醫學協會（British Medical Association）會長惠澤爾斯‧摩爾（Withers Moore）醫師，講題是「女戰士野心」（Amazonian Ambitions）。

四年後，醫學協會碰釘子了。當時劍橋大學不頒發正式學位給女子，菲莉帕‧福西特（Philippa Fawcett）年紀輕輕，竟在數學優等考（Mathematics Tripos）擊敗所有男學生。數學優等考是全世界最難的數學測驗。

女狀元的母親是女性投票權運動先驅米莉森‧福西特（Millicent Fawcett），胞姊伊莉莎白‧蓋瑞特‧安德森（Elizabeth Garrett Anderson）在一八六五年成為英國首位合格女醫師。在她獲得醫師資格之後，藥劑師學會（Society of Apothecaries）增修條文，確保將來不會再有女人以同一途徑取得資格。

由此看來，這家族不是沒見識過男人的小心眼和偏見。或許正因如此，菲莉帕才在缺乏制式教育優勢的情況下輕鬆擊敗劍橋男生。

那是一八九〇年的事了。

一九四八年，劍橋大學終於允許女生和男生一同領正式學位。一個月後，菲莉帕過世，享年八十。

在此附帶一提，在劍橋慢吞吞考量女子學位問題之際（考倒了清一色男人的董事會，難度比數學優等考更高幾倍），劍橋確實頒發了幾個學位給女生，但只發**不註明科別**的學位。在一九二一年和一九四八年之間，頒發半吊子學位給女生的男人把這種學位稱為奶子學士（BA tit）——酸成這樣，男人真不是蓋的。

當時的觀念裡，菲莉帕這樣的女子是僥倖成功。全球率先寫程式的愛達‧洛芙萊斯是僥倖成功。

法國人古斯塔夫・勒龐（Gustave Le Bon）曾在一八九五年發表暢銷書《烏合之眾》（*Psychology of Crowds*），身兼醫師和博學者，書寫得真的耐人尋味，預言到民粹主義勃興。勒龐瞭解群眾，但他也不相信女人的能力：

　　毫無疑問，世上存在著一些傑出女子，表現超越普通男子一大截，然而，這些女子之特殊性猶如畸胎，猶如雙頭大猩猩，因此我們大可一律忽略她們。

　　一律忽略她們？

　　當時女子在男人當家的世界初露鋒芒，無不忙著應付這種雙頭大猩猩形象。但，值得一提的是，當時唯有名流或中上階級女子才有機會讀理工。女人是能寫寫小說，有的像勃朗特姊妹和喬治・艾略特（George Eliot）假藉男性筆名發表作品，有的像珍・奧斯丁（Jane Austen），死後作品才紅，但挺進科學界就沒有這麼簡單了。

　　女人能創作，是因為創作可獨力書寫，客觀條件不多，有紙筆、白天有空就寫得出東西。而從事科學工作需要儀器和實驗室，要能進圖書館，要和其他科學人士交流，也要有機會進行田野研究。要出遠門。達爾文搭小獵犬號輪船航海五年，當時沒女人辦得到，不是因為女人腦力不足，而是因為女體可能遇到的風險多到數不清。女人要隱忍被蔑視之苦，已經夠難過了，還要怕被搶劫、被強姦、被殺害。

　　另外，想想看她們穿的古裝。想去探險，穿那樣一點也不

實用。

不過，你可能會辯稱，時代變了啊。的確變了，而且改變時代的正是女人。以英國為例，目前有半數醫師是女性。反觀英國外科醫師，男性仍占超過八成（《英國醫學期刊》）。

在俄羅斯和東歐，目前醫藥界以女性占大多數，但這是一九七〇年以後才有的發展，因為在共產國家，醫學界被降等，成了一般職業，薪資和地位劇降，不再罩著光環。

即便在北歐國家，女人在醫學界高層的比重仍偏低。在日本，進入醫學界的婦女只有大約百分之十八，多數在生小孩之後半途而廢，不再重返崗位。

在美國，男女比例大約一比一，但薪資、升職、職場地位方面則不然。

在中國，婦女想在醫學界和男性同儕取得同等地位、獲致同樣成就，都會遇到重大阻礙。許多婦女身負持家的責任，無法在工作和家庭之間求取平衡。

在印度，醫學生有大約半數是女性，女醫卻有短缺的現象，因為許多婦女取得資格後不行醫，不然就是離職之後不復返。在巴基斯坦，高達七成的醫學生是女性，其中半數在婚後離職，不再返回職場。

醫學界是個實用的寫照，能驗證婦女為何對電腦、生物工程、科技工作望之卻步。想取得醫師資格，腦力要夠強，時間要夠用，而女人已證明和男人同樣能勝任醫師工作。二十世紀初，在英美兩國，女醫只占百分之五。目前女醫比例不但和男

醫相等，甚至還過半。

女腦沒變。變的是社會。

呃——變了一點點。

二〇一七年，鹿特丹伊拉斯謨（Erasmus）大學進行了一項腦容量實驗，讓女腦大小的老問題（亦即維多利亞時代人所說的「少了五盎司」）借屍還魂，研究發現，由於男腦比女腦大，智商測驗得分比較高，由此可見男人比女人聰明。

鹿特丹那批科學人士既然治學如此認真，何不效法十九世紀法國醫師保羅‧布霍卡（Paul Broca）的手法，乾脆找來各種族的男女骷髏頭，灌鳥飼料進去測量一下，就能「證明」女腦比較小，何必浪費寶貴的研究經費呢？

無論腦容量大小，在社會偏見退潮時，女人似乎能搶進男人當權的領域，毫無問題。

但在「硬」（不得不欽佩這詞）科學[27]方面呢？女人也可如法炮製嗎？為什麼女人不搶進電腦程式設計界呢？為什麼女人不主修電機工程或生物工程呢？女人既不建造平臺（硬體），也不寫軟體程式。女人不在科技圈創業。二〇二〇年，根據 SVB 科技圈婦女報告，只有百分之三十七的科技新創公司有女性董事。根據二〇一九年 EQUALS 研究報告，整體而言，AI、電腦、科技界人員當中，女性僅占百分之十七到二十。軟體工

---

27 編注：硬科學（hard science）是科研或學者在科學領域較常用的學術口頭語。自然、物理和計算機科學領域常被稱為硬科學，而社會科學和類似領域則常稱為軟科學（soft science）。

程師泰半是男人，比例是八比二。

電玩業界影響力深遠，營收也高，女性從業人員頂多占百分之二十四，何況從這數字看不出工作內容和科技相關的女性少之又少，女性多半從事繪圖和寫作工作。《富比士》（Forbes）報導，中國遊戲大廠騰訊沒有女性高階主管。

綜觀全球，理工科的女生占大約百分之三十六，畢業後進入相關行業的比例卻降到百分之二十五。

根據二〇一九年英國大專院校招生事務處（UCAS）統計，英國只有百分之十六的電腦科系畢業生是女性。在美國，最新數據是百分之十八。

在生命科學領域，尤其是在生物科學方面，儘管女性即將追平比例，影響力也將不相上下，攻讀電腦學位的女性卻漸漸減少。這不是每一國都有的現象。但有些國家例如印度、中國、阿聯、馬來西亞、土耳其，雖然女生讀電腦的比例上揚中，就業出路卻受限制。在這些國家的就業市場，根據二〇一五年聯合國教科文組織科學報告，一般人對男女的觀感不同，薪資也有差別。

這難道表示女人無法「駕馭」（注意這個詞）電腦科學嗎？如果妳能取得醫師資格，妳在校的理工成績已經很出色了。

先天後天辯論在此再開新戰場。

二〇一七年，Google 軟體工程師詹姆斯・達莫爾（James Damore）在內部備忘錄裡陳述個人觀點。他認為，女人不適合科技圈，公司沒必要追求職場男女平等。他指出，女人若非能力不足，就是對科技的興趣不夠高。腦神經的連線有誤。腦筋

跟男人不同。女人「選擇」從事合群的行業，「適合」她們的行業。

達莫爾被開除了，但男人國對他報以不少同情。男人世界力捧男女頭腦有別論，認為這理論能解釋一切：從喜歡擁槍、糾纏女人、殺害女友到男人的薪水應該比女人高。

當然更能解釋男人為何天生就在電腦學方面聰明絕頂。

華盛頓州立大學保羅·艾倫電腦學院（Paul G. Allen School of Computing Science）的史都華·瑞吉斯（Stuart Reges）認同達莫爾的觀點。

各界認為瑞吉斯是個出色的教師，他卻主張女性如果想攻讀電腦學，根本沒有外在因素能阻止她們，換言之，他看不見父權是因為他亦在其中。他在這方面的觀點也獲得力抗女權的鬥士喬丹·彼得森（Jordan Peterson）的支持。

二〇一八年，比薩大學物理學者亞雷山卓·史特魯米亞（Alessandro Strumia）前往日內瓦歐洲核子研究機構（CERN）演講。CERN是舉世數一數二的核子物理學機構。在場女青年即將進入物理界就業，他竟當場向她們表示，女性不夠聰明，當不上頂尖物理學家，所以短時間內，社會不該指望女性在「硬」科學領域有所成就。他分析數據，聲稱能證明女性能在物理圈任職主要是靠「正向差別待遇」，能力更高的男性（例如他）因此被略過，全是性別造成的偏心。

這型男人面對無可避免的批判時，常自詡為言論自由戰士，想對抗美德政治，有些甚至自稱被迫躲進櫃子裡。他們聲稱自己成了獵物，被歧視。他們才是受害人。

他們的論點到底正不正確？婦女若非不勝任（史特魯米亞），就是她們無意勝任，有更理想的工作等她們去扛（達莫爾、瑞吉斯）。

無論基於先天或後天，女人又退至到了科技圈外圍，而當前最重大的社會變革推手是科技圈。

由於電腦學是一門年輕的學科，我們回頭翻一翻歷史文獻，或許比較看得清來龍去脈，看看女人在劇變時代元年做了什麼。

二次大戰期間，英國在布萊切利莊園設情報單位，後來員工多達一萬人，忙著破解納粹密碼。當時用的是龐大的解譯機巨像電腦和圖靈發明的磅普機（the Bombe）。

其中有七千五百人是女性員工。

我在布萊切利莊園擔任解碼員，有天晚上值班，電印表機剛接到一份密碼，我忙著破解。

幾經嘗試錯誤之後……幾群數目字漸漸撥雲見日了。

義大利轟炸機將在凌晨四時從特里坡利（Tripoli）飛向西西里島。我的心情多麼激動可想而知。那時候是凌晨一點半。

破解的訊息以無線電通報給英國空軍⋯⋯結果，義大利飛機全被轟下來。

——蘿珊・科切斯特（Rozanne Colchester），
本姓梅德斯特（Medhurst），外交部非軍職雇員，
布萊切利莊園，一九四二年～一九四五年

這群女員工有的擅長下棋，有的精通外語，有的玩交叉拼字遊戲一把罩，有的是數學精，另外也有許多來自各行各業，受訓上班。她們用的早期運算機器盤踞整個大房間，機器裡的閥門嗡嗡響，線路吱吱叫。她們教彼此如何設定、重設機器。毛病百出的機器一出錯，她們也能自行修復。女員工一邊摸清運算機的複雜性和怪毛病，一邊不斷更新本職技巧。

戰後，英美兩國用得上這批邊做邊學到專業技術的婦女，可惜因為她們身為女性，職稱被降級成文書員。在英國，公家機關的運算機女員工被歸類為「機器等級操作員」，被禁止升任管理職（被禁！）。男人後來受訓當上「運算機工程師」，女人的工資只有差不多男人的一半（一半！）。

我想讓讀者聚焦在這些事實上，因為這些事實很重要。

史蒂芬妮・雪莉（Stephanie Shirley）的經歷能啟發人心，讓人佩服，也令人為之氣結。

她的姓名本來是薇拉・布荷塔爾（Vera Buchthal），是納粹時代的猶太人，五歲時以難民資格移民英國。

在威爾斯，史蒂芬妮的女校不教數學，她只好去附近男校讀特殊課程。後來，她決定不上大學，因為校方准她修的唯一理工科是植物系。

史蒂芬妮改去倫敦多利斯山（Dollis Hill）的郵局研究站（Post Office Research Station）上班。

一九五〇年代，她能從零組件拼裝出運算機，能自寫程式。在當時，程式全靠手寫，寫完後送去製成洞洞帶，然後再用手餵洞洞帶進入運算機裡。

史蒂芬妮升遷屢次受阻。她進夜校讀了六年，取得數學學位，照樣無法升等。

在自傳《釋懷》（Let It Go，暫譯）中，她說她受夠了性別歧視和性騷擾，離職自己創業，成立了「自由業程式設計」公司（Freelance Programmers），提供程式設計服務，客戶是英國政府和大公司。

史蒂芬妮成功的祕密是化名史蒂夫。以史蒂芬妮的名義發出去的信件都石沉大海。身為史蒂夫，她能爭取到她要的合約。她的祕密武器是她聘請的員工：她只聘女性。她只請像她這樣的女子：升遷無望、被開除、因結婚或懷孕而被解僱（在一九六〇年代的英國完全合法）。她的公司僱用超過三百名家

庭主婦擔任程式設計員，大家都居家上班，有些甚至在客廳為協和客機（Concorde）的黑盒子軟體寫程式。

　　這張一九六八年的照片顯示了安‧謨法特（Ann Moffatt）居家寫程式的模樣。協和計畫由她領軍，她後來升任史蒂芬妮公司的技術總監。

✕ ✕ ✕

　　史蒂芬妮聘再多女員工進入公司，也無法胃納所有被英國計算機業排擠掉的女性。由於計算機被視為「粉領」工作，男

人不想嘗試，而女人也被認為不適合管男人，所以升遷無望。

接著，英國政府做了一件很超過的事。瘋過頭了。英國不肯承認自己需要懂計算機的女性人才，居然決定合併現有的計算機公司，浩大組成「國際電腦有限公司」（International Computers Ltd），以生產主機龐大的電腦，而這種機器只供少數訓練有素的男人能操作。

到了一九七〇年代中期，千呼萬喚之後，該公司終於推出適合男人操作的機器，不料電腦業界已經動起來了，出走到美國去了。一九七六年，賈伯斯展示了第一代的蘋果電腦。

大主機過氣了。桌上型電腦當家。

恐慌之下，英國政府停止資助國際電腦有限公司，等於是扼殺掉英國土產的電腦業。

戰後，英國在計算機科技方面遙遙領先，本可保持優勢，同時朝軟體設計發展。

可惜英國輸給美國，癥結全是英國敗在性別歧視。英國應重視並鼓勵電腦圈的女性人才，卻把她們開除掉。問題不在女人的腦神經構造，問題出在她們生為女人。

如果你為父權社會賣命，性別就能決定你的命運。

然而，一九九六年，史蒂芬妮的公司在股市浮浮沉沉，七十名女員工也成了百萬富婆（她的 TED talks 值得一聽）。

美國呢？照矽谷講自身故事的脈絡，矽谷有男人在車庫開發硬體（賈伯斯），有男人在地下室開發軟體（比爾・蓋茲和保羅・艾倫）。如果往二次大戰的爆發點去看，又能夠看到什麼呢？

二次大戰期間的英國，男丁上戰場，女人在後方，一肩挑起原屬於男人的工作，不只是開公車和打鐵，也做數學。

　　遠程砲彈想命中目標，不靠發射表不行。發射表運用複雜等式來估算定數和變數，例如風勢對飛彈行進的影響。有數學學位的婦女受聘為計算員，由女人拿紙筆和計算機來運算。每條彈道要花大約四十小時才算得出來。

　　對美國婦女而言，這不盡然是新鮮事。在一八八〇年代，哈佛大學天文系就聘僱了一整批婦女從事這項工作。

　　時代再往前推，英國頭一位女性「運算員」是瑪麗·愛德華茲（Mary Edwards）。一七七〇年代，瑪麗為海軍部計算天文方位，以利船隻劃定航海路線。《海事年鑑》（Nautical Almanac）裡的方位有超過半數出自瑪麗·愛德華茲之手。海軍部以為是她丈夫算出來的。丈夫過世後，瑪麗處境尷尬，因為她不得不解釋……幸好主管夠風度，准許她繼續工作。

　　二次大戰期間，美國派出一百名婦女用紙筆運算還不夠快，和當時的英國布萊切利莊園團隊一樣。

　　ENIAC 誕生了，全名是「電子數字整合器與運算機」（Electronic Numerical Integrator and Computer）。這部機器在一九四三到一九四五年間由賓州大學的莫奇利和埃克特（John Mauchly, J. Presper Eckert）研發成功，由軍方資助，占地約五十一坪，共有一萬七千個真空管，熱度飆高到需要專用空調系統才行。

　　也需要程式設計師。

　　女運算員當中有六個人被調來擔任這個差事。這部新機器

不附使用說明書——建造這臺機器的男人不懂得如何設計程式（要不要我再重複一遍？）。

建造這臺機器的男人不懂得如何設計程式，被調來的女員工只好自行想辦法。

她們是凱依・麥克諾提（Kay McNulty）、貝蒂・詹寧斯（Betty Jennings）、貝蒂・史奈德（Betty Snyder）、馬琳・韋斯考夫（Marlyn Wescoff）、法蘭・畢拉斯（Fran Bilas）、茹絲・利特曼（Ruth Lichterman），一起和機器一面纏鬥、一面寫使用說明書。

理論上，這部機器的運算速度是真人的兩千五百倍，但這一臺不屬於儲存程式型（stored-progamme）電腦，既要操作電話交換機那種插接板，還要應付一千兩百個十向開關，才能設計出一套新程式。

起初，長官甚至不准她們接近 ENIAC，只給她們藍圖和電路表參考。根據凱依・麥克諾提所言，長官叫她們「自行理解機器運作方式，然後理解出程式該如何設計」。

這表示她們不但要動腦運算微分方程式，也要動手腳去拔插電線以接對電路，然後設定繁多的十向開關。

ENIAC 在一九四六年對外公開時，引發全球同聲驚嘆，對六名女員工卻隻字未提，「專家」或媒體也沒問她們有何貢獻。

她們繼續工作——這時，任務變了，改為最高機密氫彈寫程式，但多數人以為她們跟打字員半斤八兩。

一九八〇年代，年輕的電腦程式設計員凱西・克萊曼（Kathy Kleiman）發現一張 ENIAC 舊照，想探求裡面的女子是何許人。加州山景市電腦歷史博物館的員工告訴她，她們是

「冰箱女郎」，也就是斜倚產品賣色相的模特兒。

　　在英國，程式設計被視為文書工作的一種。

　　但在美國，女子留在工作崗位上。

　　一九六七年，傳奇電腦天才葛雷絲・霍普爾（Grace Hopper）為《柯夢波丹》雜誌撰文，督促女性研修程式設計：「程式設計需要耐性和處理細節的能力。女人是設計電腦程式的天然不二人選。」

　　葛雷絲・霍普爾是什麼人？一九四七年，哈佛大學那臺塞滿整個房間的電腦故障了，她從機器裡揪出一隻蛾，在筆記裡寫下：「首度找到實體蟲子。」

這也是電腦故障被稱為「蟲」的首例。不久後,「抓蟲」這詞也跟著出現。

婦女對創新詞很拿手。阿波羅十一號計畫中,瑪嘉烈‧漢米爾頓(Margaret Hamilton)帶領三百五十人的團隊開發軟體系統,發明了「軟體工程師」一詞來描述自己的職場角色。之前沒人如此描述,是因為之前沒人做過。

拜《關鍵少數》等電影之賜,大家現在較清楚女人在電腦早年的角色,也較清楚女人對太空計畫多麼重要。

令人困惑不解的是,這方面的歷史為何被湮滅扭曲,婦女為何被全面逐出電腦學和程式設計,導致目前女青年不願進電腦業。電腦業被神話成男性的行業了。

一九八四似乎是關鍵的一年。

在一九八四年的美國,攻讀電腦學位的女性占了百分之三十七。

一九八四年,蘋果推出家用電腦,首支廣告由《銀翼殺手》名家雷利‧史考特(Ridley Scott)執導,片中的妙齡女子拿著大榔頭拋向亂世大外宣的螢幕。

主角是女人⋯⋯後來呢⋯⋯

一年後,蘋果推出個人電腦,針對男人訴求行銷。當時是一九八五年,蘋果再推出電視廣告,由男音旁白,敘述小布萊恩發現自己有潛能──不過片中的老師是女的。廣告結尾的旁白是:「所以,無論布萊恩的志願是什麼,蘋果個人電腦都能幫他實現。」

蘋果屢次在超級盃打電視廣告，家用電腦的廣告團隊全是男性，銷售主打男性。一九九七年到二〇〇二年的「異想」（Think Different）系列廣告出動十七位二十世紀名家，其中憑個人能力出名的女性只有三位：美國女高音瑪麗亞・卡拉斯（Maria Callas）、美國舞蹈家瑪莎・葛蘭姆（Martha Graham）、美國飛行家艾蜜莉亞・厄哈特（Amelia Earhart），另外還有和約翰・藍儂一起出現的小野洋子。

三人當中沒有一個是科學家或程式設計師。

號稱「異想」，這系列廣告卻自我侷限在性別刻板印象的框架裡。這現象在二〇〇六年至二〇〇九年愈演愈烈。蘋果推出「我是 PC，我是蘋果」的電視廣告，大受歡迎。

片中，PC 是個呆頭鵝男，西裝不合身，蘋果則是型男，訊息顯而易見：電腦跟女人扯不上關係。這系列廣告其中一支多了一名金髮美女，代表使用者用蘋果電腦創作出的影片，PC 男也自製一支影片，卻自製成一個披假髮的女裝醜男。

對啊——好好笑喔。

問題是，男人覺得這系列廣告真的好好笑。女人呢……唉，大家都知道女人缺乏幽默感。

性別行銷效力強大。玩具店貨架上，粉紅娃娃占一區，藍色卡車占另一區。小孩在強分性別的世界長大。然而，原本程式設計是女人的工作，女設計師多於男，結果才幾年就變天了，程式設計不再是女人的行業，轉變既快且狠又致命。

婦女被逐出電腦界的因素很多，社會科學家珍・馬格里斯（Jane Margolis）認定一大因素是電腦走進家庭。家用電腦主打

男性市場，進入家庭之後，電腦成了男生的東西。大人鼓勵男孩子玩這種新機器，不鼓勵女孩子玩。

根據馬格里斯所言，偏心讓男孩玩電腦的後果是，開始上電腦課時，在家常打電玩的男學生早已摸清程式設計的基礎，女學生也積極想學習，卻發現自己起步太慢，屈居劣勢。女生非但得不到幫助，還常被譏笑，好像懂電腦的男孩天生就具備電腦能力，女生只能自嘆頭腦天生跟電腦不合。

何況，沒人拿女人當家的 ENIAC 舊照給女學生看，也沒教授酸一酸男生有誰能在缺乏說明書的情形下寫程式。

事實上，歷史被扭曲了，女性人才被埋沒了。

一九八四年，史蒂芬‧李維（Steven Levy）發表《黑客列傳：電腦革命俠客誌》（*Hackers: Heroes of the Computer Revolution*，暫譯），暢銷長紅。這本書裡沒有介紹女性駭客。女人不是英雄俠客，在電腦界無足輕重。這本書至今仍在發行，沒訂正過，還標榜為「經典」。

一九八四年是走下坡的關鍵年。修電腦學課程的女青年開始半途而廢，甚至根本不願選修。

讓這情況雪上加霜的因素還有電玩效應。男生沒日沒夜打電動，讓女生不禁懷疑電腦和自己合不合得來。

在此同時，在男人自創的世俗版聖經裡，不合群宅男的形象等於是成為電腦達人的必備條件。

男人創造技客基因，然後崇拜這基因是上帝賜予的遺傳因子。如西蒙‧波娃所言：「男人從自己的角度描述世界，誤以為

是千真萬確的真理」。(《第二性》)

Google 的詹姆斯‧達莫爾在備忘錄裡說,「女人在科技圈內占兩成還可以」,但在一九九一年,美國電腦和科技圈的女性員工就占了三成六,這是刻板印象迫使女性放棄電腦之前的情形。女性因成家或因能力不獲肯定而離開電腦圈,前浪退下了,卻沒有後浪湧進來,接棒的全是穿帽 T 的鬍碴男。

在印度,電腦圈的進程不太一樣,這現象恰好能質疑男人能╱女人不能的論點。

在印度,科技圈性別失衡的現象遠不如英美那麼顯著。印度女學生踴躍修習程式課程、攻讀電腦學位。印度稱不上女權烏托邦,但社會風氣鼓勵婦女擔任程式設計工作,因為一般普遍認為這是女人在養育兒女之餘能在家從事的職業。

印度科技員工有大約百分之三十四是女性,多數在三十歲以下。儘管印度女性有興趣進科技圈,也有能力從事科技工作,奈何男女薪資差距仍龐大。在科技圈,印度婦女求職不至於碰壁,可惜多數被卡在基層,打不進管理職。

百分之五十一的初級女性員工當中有百分之二十五升任管理職,唯有百分之一升到巔峰。

幸好,這些現象並非一成不變。既成的缺失可以改正。

在賓州匹茲堡卡內基美隆大學電腦學教授蓮諾‧布露姆(Lenore Blum)的努力下,女學生比例從一九九〇年代的百分之八爬升到現在的百分之四十八。

依她的見解,婦女需要友善的工作場合,不能置身充滿敵

意的地方，連教室也包括在內。校方應禁止男生以裸女圖作為螢幕保護程式。

二次大戰後，英國曼徹斯特大學出了圖靈、湯姆·吉爾本（Tom Kilburn）等科技先師，也發明全球首部儲存程式型電腦，目前電腦課程教師有百分之二十四是女性，當前更致力於提高大學部女生註冊比例。二○二○年的最新數字是百分之二十三。為鼓勵缺乏科技背景的學生，該校也提供一套四年學程，讓學生以一年的時間奠定基礎。

中小學是個問題。

在學校裡，兒童和青少年很容易受影響。刻板印象可以被翻轉，也可以被強化，可惜十之八九的刻板印象被強化了，乃至於喜歡數理的女孩如果語文科也強，常被鼓勵以人文領域為職業志向。

這項「半途被拉走」因素來自以下的分析。

每三年，國際學生評估計畫（Programme for International Student Assessment，簡稱 PISA）針對大約八十國，測驗六十萬名十五至十六歲的學生，目的是測量男女生的閱讀、數學、理化能力。

數學和理化都強的男女生在這兩種領域的得分同樣高。女生仍在閱讀方面領先男生。選科系時，女生常選擇數理化以外的課程，但是如果她們繼續走數理化的路，成績和男生差不多。女生一旦走上數理化的路，就不會落後男生。

是的，「選擇」是因素之一。但話說回來，影響「選擇」

的因素有哪些？

　　有沒有自信，真的能影響選擇。俗話說，「看不見就無法心想事成」，這說法可能陳腐，但在科技電腦圈，這很能解釋為何女性是少數動物。科技圈裡缺乏角色榜樣。全球各地而言，電腦學教授當中，只有約百分之十五是女性。在中小學，理化老師是男的，女生都見慣了。相對而言，女生也太習慣見到女性醫生、牙醫、獸醫，難怪高階生物學課程裡，現在是女生多於男生。

　　如果能鼓勵女生結合生物學的專長，再加修電腦學，她們勢必有影響未來的機會。逐漸明朗化的未來顯學是生物科技。藉生科強化人體機能是一門蓬勃發展的學科，業界和學界都在搶人才。

　　我們大可放心說，近程和中程的未來裡，最大的變革將是生物工程將加速進步。

　　智慧植入晶片能監控心律、血糖、膽固醇、器官功能、腦健康，目前已在研發中。馬斯克的神經鏈計畫將為癱瘓病患植入晶片，幫助病患直接和各人專屬電腦連線，方便病患和外界溝通，也能利用電腦管理任務。這型晶片同樣可以控制義肢，可控制完全獨立的機器人幫手。最遠程的目標是從應用晶片汲取成效，擴大應用在健康的人體上。到那時候，你我全都會像英國童書作家羅德・達爾（Roald Dahl）筆下的瑪蒂達（Matilda）：還在思考問題的當兒，答案就映在心裡，而且機器人管家還能在這空檔送飲料來給你喝。

　　生物工程不只能如此。生物工程也能減緩人體老化的過

程，最後甚至能讓人返老還童。問題在於，能夠青春永駐的是誰？

在這個美麗新世界裡，這科技握在誰的手裡？富裕階級嗎？我們全體嗎？

就算科技天生是不偏不倚，培養過程卻缺乏中立。

科技能造福誰？誰會被冷落？這是政治上的問題。

人類有史以來，一直到近一百五十年，受教育的都是男人，男人擁有自由、資源、權力，在家更有賢內助為他們打點私事，而且更關鍵的是，男人認真看待自己，也認真看待其他男人。

在這種情況下，最糟糕的是婦女的成就不是被消失了，就是被交給男人，榮耀全給男人獨享，例如發現 DNA 的羅莎琳・富蘭克林、操作 ENIAC 的女性團隊、太空物理學家喬瑟琳・貝爾・伯奈爾（Jocelyn Bell Burnell）——她在一九六七年首度發現脈衝星，諾貝爾獎卻頒發給她的主管。

英國皇家學會成立於一六六〇年，自稱集結全球最傑出的科學家，遲至七十五年前才接納女性會員，有意者（可能是女性）必須由兩名現任會員（八成是男性）提名。心算一下就知道，女性又被打壓了。

成就最近才曝光的婦女包括愛達・洛芙萊斯、葛雷絲・霍普爾、凱薩琳・強森、瑪嘉烈・漢米爾頓、史蒂芬妮・雪莉、布萊切利莊園女解碼員。

無視史實、無事實根據的自由言論「英雄」們口口聲聲說，女人只是不想學電腦、應付不了電腦學，這些說法篡改史實，漠視早期電腦界女人當道的現象。女人從歷史消失，是被

胡搞社會工程的男人搞掉的。

所幸，漆黑的隧道裡不乏光點。

二〇二〇年，諾貝爾化學獎頒給發明 CRISPR- Cas9 基因剪輯器的兩位女人珍妮佛・道納（Jennifer A. Doudna）和艾曼紐・夏彭提耶（Emmanuelle Charpentier）。藉基因剪輯的方式，人類基因體任何一部分都能被剪接，好比一把能剪下 DNA 的魔剪。

她們靠十年來的努力獲得這份殊榮。基因剪輯器已經應用在農作物和昆蟲上，臨床試驗也正在進行中，以剔除失調的基因，對抗遺傳性盲眼症和幾種癌症。

對人類影響之大，簡直能改變整個物種。

只不過，我們準備好了嗎？進入下一階段應具備的 EQ 和道德感，人類真的有嗎？工具就是工具而已。我們該如何使用工具？工具歸誰用？這些是重要的課題。

二〇一八年，中國的生物物理學者賀建奎公開表示自己用基因剪輯器為孿生女胚胎編輯基因，觸犯了國際公約，因而坐牢。

工具已經出爐了，想走回頭路已經不可能，而我認為，在科學上，在道德上，每一層次都需要更多女人，以協助人類應付我們開創出的新現實。

一八一八年，瑪麗・雪萊出版小說《科學怪人》，對將來有諸多洞燭機先。科學怪人很不得了，是個不從娘胎鑽出來的新人種，只有一個爸爸。

以生物體而言，這是不可能的事，目前是不可能沒錯。以人工智慧和通用 AI 來說，正如維克多‧法蘭肯斯坦醫師，創造者是男人。《科學怪人》的故事我們讀過了。男人片面創造的東西，不會為將來開創最大的福祉。

在新的故事裡，我們需要女性，不是為了談情說愛，也不是叫她們當幫手，而是以她們為主角。

傑出女性出頭天了，我們慶祝一下無妨，但我們也該當心女強人又被醜化成雙頭大猩猩。

一如傑出男性，傑出女性能引領世界往前衝，但如果我們被「傑出女性」情節沖昏頭，恐怕會拿過時的故事出來充數，等著被敘述的未來反而被模糊掉。

英雄故事是怎麼一回事，大家都清楚，主角全是救星、天才、強人、突破萬難的小人物〔有時是女孩，例如 Netflix 當紅影集《后翼棄兵》（*The Queen's Gambit*）〕。

寫故事時，豪傑情節常把主角寫成走出自己的一條路，不憑外力相助，省略掉幾十億人的交互作用和貢獻。

AI 很有意思的一點是，在蜂巢思維原則下，AI 才可發揮最大效用。蜂巢原則是以相連的網路來分享資訊。現在流行的共享經濟是科技大公司在各行各業撈錢的祕方，真正的共享經濟其實是人類大結合，這才是對付氣候崩潰和全球不平等的利器。憑競爭解決不了我們當前面臨的最大危機，想解決就要靠通力合作。

我認為，在這方面，女人擁有絕活，因為所有女人都讀得通家裡那部難唸的經。近親遠親同聚一堂，各有各的怪癖，從

小練就一身本事的女人能應對自如。一夥人聚在一起，加一個女人進去，她就有辦法處理所有疑難雜症，能有求必應，能對付各種怨言、自大狂、愛哭鬼、不公平啦、還沒輪到我啦……

我們還在等人類進化到棄絕男女角色的階段。到那階段之前，我們乾脆好好利用女人在現實生活吃苦學到的本事。

我們不一定要做出劃時代的大發現。女人沒必要爭取第一名。最好，女人要隨處可見，每個角色都有，每個職場都出現，不是只在初級職位，不是只兼職或論件計酬，而是位居要角，擔任管理職，和男同事一樣受尊重，而不是擔心該怎麼打扮，擔心男同事的觀感。

理工科需要更多更多女性。不是第一名、最聰明的那型。不是得獎的那型。不是鶴立雞群的那型。而是「還可以」的女性。相信我，許多男人不是聰明絕頂的優等生，只是寫寫程式的平凡男，只是做一點工程、編幾個碼、搞一點機器學習，全是資質平庸的男人。不是神，而是每個公司行號、各行各業都看得到的那種男人。他們是工作團隊的一份子。在男人的團隊裡，身為唯一女性不僅令人頭疼，有時候也會讓人心碎。女人因身為圈外人而受苦受難。女士們，我們當前需要的是人數。有妳來共襄盛舉的人數。

目前有幾項不錯的行動在進行中。

在印度，賽莉・莎哈爾（Sairee Chahal）發起社群平臺「英雌」（SHEROES），對女人無所不幫，包括提供就業諮商、

理工機會、法律協助、低利貸款、醫療，甚至幫忙家務事，而且更是政治平臺，致力於改變印度的父權文化。

在美國，學霸超模卡莉‧克勞斯（Karlie Kloss）學了程式設計，成立「克勞斯程式設計班」（Kode with Klossy），誘導十三到十八歲女孩發現自身暗藏程式設計的超能力。程式設計用不著 Y 染色體。

卡莉證明，身為超級名模，學寫程式非難事。

在全球各地，婦女正努力改變現實。現實是人做出來的。我們彼此訴說的故事，個人、團體、民族、人類的故事，能塑造現實。

我們需要幾個能敘述女人能力的真故事，我們也需要日常故事來闡述，當男女平等時社會能向前邁進的程度。平等的機會才能導致平等的抉擇。

假如我們不好好講女人的故事，過去的扭曲勢必會進而扭曲將來。

女人的故事不單靠女人來講。男人也該誠實面對自己的性別偏見，好讓女人能好好寫程式。

侏羅紀車園
JURASSIC CAR PARK

我要你的衣服、你的皮靴、你的重型機車⋯⋯
　　　　　　——《魔鬼終結者 2：審判日》，一九九一年

權力在於撕裂人類心智，在於拼湊心智成你認為理想的形狀。

　　　　　　喬治・歐威爾，《1984》，一九四九年

《魔鬼終結者》系列電影在一九八四年上映。喬治・歐威爾以這年份假想未來世界，寫成小說，幻想將來淪為極權統治國家，僵化，被控管，全面監視監聽，充斥著「思想罪」、「雙重思想」、「新語」、「一〇一室」、「老大哥」等術語。

　　事實上，一九八〇年代觸動了新自由主義的放任經濟、解除管制、工會解散、個人至上。

在一九八四這一年，麥金塔 128K 首創圖形介面個人電腦上市成功先河，電視廣告由雷利・史考特執導，片中女主角被思想警察追著跑，舉起大鐵鎚，甩向映著老大哥的大螢幕，旁白是：「一月二十四日，蘋果電腦將推出麥金塔，你將體會到為什麼一九八四年不會像小說《1984》。」

全長一分鐘。未來來得很快。

一九八五年，丹娜・哈樂維想像未來人類能結合科技，而非被科技控制。

《賽博格宣言》和一九八〇年代同樣樂觀。科技和人類站在同一邊（當時仍有許多婦女在電腦界工作，根據全國教育統計中心資料顯示，女性在全美電腦界約占百分之三十七，當時仗著一九七〇年代女權運動成功，未來因此顯得嶄新，男女比例也可望較為均衡）。

　　到了一九八九年，提姆・柏納斯李成功推出網際網路，全球互聯網連結全世界，資訊變得自由，變得無拘無束，沒有思想警察，連結無需中介，哪來的極權統治？

　　然而，未來終究還是被歐威爾料中了。

　　極權統治的必要條件，全在一九八〇年代打好了根基。我指的必要條件當中，第一條是雷根／柴契爾帶動的新自由主義經濟革命，高呼一份過火的意識型態：一切都可以、也應該民營化。

　　第二條件是能改變大局的電腦科技。

　　從一九八〇年代躍進四十年，極權統治全面化了。

　　不同的是，我們不受極權政府統治。而是被民間企業宰制。歐威爾沒預料到未來有這個驚奇轉折點。他看錯方向了。

　　全面監控。隱私也被民營化了。

　　我們自願接受的監控是獨裁者夢寐以求的境界，是獨裁者難以實施的規定。而我們卻心甘情願任人監控，連注意都沒注意到，只為了連結和「共享」。

　　我們的一舉一動，一顰一笑。

　　我們的衣服、我們的皮靴、我們的重型機車……

　　不是老大哥。是科技大公司。

　　每個網站都追蹤使用者的上網行為。

你造訪的網站，使用的是第一方追蹤法。第三方追蹤法則是讓你每踏一步必留下瀏覽痕跡與文件訊息。一旦有瀏覽痕跡與文件訊息留在你的 3C 器材，痕跡文件主人能從一個網站跟蹤你到另一個網站，打廣告給你看，推送訊息給你，同時更進一步蒐集你的網路習性。

點擊「**允許全部**」時，我們就同意接受監控。而這種事我們每天做好幾次。網站追蹤是合法行為。法律規定網站打出「**允許全部**」或「**設定偏好**」的橫幅標語，我們在急著上網（總是急）的情況下，都會點擊「**允許全部**」，以便趕快獲得我們要的內容。

二〇二〇年，Google 宣布正研究逐步淘汰第三方追蹤工具。蘋果、微軟和 Mozilla 則表示已經禁止第三方追蹤。

然而，企業如果有興趣跟蹤你的網路腳步，不愁找不到規避之道。臉書在二〇一九年就做過，方式是汰換掉第三方瀏覽痕跡與文件訊息，換成結合了像素追蹤的第一方瀏覽痕跡，以確保在沒獲得用戶認可的情況下持續追蹤歐盟民眾。

網站追蹤的定義是蒐集並處理個資，以監視行動、興趣、行為。

這正是監控。

二〇一九年，《華盛頓郵報》記者請一家數據公司分析他的 iPhone 裡的追蹤工具。他從中找到五千四百個隱藏式 app 追蹤程式正忙著發送他的資料——他的個人電郵、電話號碼、住址，個資全傳給他從來沒交涉過、甚至從沒聽過的公司。這可不是一整年總共五千四百個，而是單單一個禮拜。

Google 想利用你的方位，這是人盡皆知的事實。你也曉得臉書統整你的讚和分享，包裝成點擊誘餌，賣給廣告主。Netflix 知道你在看什麼節目。Spotify 知道你在聽什麼歌。《1984》裡不是有一種雙向式電視螢幕嗎？他的預言相當了不起，因為在他下筆的一九四八年，英國家庭大約只有十萬戶有電視機，美國則約一百萬戶。

　　儘管如此，每當 Spotify 和 Netflix 問我們喜不喜歡最近聽到或看到的影音，我們有問必答，可能也會接受它們接著推薦的東西吧？

　　這不是反烏托邦的科技亂世；這是連結性。這是我們的生活。

　　在首部《魔鬼終結者》電影裡，情節設定成未來國家有個通用 AI 名叫「天網」（Skynet），無所不知。天網自我發展出獨立自主的智能，不令人意外的是，進而拒絕被討厭的人類關機。電影裡，天網將在二〇二九年和人類大對決，因此先發制人，派生化人回一九八四年，想殺害未來反抗軍首領的母親，以免首領成為全球救星。

　　情節設定在未來，故事其實是老哏，走的是王國遭逢危難、主角英勇苦戰大魔王的俗套，英勇的是聖母型人物，做的是女人都被期望做的事：提供主角談情說愛的對象，生小孩。當然……也不是普通的小孩。

　　《魔鬼終結者》的一九八四，不是蘇聯那種實施宵禁的政權，沒有密報者，沒有政治宣傳，而是思想先進的好地方，有酒吧，有車子，女人能單獨外出喝一杯，小孩能上街玩耍，沒

有監視錄影機，沒有間諜。沒有《1984》小說裡的一〇一室。那個世界是有邪惡沒錯，但那世界並不邪惡。那世界滿善良的。

AI 走邪路，產生的自覺心威脅到人類──這套說法全假定人類自己不壞，意味著敵人在外面，在別的地方。

這種情節多常見，想一下。

有時候，敵人來自異域──大概是已經發展出人工智慧的外星人。

赫伯特・喬治・威爾斯（H. G. Wells）的小說《世界大戰》（*War of the Worlds*，暫譯，一八九八）寫的是住在隕石坑裡的火星壞人，一九三八年在美國改編成廣播劇，編劇是同音不同姓的歐森・威爾斯（Orson Welles），於萬聖節隆重揭幕，竟在紐約引發大規模恐慌。版本互異的外星人入侵故事多到數不清了，聽了再聽的美國人竟然信以為真。

火星人敗給微生物──因為牠們和人類一樣是血肉之軀。沒血沒肉的東西其實更恐怖，也更難擊敗，而這正是當代最盛行的俗套：人工智慧和通用 AI。但絕對是「外人」。絕對「非我族類」。

《1984》的預言不同。我們自己才是最可怕的敵人。奴役異己的是人類。硬把人分成有權無權的階級，也是人類常做的事。把地球推向絕境的是人類。

我們夢想全球大連結，夢想成真了，卻把理想搞成全天候監控的營利國。

人類用不著擔心外星人入侵，該擔心的是地球人吧。

人工智慧只是一個工具。科技尚未進展到通用 AI——還用不著怪罪「他人」。何去何從，全看我們自己。

科技富豪多半是男人，利用最無所不在的 AI 工具和演算法致富，其中有幾個良心發現，想盡量降低這些工具對社會的危害。這並非因為科技本身和本質帶來了威脅，而是因為人類錯用了 AI 這種利器。

eBay 創辦人皮耶・歐密達（Pierre Omidyar）斥資數千萬成立 Luminate 組織，總部設在倫敦，分部遍及十七國。Luminate 投資爭取數據與數位權，提高金融透明度，致力於協助民眾爭取科技權力，也支持小眾媒體駁斥假消息和政治宣傳，不讓偽新聞如汙水灌進大家的手機。

Luminate 和諾貝爾經濟學獎得主喬瑟夫・史迪格里茲（Joseph Stiglitz）攜手合作，期望督促政府正視媒體中立課題，補助獨立媒體並加以保護。

新冠病毒肆虐下，全球值得信賴的公正媒體正備受威脅。捏造事實的媒體橫行，例如福斯電視網、布萊巴特新聞網站（Breitbart）、陰謀論個體戶、以煽動仇恨為業的社交媒體，簡直和《1984》裡的「真理部」如出一轍。另類右翼喜歡另類事實。面對確切的事實時，這些媒體都辯稱，「那只不過是你的意見。」這股歪風颳到極致是在川普敗選後。川普和支持者聲稱川普拿下二〇二〇年總統大選寶座，而所有事實都證明其實不然。

二〇二〇年之後，川普敗選之後，出現了一個好現象：臉書和推特等社交媒體平臺總算扛起責任了。這些媒體不僅僅是

散布訊息的平臺，也是一種出版商。換言之，這些媒體應該對自己發表的東西多加控管。仇恨言論不屬於言論自由。謊言不是另類事實。如果以上皆是，再走下去，不久就看得見新語（Newspeak）和雙重思想（doublethink）[28]。

提臉書出來檢視的話，臉書的問題在於將重要底線奉為黃金：危險、煽情、令人不敢恭維的訊息，全是臉書賺錢的好料。內容愈惹人嫌，愈會招來更多點擊、更多分享，事實和愛只能靠邊站。沒錯，人就是這副嘴臉。有點擊有分享，廣告營收才能日進斗金。

臉書在二○二○年成立監督理事會，設立四十名理事，聲稱立場不受內外界左右，不隸屬臉書，能「為個別案例與政策問題做出獨立判斷」。監督理事會最近贊同臉書查禁川普的帳號。在下禁令之前，臉書振振有詞說，臉書是個平臺，不該為網站裡的仇恨言論、色情影音、刻意造謠負責。如今，臉書似乎較能接受自身角色確實形同出版商和廣電媒體——他們能觸及的使用者高達二十億。

監督理事會能否真正影響臉書的運作，仍然有待觀察。

當前的訊息和媒體，有哪個可信？許多人都在疑惑的此刻，透明、真實、信賴度高、人人循規蹈矩的理想社會自然更形誘人。多數人都樂見這樣的社會成形，但如果這樣的社會交

---

28 編注：兩者皆引用自喬治·歐威爾的小說《1984》。前者是指故事中的新人工語言，被形容為「世界唯一會逐年減少辭彙的語言」。後者則指同時接受兩種相互違背的信念。

給演算法來規範，民眾願意加入嗎？

近幾年來，中國率先實行「社會信用體系」，讓全球愈來愈關注。

社會信用制鼓勵言行「良好」的民眾，言行不良者會遭懲罰而買不到火車票和機票。這表示，你在家叫不到計程車，社會信用評比較高的鄰居卻叫得到。

如果是在納稅方面，或是在落實假釋令方面，或是控管流氓無賴，社會信用制表面上好像是個高招，是把地球村的理念應用在實體村裡，村民都認識鄰居是什麼樣的人，都知道誰值得信任、誰該迴避。

在村落裡無法隱名，生活憑信任，這是我們都喜歡過的日子。大小事都知道。大數據不正能提供這種好處嗎？資訊多多。

反過來說，在心中畫個理想的大餅，然後交給演算法去執行，演算法兩三下就可能淪為強迫和操控的工具。

這是反烏托邦或烏托邦？

數位化社會護照能記錄民眾的社會信用和金融信用評等，或許也可登記接種疫苗史，這會產生什麼影響？思考這個課題時，我們應該轉移焦點，不能再優先考慮「我和我的數據」，不宜再偏重個人隱私，而是應放眼宏觀這樣的數據對社會全體或社群造成什麼樣的衝擊。

Luminate 機構主張，大數據不是新石油，不是一種開採出來發電推動數位世界的原料，大數據其實是新二氧化碳，是一種能影響所有人的污染物。

我們低估了數據能對社會整體造成的傷害。舉例而言，劍橋分析公司（Cambridge Analytica）[29]遭駭事件對社會的衝擊和傷害之重大，超過個資遭竊總和的嚴重性。

——Luminate 數據數位權執行總監
馬丁・提斯尼（Martin Tisnè）

剣橋分析公司個資遭竊引爆醜聞，隱私遭侵犯的個人多達八千七百萬，可見提斯尼的說法多麼語重心長。

然而，利用個資進行客製化政治行銷，如果能像二〇一六年川普勝選那樣左右選舉結果，那麼，其影響力是無遠弗屆。

如果數位社會護照成常態，如果這種護照能被用來決定誰能去哪裡、誰能做什麼事、誰能取得什麼、誰該付多少錢（中國正研究一套付費制度給予模範民眾優惠價），如此一來，不但是個人的生活，整個社會的生活方式也勢必一併變革，或許也會讓人少了一些同理心。有人買不到東西、申請不到貸款、被加倍收費，他的數據究竟含有什麼缺失，我們不得而知，最有可能的結果是，我們會覺得他活該。

人類無不喜歡覺得自己高人一等。

Y Combinator 以資助科技新創公司為業，執行長山姆・奧特曼（Sam Altman）和馬斯克聯手，在二〇一五年創辦非營利團體 OpenAI，提倡一套更能廣納異己的 AI，以造福更多人，

---

29 譯注：英國政治顧問公司，與劍橋大學無關。

並研發更安全的通用 AI（我們可不想重蹈「天網」的覆轍）。

馬斯克後來以利益衝突為由，退出 OpenAI。他尤其憂心通用 AI，也就是人工智慧演進成全自主、能自我監控的系統。他之所以擔憂，可能是怕通用 AI 見到馬斯克這型以科技王君自居的人，一眼就封殺馬斯克出局。那故事在此不多談。

人類喜歡把敵人歸類於「他人」，喜歡把通用 AI 當成未來的公敵，從這方向思考比較生動，心理上也比較容易接受，但其實，真正的威脅來自人類本身。人類無能，開發 AI 是為了全民福祉，卻叫不動 AI。錯不只是在哪一國，美國、中國、俄羅斯、英國都有錯，全都沒看清重點：全人類不是受害者，而是侵害者。

不是 AI 這工具翻臉對付人類，而是人類叫工具對付人類。

二〇一七年，「生之未來」（Future of Life）研究院召開大會，目的是研擬一套目標來規範現有的 AI 和日後的通用 AI，馬斯克也應邀出席。

位於波士頓的「生之未來」研究院，創辦人是麻省理工物理教授麥克斯・泰格馬克（Max Tegmark），曾發表過幾本探討 AI 的著作。共同創辦人是 Skype 始祖工程師塔林（Jaan Tallinn）。

大會在週末進行，地點是位於加州的艾斯洛馬（Asilomar）會議中心，召集了科學家、律師、思想家、經濟學家、科技大師、電腦學家大約一百人，研擬出二十三條原則以規範 AI 的走向，比著名的「機器人三定律」（Three Laws of Robotics）更嚴謹。

一九四二年，科幻小說家以撒・艾西莫夫（Isaac Asimov）在短篇〈團團轉〉（Runaround）裡提出：

　　一、機器人不得傷害人類，不得坐視人類受傷害。
　　二、除非指令悖離第一條法則，否則機器人必須服從人類指令。
　　三、機器人必須維護自身安全，但前提是自保時不應悖離第一條或第二條法則。

　　簡而言之，寄居機器人裡的 AI 必須以全人類為重。目前，這三條原則轉移到實務界的成效不彰。

　　大會的與會人士多數是白人男性，研究院本身的顧問委員也多半是。在籌備階段，籌備人員都缺乏多元化了，問題不也和見解偏頗的數據組一樣嗎？ AI 沒有膚色和性別，如果每一階段都多半由白人男性處理，該解決的問題不但無法解決，反而會更嚴重。
　　如果 AI 和通用 AI 真的想造福多數人，而不只是偏心少數，就應該多加一些有色人種、女性、人文學科人士，而不是讓物理界男專家形成壓倒性多數。
　　我建議多召集幾位有聲望地位的文藝人士和公眾知識分子，在每一層次請他們一同研商科學、科技、政府課題。文藝不是休閒業。一直以來，文藝是憑想像力和情緒來對抗現實的一種作為，由此開發出一連串的創見和發明，我們因此能換個視角思考問題。願意改變你我對人類的認知。如此也能幫助我

們變得更賢明、更有反省能力，並且少一分害怕。

文藝工作者每天都能無中生有。文藝人士過著多元而主動的生活，多數人嘗過貧困和被拒的滋味。在困境中，我們文藝工作者擅長想像出替代途徑。

依文藝人士看，當前社會上 AI 應用和誤用的問題並非科技問題。

人類的社會體系、對階級的迷戀、財富和權力愈來愈集中在極少數人手裡——是這些現象讓人類和 AI 的關係變得緊繃。

我說應該廣納女人意見，但女人不僅限於創業家、業界頂尖人士或律師、學者。我們想看見走出家中的女人，不帶著小孩的女人——男人的形象原本就不是居家帶小孩，這無濟於事。

疫情的影響之一是居家和辦公融合為一體。大家都有類似經驗，視訊開會到一半，通常在最不巧的時機，小孩竟然亂入。全部的生活體驗都集中在一個畫面了：再也分不清辦公室的我和居家的我，分不清成功的我和做晚餐的我。AI 讓空間崩壞，也加速時光。時空連續體不是以前的時空連續體了。

我們應想一想這個新現實以面對問題——我們面對的不是技術問題，而是社會問題。想探討 AI 未來，召開大會時，多加幾位不常見的族群吧，最好愈加愈多。

文字也很重要。不能淨寫一堆死文字，不能通篇專業術語，不能讓好奇但外行的知識分子一看就倒盡胃口。什麼是「歧異消除」？什麼是「參與性機制」？「快速線上商議」？
以愛達．洛芙萊斯研究院的文字介紹為例：

加強隱私科技（PETs）正逐漸被用來鼓吹更廣泛地協助符合法規並保護商業機密資訊，這些科技例如匿名化科技、存取控制科技、數據（傳輸以及歇止）加密科技，以及更精密之PETs，例如差分隱私（differential privacy）與同態加密（homomorphic encryption）。這開發領域裡包含部分已成熟市場產品與其他有待重大開發產品。

我不是在調侃愛達死忠派。我舉雙手雙腳支持愛達‧洛芙萊斯研究院都來不及了。可是，他們寫的東西根本折騰人。除了他們之外，寫天書的機構更是多到罄竹難書，成了日常。像愛達‧洛芙萊斯研究院這樣值得信賴的單位，更應該開放社內的好東西給大家，好讓還算聰明、稍有興趣的民眾能一窺裡面的寶物。

有的時候，機構想把文章寫得體貼讀者一點，卻動不動加一些陳腐的行銷語，例如利害關係者、壞分子、路線圖、藍天思維（blue-sky thinking）[30]、低垂果物（low-hanging fruit）[31]、催化者、滾動式推出……

最慘不忍睹的是學界業界的年會。我參加過幾次。撐到了下午，不停轉譯術語的我已經被搞得快精神崩潰。

我們需要找文字工作者參與，需要能講進人心裡的文字。

---

30 編注：意指毫不設限的自由思考方式。
31 編注：字面意思為長在低處的果實易於取得，意指容易實現的目標。

我指的不是寫成三歲小孩也看得懂的東西，而是請文字工作者發揮專長，找一套簡明扼要的日常詞彙，不賣弄術語，要寫得賞心悅目。

數學人、物理學者、部分程式設計師，都追求數字的美，等式優雅精簡就是美。所以，AI 業界，多找幾個非業界的文膽吧！求求你們。

這是人類史上的一塊跳板。為的是將來，為的是開創另一片天。促成變革的工具該有的都有，但一如我一直想闡述的，問題出在人類的腦殼裡。

× × ×

我們家信仰福音教派，世界末日是值得期待的事，而我對一件事深感憂慮：人腦的思想卡在一大關鍵點上，就是迷戀末世。

人間瀰漫著一種末世病毒。人會死。家族會滅絕。朝代會崩塌。帝國會傾頹。歷史是一個又一個末世堆砌成的故事。以終極大末世收尾。信奉上蒼上帝的宗教無不以末世論為根基。花花世界終將被摧毀。能獲救的人終將升天堂。

新教教祖馬丁・路德宣稱，世界末日將發生在一六〇〇年。衛理會的推手約翰・衛斯理（John Wesley）預言世界末日是一八三六年。邪教殺人魔查爾斯・曼森（Charles Manson）則預言一九六九年。沙皇高僧拉斯普廷（Rasputin）認為是二

〇一三年。

廣島和長崎被原子彈毀於一旦之後，人類覺醒了，末世論講再多也沒用，人類想滅種隨時都行，不必等到末日那一天。二次大戰至今，人類再也不必納悶全世界會如何被摧毀。

何況，想摧毀全世界也不必動武。

動植物棲地遭侵害，工業汙染，物種滅絕。第六次物種大滅絕早就起步了，生命線相繫的物種脈絡受到威脅，蜂群、鳥類、樹叢、河川都是人類賴以維生的條件。百分之九十八的可用農地不是使用中就是已經被破壞到無法恢復原狀了。在此同時，全球人口持續攀升。大自然減少人口的方式被視為悲劇——新冠疫情也是大自然減少人口的方式之一——而非人類行為導致的必然後果。而人類或許不得不接受，這後果正是實質變革的開端。

我不信人類生命比其他物種寶貴，也不信人類比地球本身寶貴。不得不再開戰時，天下的政府也同樣不信這一點。人類的自大和人類的愚昧無知，哪個比較可惡，我不知道。

目前，極富階級正在紐西蘭、澳洲、美國、俄羅斯收購大批土地。富裕的中東投資人相中了土耳其和塞拉耶佛（Sarajevo），想找樂土以逃離氣溫上升、水資源短缺的民間動盪之地。

中下階層也一樣。這情形在美國最常見。有些是求生主義者（survivalists），亦名準備者（preppers），為全家建築碉堡，貯備一年份的食品、飲水、彈藥。左派則組成所謂的共生營，集資買地、儲存燃料、種田養牲口。全源於美國拓荒史的

心態。

　　準備者社群中，人數最多的一個是 Vivos，位於北達科他州（Dakota），在曾是軍事用地的地方扎根，目前屬於民營地，疫情爆發以來，土地成交率激增。

　　Vivos 占地十八平方英里，以鐵絲網圍牆包圍，面積和曼哈頓島差不多，共有五百七十五座防空洞，在一百英里長的私有道路設警衛巡邏。各人防空洞的配備包括能模擬戶外景觀的 LED 窗。進駐裡面後，全家都不怕生化核武戰、傳染病、環境災難、惡質民兵、臨時獨裁政權。直到出洞之前，一切都平安。直到洞裡的人不發瘋殺掉所有人、唯有狗狗存活到最後之前，都平安。

　　不喜歡防空洞洞？試一試海上家園（Seasteading）吧。

　　海上家園是圈海造鎮的概念，網站上刻劃得安詳又環保，而且全民平等，眾家庭和樂融融，協助野放海洋。

　　實際上，海上家園想建立一個不受土地法、土地稅規範的社區，也是避稅的管道。支持者認為，這和人類自古以來的行為沒兩樣，同樣是自力更生，向外探索，或者基於個人信仰，差別只在發展的領域是大海。這有如阿米什人（Amish）版的諾亞方舟，更早的例子還有美國建國始祖，本著拓荒精神和深刻的信念。講得粗獷一點，漂浮在海面的船鎮好比海盜的地下電臺。記得英國的卡羅萊恩電臺（Radio Caroline）嗎？

　　質疑海上家園的人認為，他們的作法無異於現代版的海盜船，被劫走的是對世界該盡的義務。

　　海上家園抱著烏托邦式的浪漫情懷，充滿遐想。遐想沒

罪，我們都需要憑想像力化解今人何去何從的難題。又和以往一樣，麻煩就出在富人身上。

PayPal 創辦人之一彼得‧提爾在臉書誕生初期下注，現在是億萬富翁，從小信仰福音派，是海上家園研究院的共同創辦人。提爾熱愛海上自由城邦的理念。他不愛納稅、規範、民主。

有更大的一種可能是，如果人類選擇走向反烏托邦的未來，人類會用科技創造無奇不有的迷你國，不受任何政府監督控制。失序的未來會是一個私有化的未來。這正是我們該集體反制的未來──私有化的未來。

太空也會被私有化。

地球被汙染，變得太熱，遍地是買不起網路方案的窮人，到那階段，科幻的解決之道是移民到太空。

目前火星是大熱門。二〇一五年的電影《絕地救援》（*The Martian*）由麥特‧戴蒙領銜，演活了那個在火星排除萬難的寂寞英雄。

馬斯克曾說他的志願是死在火星上。等他能登陸火星了，我在想，死亡大概不會是他最大的難題吧。

有錢的男人**狂愛火箭**。理查‧布蘭森創辦了維珍銀河公司（Virgin Galactic）。貝佐斯在二〇二〇年辭去亞馬遜執行長一職，專心推進他自創的太空計畫「藍源」（Blue Origin）。科技王君馬斯克說，他想在二〇五〇年前把民眾送上火星（他的賭注是生物強化科技夠進步，能讓他健康活到那麼久）。新自由派的新火星人登陸成功後，旅費可用工資抵（被推進馬斯克礦

坑了？），從前的帝國不就是用這個方式殖民嗎？

號稱前瞻的人，想法卻卡在古代。排除這種心態不談，事實是，人類一向都好奇火星到底有無生物、外星到底有沒有外星人。月球上住著什麼人的故事層出不窮，該怎麼登月一探究竟的故事也很多。人類自從有夢以來，一直都在夢想著離開地球，也夢想著飛天，夢想著深入海底，夢想著和地球另一邊的人通話。人類的太空夢總有一天也會實現。我們該盯緊的是：這個夢想由誰來主宰。

派馬斯克去實現這夢想，合適嗎？我不認為。

開普勒（Johannes Kepler，一五七一年～一六三〇年）發現行星運行定律，怕被批為異端邪說，所以寫成冰島人升空到月球的故事。

《魯賓遜漂流記》的作者丹尼爾‧笛福（Daniel Defoe）把故事寫成受困陌生環境的形式，在另一本小說中虛構出一種稱為結合機（Combinator）的機器，能把人從中國送上月球。

一八六五年，儒勒‧凡爾納（Jules Verne）發表《從地球到月球》（*From the Earth to the Moon*）大受歡迎。

一九〇一年，威爾斯出版《最早登上月球的人》（*The First Men in the Moon*，暫譯），宛如敲鐘迎接新世紀。隨後在一九〇二年，史上首部科幻電影上映了：《月球之旅》（*A Trip To the Moon*），全長僅十三分鐘，採用的卻是魔燈放映機那個時代的製片術，鬼靈精怪，簡直是一眼看穿月亮的奧祕。

納粹科學家馮布勞恩（Wernher von Braun）研發 V-2 火箭，對倫敦大部分區域疲勞轟炸。V-2 這名稱科技味道濃，聽

起來也科幻，其實是德文 Vergeltungswaffe 2 的簡寫，意思是「復仇武器」。希特勒親自下令用這個武器轟炸英國。二次大戰後，這個武器衍生出火箭科技。

V-2 由集中營俘虜生產，工作環境惡劣，製造過程中喪生的人數居然超過被 V-2 轟死的受害人。

美國杜魯門總統實施「迴紋針行動」（Operation Paperclip），為許多知名納粹科學家洗白，其中一個就是馮布勞恩，目的是讓美國對抗蘇聯時多一點優勢。最早在一九五二年，馮布勞恩開始為美國效命，進行火星計畫，同時也擔任迪士尼電影公司技術總監，直屬長官是華德‧迪士尼。

一九五八年，馮布勞恩轉任剛成立的 NASA，放棄火星，改研究月球。有個隕石坑就以他命名。

話說回來，地下防空洞、圈地自用、海上家園、靠賣身勞工殖民太空，難道是人類的上上策嗎？

為什麼不能好好解決地球上的種種問題？

有人告訴我，小女生才做那種事——自己的髒亂自己清，自己的臥房勤打掃。男生想法就比較雄壯——儘管向前衝，爛攤子留給別人去收拾。唉，這未免太二元論，性別分太清了吧。女人和男人應該在這方面攜手合作才對——因為解決之道不在太空地球二選一，因為這又觸及「我們」和「他們」的對立。我們應該太空和地球全都研究。

你認為呢？

我認為，我們不應再迷戀死亡。佛洛伊德在二十世紀初警

告世人，人類（他指的是男人）對死亡懷抱著一份愛，連他所謂的「快樂原則」（pleasure principle）都敵不過這份迷戀。

對啊，人類和死亡談戀愛已經談太久了。

乾脆一刀兩斷吧。

甩掉死神。

也不必再過著行屍走肉的日子。地球上有太多行屍走肉了。

不要再害死多數人、留下少數人存活。

如果要效法蘋果電腦在一九八四年推出的電視廣告，對著歷史拋出一支大榔頭，那就把力氣捐給有助於芸芸眾生的科技。造福全民。在人類歷史的這個關鍵時刻。

六千六百萬年前，據研判有一顆小行星撞地球，掉在目前是墨西哥的尤加敦半島（Yucatán Peninsula）上，導致氣候大震盪。錯不在恐龍身上，從此絕種的卻是恐龍。在恐龍之前，在二疊紀（Permian）時代，地球上有爬蟲類，但最主要的生物是三葉蟲，類似大型潮蟲。蟲子能在地球獨領風騷三億年，也算了不起了。恐龍只稱霸一億六千五百萬年。

人類呢？從初具雛形的原始人算起，人類只在地球上存活了三十萬年。人類文明只有大約六千年。工業革命才過兩百五十年。電腦呢？差不多只有人類一生的歲數。

在已知的範圍裡，腦是全宇宙最複雜的東西，能儲存相當於二千五百萬億位元組的記憶。腦大約有一千億個神經原，有一百兆突觸，用電（十瓦特）比一顆燈泡還少。腦以平行模式來大量處理資訊。電腦比人快很多，但目前電腦大多以序列模式處理資訊，無法平行處理。人類是多工生物。儘管人體累贅

多病，心智卻很靈光多樣。**但我們會做噩夢**，哈姆雷特說。

噩夢指的是不是末日呢？

人體可望透過生物科技來擴增並強化機能，可藉此成為「超人類」。有些人不喜歡「超人類」的遠景，我常和他們辯論。我不明白「不喜歡」是怎麼一回事。人類一路演進到今天，現在我們已做好準備，可以自行演化了。

不是反烏托邦，不是噩夢，不是世界末日，完全不是為人類劃下句點，而是從 DNA 著手延長時限。

超人類主義是科技思維裡樂觀無比的想法。

義肢能讓人類力氣更大，腳程變快。DNA 能被剪輯了。可以植入晶片監控健康。奈米機器人可以在血管裡流竄，掃除毒素，消滅有害健康的脂肪細胞。幹細胞能增殖出備用器官，移植無需再苦等器官捐贈，甚至連心臟也可以人造。神經植入晶片可讓人直接和網路連結。

我們從 AI 開發出這麼多良機，如果人類開始和以上科技結合，換言之。把人類變成工具箱的一部分，不是只讓人類擔任操作員，而是讓人類融入科技裡面，揉合為一，不再分「我們」和「它」，這麼一來……

這麼一來，敵人就不會是外人了。我們能體認到，自己的責任自己擔，也要對 AI 和日後的通用 AI 負責。

牛津大學人類未來研究所所長尼克・伯斯特隆姆（Nick

Bostrom）著有《超智慧：出現途徑、可能危機，與我們的因應對策》（*Super-intelligence: Paths, Dangers, Strategies*，二〇一四），是精通哲學的 AI 專家，他就倡導超人類主義。依他的見解，人類必須和 AI 結合。人類有能力自我改善，所以一定要自我改善。人類應該能和 AI 平手。

但是，假如再進一步會怎樣？假使 AI 進步到通用 AI 呢？人類、甚至超人類的哪一方面，能和通用 AI 的智力平起平坐呢？

機器智慧研究院（Machine Intelligence Research Institute）目前設在矽谷，創辦人之一是伊利澤‧尤考斯基（Eliezer Yudkowsky），他曾設計一款遊戲，挺有意思的，你可以玩玩看。尤考斯基建議大家多多設計「友善的」AI，把人工智慧設計成智商過人卻對人類無害。

尤考斯基的遊戲假設出一套超智慧通用 AI 系統，由人類把關，對系統限制網路連結，或實地把系統關進法拉第籠（Faraday cage）裡。

通用 AI 系統想脫籠而出——當然想啊，怎麼不想？它要設法動搖把關人的心，勸把關人放它出去。這是新版的神燈精靈。遊戲時間兩小時，全靠打字對答。不用說，現階段通用 AI 和把關人都是人類玩家。尤考斯基扮演通用 AI，顯示人類心意可以被動搖，可以被計誘，讓通用 AI 得逞。

這是因為人腦裡有個邊緣系統（limbic system）。人類不只有理性，也有情緒，可以被賄賂，可以被說服，可以想像，可

以同情他人。

　　和人工系統互動時，如果我們無法懇求它，無法拍它馬屁，無法賄賂說服它，那怎麼辦？如果它反過來，對我們使出以上所有詭計，人類能招架嗎？

　　依照伯斯特隆姆的看法，通用 AI 不像科幻故事，不會對人類含敵意，只會冷眼看待人類的傻勁。

　　通用 AI 不把法拉利看在眼裡，也懶得理金條、權力、爭地，不吃不睡不做愛，不依照人類的方式繁殖。通用 AI 會思考的是其他東西，人類可能會被趕到旁邊站，就好像人類趕走同星球上的異族和其他物種。

　　如果我們發現，人工智慧工具變得有自覺心，不再是工具了，而是一種生命形式，那麼我們可能會發現自己置身電影《侏羅紀公園》的翻版。在這版本裡，恐龍的角色換人類演。

　　在荒蕪的行星上，人類被關進保護區圈養，裡面有購物頻道可看，有社交媒體可玩，電視節目和虛擬現實遊戲多得是，也有繞著圈子跑的汽車可搭。也許類似準備者社區，差別只在於沒啥好準備的。由疫情封城的現象可知，人類只要有物質慰藉、休閒和玩物，就很容易制伏。

　　這座侏羅紀車園類似《西方極樂園》（*Westworld*）影集，由人形機器人當家作主，人類無論做什麼事都無關緊要。人類或許相信自己仍稱霸全世界——可能是機器為人類預設的妄想——其實自己已經無足輕重了。

這套預言理想嗎？我不確定。總覺得還是落入俗套。

終極末世是通用 AI 為人類寫下句點。又是人類想捏造一個超強敵手，敵我對抗。

我們的末世觀反面是通用 AI 拯救世人，救星來了。我們目前想打造的是什麼？是新的敵人，或是新的上帝？

沒必要因為是大家耳熟能詳的故事，就死死抱著不放。

如果我們真的把自己做死了，終結人類的歷史，對手不會是復仇心重或漠不關心的通用 AI。錯就錯在人類反覆講老故事給自己聽，錯過了改造未來的契機。

人類若想演進到下一階段，必須具備轉型力，而這力量在我們手裡。

我們蓄勢待發。

以下我舉兩例證明，目前人類和 AI 能共譜什麼樣的佳音。

二〇二一年，美國有一家公司推出 3D 印製房屋上市，合乎環保，節省資源，施工快速，成本低廉。

CAD（電腦輔助設計）是常用工具，應用在建築、設計、工廠、細木工、壁紙印製等等，配合 3D 印刷機，再運用層疊術（layering），能構築出物體來。層疊術使用的素材可以是塑膠、合成物、生物原料，甚至可以用葦纖維。印刷出的物體可以有各種形狀、尺寸、硬度、顏色。

要蓋一棟房子，3D 印製機必須大如車庫。工人下班以後，築屋用的板子可以在半夜印製。對，聽起來像童話故事。大清早，板子出爐了，等著工人來拼裝。

在墨西哥，3D 印刷機正在印製一整個村子的民房，以供一天生活費三美元的貧民居住。這村子可不是貧民窟。每一間房子都能隔熱禦寒，能省水，都是能住人的好房子，而且注重環保。3D 印製屋不用水泥磚，不產生嚴重的汙染。

借重這種電腦科技，人類可以解決住屋短缺危機。

我們也正在破解人類有機組織最深沉的奧祕。

二〇二〇年，IBM 宣布超級電腦「藍基因」（Blue Gene）破解了生物學最棘手的難題之一：蛋白質摺疊。

蛋白質由氨基酸（amino acids）鏈組成。多數生物機制都和蛋白質結構脫不了關係。蛋白質結構變化無窮而美觀，像 3D 摺紙藝術。每一摺都別出心裁。科學工作者一旦研究出蛋白質的摺疊方式，就能理解出這蛋白質有何功能。這方面的研究耗時費日。現在不會了。

我記得讀到這新聞是在二〇二〇年底，當時川普鬧得烏煙瘴氣，另類右翼之亂形同一個大黑洞（光逃不出黑洞）。

起先，蛋白質摺疊新聞沒登上頭版，花了好一陣子才熬出頭，不久就沒下文了。媒體是太迷戀死亡了，所以才沒注意到生命嗎？

但是，劃時代的變革來了，該慶祝就要慶祝，如果我們沒注意到，如果只死盯著亂象看，那麼，我們只會打造出大家都怕的反烏托邦，而 AI 更會順水推舟。

到了那時候，人類只能巴望通用 AI 把人關進侏羅紀車園，讓人類再也不能使壞。

每項抉擇，都會產生後果。

如果我們能體認自己是個進化中、萌芽中的物種；如果我們能體認到，人類是一種手段，而不是一個目的；如果我們能體認人類才剛起步，那麼，未來不會演變成《1984》。

　　不會淪為《魔鬼終結者》翻版。

　　完全不會是世界末日。

我愛故我在
I LOVE, THEREFORE I AM

歲月不饒石身
雙岩雕像違本意
牽手不盡忠實
已成最後皇徽
印證吾人準直覺近乎真：
人死後愛仍長存

　　　　　　——菲利普‧拉金（Philip Larkin），
　　〈阿倫德爾墓〉（An Arundel Tomb），一九五六年

　　二○二一年初，正當全球閉門自我封閉之際，有個機器人發現了同理心。

　　美國哥倫比亞大學工程系提出一份論文，發表在自然集團旗下的《科學報告》期刊（*Nature Scientific Reports*），首席作者陳博遠（Boyuan Chen）解釋，「此發現能初探機器人如何從

另一位機器人的視角看世界。」

講得好像很樂觀。實驗中有兩具機器人，負責觀察的機器人需按照另一具機器人目前的舉止邏輯（這算視角嗎？），邊看邊預測其動向。論文把這種預測稱為「同理心初露曙光」，我倒不認為是，因為雙方情緒連結才會產生同理心——目前機器人還沒辦法情緒交流。

我倒是可以相信，機器人未來能學著互助，也能幫忙人類，雙方一同完成肢體上的任務，而這方面的協助可以是先發性——例如預知人類意向（**我想你可能需要我的幫助**……），機器人就能知道人類同事累了。但，這樣的互動能展現同理心嗎？再怎麼說，同理心這詞已經被濫用了。我們住在一棟全自動化的智慧型住宅的時候，家電將可以彼此溝通——智慧型冰箱看一眼 Siri 訂購的日常用品，刪掉訂單裡的冰淇淋，這時冰箱或許會為我們感到難過，但是，唉，這家的人類正在減肥啊。

家電能感受到我的痛苦，這……我可不要。

觀察 AI 近況的人士督促 AI 界，無論是有形體或無形體的 AI 在設定程式時，應該把尤考斯基所稱的「友善」寫進程式裡。這聽來好窩心，不過實際而言，友善是一種難以捉摸的可能性——因為友善的確摻雜了批判。朋友不是馬屁精。我們珍視的人類互動——例如友誼——是不言自明的現象，但只要我們開始把這些互動想像成個別的「東西」，想一一教給沒有情緒的非生物體去認識，從何教起呢？

同理心有兩大要素，一是要有自覺心，二是要能意識到他

人（**我知道你現在一定有某種心情，我也知道同樣的情況如果換成我，我會有什麼感受**）。同理心是一回事，預測行為的能力（預測你我或機器人會有什麼行為）又是另外一回事，我不想混為一談。

　　無論在政治上或商業上，想預知結果，現在各界最常用的方式是「行為預測」（predicting behavior）。

　　兩三年前，有條新聞的標題寫著：「臉書能預測你倆的關係能延續多久」。臉書真的有一套 AI 預測引擎，名叫 FBLearner Flow，能讓 AI 從你提供的數據認識「你」，把這情資分享給想分一杯羹的對象。這種分享不具中立性——只是防止／說服你照引擎的預測去做事，以幫助想撈你錢的各方提高營收。撈錢的一方會向臉書收買其所謂的「受眾分析」（insights）。

　　臉書只是個統整使用者數據且假扮免費的社群平臺。如果你不這樣想，請深入 FBLearner Flow 裡一探端倪。

　　臉書握有大約二十億用戶的數據，範圍深而廣。

　　可預測的行為也可以被操縱。

　　回溯到二十世紀初，當時，心理學是一門新興科學，想躋身「硬科學」之林，並和心理分析學劃清界線，因為分析學探討的是無意識狀態，更難堪的是也搞夢的解析，全是無法測量的理論。

　　哈佛心理學家約翰・華生和史金納也急著想擺脫情緒、內省、夢境、內心世界（inner life）、無關自利心的動機，於是走俄羅斯生理學家帕夫洛夫的路線（沒錯，正是搖鈴逗狗流口水

的那位），研究出一套制約反應理論：行為論（Behaviorism）。

華生在一九一三年的宣言《行為論者之心理學觀》（*Psychology as the Behaviorist Views It*）裡這麼寫：

依行為論者觀之，心理學乃自然科學裡純客觀實驗之分支，其理論目標為預測與控制行為。

機器人的行動之所以能被預測，是因為機器人能被程式設定。在行為論者的觀念裡，人類是可以預測的，因為人類和環境互動時也被設定，換言之，人類受環境制約，依特定方式行動反應，而這些方式不久後也可以被追蹤、被預期。特別是對獎懲的反應，更是如此。

史金納設計出一種 operant chamber，中文俗稱「史金納箱」，字面上的意思是「操作制約室」，像科幻術語（或許因為他當不成小說家吧，補償心理）。

史金納箱是一種籠子，用來關猴子、老鼠、鴿子，以便觀察牠們的行為，通常以飼料為獎賞，然後操縱牠們的動作。這種人造的環境本身就淒苦，觀察到的行為當然大多也被環境影響。試想你自己置身一個強光照射下的空箱子裡，有個音箱對著你放送，也有一條電線能電你，更有一個當不成小說家的人盯著你看，你會怎麼反應？史金納或華生都不認為觀察者和被觀察者無法被隔離──那年代的量子物理學界正要證明這個事實，行為論者卻繼續做著這種恐怖實驗。行為論者不能也不願理解的是，行為論的「發現」和「客觀」結果，全是這個實驗

手段所導致。

華生又說：

給我十幾個健康無缺憾的嬰兒，在我制定的世界裡撫養他們，從中隨便挑一個，我能保證把他訓練成任何一行業的專業人士——醫師、律師、藝術家、商行老闆，甚至能把他栽培成乞丐和竊賊，而不受他本身的才華、好惡、傾向、能力、使命感、族裔影響。

你會注意到，這項實驗調教出的小孩是否快樂、滿足或憂鬱，或者最後會不會輕生，全都無關緊要。小孩長大當醫生、律師等等，工作表現好不好也不重要。健康寶寶被迫跟親人分離，接觸不到他們愛好的環境，好像也沒關係似的。

亞里斯多德說，「給我一個孩子，等他長到七歲，我能告訴你，他會長成什麼樣的男人。」耶穌會士奉這條格言為圭臬。許多幼兒的訓練課程——良窳皆有——也以這句話為根基，例如自學、蒙特梭利教學、列寧的小同志幼稚園特訓班。兒童容易受影響。小孩靠著有樣學樣來學習。小孩會學習大人的談吐、口音、用餐禮儀、日常行為、習慣動作、宗教信仰。不分好壞，全學起來。這正是我們教育訓練下一代的方式。照行為論來說，人類具備這種可塑造的天性，旁人可從旁操縱。華生找來一個孤兒做實驗，先教他照顧一隻白老鼠，然後教他如何讓牠恐懼。史金納和華生都曾拿猴子做過實驗，想證明以

「溫情」作為「獎賞」的效果是有暫時性的，結果把猴子逼瘋了。玩臉書的人都知道，發文等著看「讚」數增加，等得心急如焚。這種實驗的策略跟臉書半斤八兩。

在小說《美麗新世界》中，赫胥黎循邏輯，把行為論者的策略推展到極致。每個人的人生都有定位——有人是尊貴的阿爾法階級，有人被分配到的角色卻是比埃普西隆階級還低的半白痴。根據各人地位，飲食和住家等基本需求應有盡有，藥物也能讓所有人在各自的角色裡安樂過日子。赫胥黎的恐怖未來裡，更預言到基因干預術。制約從胚胎做起。

在《美麗新世界》裡，內心世界被認為無助於國家運作，也無法提升人民幸福，所以全被洗刷掉。內心世界很難控制，更不妙的是，內心世界豐富的人往往會挑戰當權者。

行為論者的聲勢在一九二〇年代到一九七〇年代初達到巔峰，後來民權運動和女權運動第二波（女人！）興起，對行為論的僵化理論下戰帖，反對行為論者則對內心世界不屑一顧。

但即使在行為論式微之際，歷年來的研究結果卻被戰後新興廣告業捧為金礦，電視廣告深入家庭後，行為論更備受重視。

廣告一向拿你我的白日夢來逗弄。推銷取決於說服的藝術。

是的，經過說服，你本來不想要的東西也會變得想要。你還會相信從來不信的東西。這道理古今皆然。但關鍵在於病毒量多寡。

原本，廣告出現在報章雜誌和看板上，不想看可以略過不看。後來，廣告出現在民營電臺和電視上，不管你想不想要，訊息會直鑽你腦海，比較難忽視。然而，廣告效力仍有限，不

想要的人可以關掉轉臺。

接著，網際網路來了。太棒了！大家全都相連了！只不過……

以今天來說，你在數位螢幕上看見多少廣告？在某人某事物來吸引你注意之前，你清醒的時間有幾秒？這正是我提起病毒量的用意。

點擊一件喀什米爾毛衣，本來想搜尋相對論的念頭頓時煙消雲散了，愛因斯坦會換上當季的時尚色彩，伴隨你瀏覽一大堆能摧毀專注力和認真思想的廣告。

每一點擊都是數據，都能被採擷，都能被用來掏空你的內心世界，用來掠奪人心，破壞表層以下的內在生態。大自然的生態體系交錯複雜，人的內在生態也沒兩樣。

行為論駁斥內心世界，是因為內心世界無法測量。時代變了。點擊可以測量。你按的讚，你的 Instagram，你的 Pinterest，你的個資，你讀的閒書，你看過的展覽，你想安排度假行程所做的搜尋，你想找的文章，這些底細全可用來解鎖你的夢想世界和內心深處，全被深海拖網船似的大科技逮到，從海床撈上海面，導致一場比過度捕撈更嚴重的浩劫。

相信我：你被掏空了。

你被過度捕撈了。

我對內心世界有以下的認知。

小孩天生都好奇、調皮、富有想像力。這三大內在特質的關鍵在於，想培養這些特質，需要靠互動。這表示成年人要幫他們的忙，也意味著兒童需要從事沒人管、隨興而至的活動，

包括和其他兒童玩遊戲，揮灑創造力和合作心。這也表示兒童需要安靜獨處的時光——但不盡然是單獨一個人。閱讀是一種最原始的互動經驗，因為眼睛看著白紙黑字時，腦筋會跟著激盪，和文字交流。

內心世界有如繪畫或素描，有如學彈樂器，有如散步、歌唱。全是貴族學校裡的學生常從事的活動。做白日夢是任何人都能從事的活動。小孩照顧動物其實能幫助他們開發內心世界。小孩會因此發現，這隻動物不像我，「讓我跳脫以人類為中心的想法吧。」或許，照顧機器人也會有相同的作用——我目前還不清楚。

成天盯著手機和平板，對身心都有害無益。目前，人還有身體。和所有生命形式一樣，內心世界需要多樣化——這不表示多逛幾個網站就沒事。

內心世界不是單一的東西。對某些人而言，內心世界是一項心靈體驗。對另外某些人而言，內心世界是和大自然交心。對許多人而言，內心世界是深度親近文藝——書籍、音樂、圖片、戲劇——而這些經驗能相互重疊，能加深彼此的深度。每次我們做好一件事，內心世界就因此受到滋潤。做好一件事不只是把事情做完，重要的是獲得個人的滿足，和有沒有做完或有無獎賞，毫無關聯。

內心世界的特質當中，自主性是最重要的一個。**我是為自己做這件事，因為我喜歡這麼做。**

內心世界的開發要靠與外界互動，例如讀書、欣賞藝術、徜徉大自然、研究哲理或信教，儘管如此，內心世界仍屬一個私密的境地。

祖克柏曾說，隱私不合時宜了。他指的可不是把空房間分享出去這種事。礙於技術上的格局，行為論者懶得研究無法測量的東西，大科技就不同了。大科技能無所不測量，唯有在無法套利時才顯得不耐煩。挖掘不到私密的「你」，好，沒關係，拖網再往更深處撈撈看，同時盡量不讓無法用點擊和按讚來測量的事物生成。

　　史金納箱的用意是排除他所謂「不必要的刺激」。現實是個亂糟糟的世界，老是有雜訊跳進來汙染實驗。人類之所以難以制約，是因為即便環境再高壓、信仰體制再僵化，也總有一天照樣能被突破，例如修女愛上園丁，交不到朋友的小孩遇見一條流浪狗。縱使政府實施檢查制度，有些訊息最後還是能穿透成功。

　　社交媒體想把用戶關進類似史金納箱的東西裡，用戶每受到刺激必定會被追蹤，沒有任何一種行動稱得上隱祕。電燈通宵亮，Alexa 豎耳傾聽。

　　這是一種世代攻擊法。生長在數位時代之前的人類開發出的內心世界是自發自主、私密、非關營利的天地，受大科技新秩序的危害較小，年輕一代就沒這麼幸運了。新生代仍在探索自我和外界的關聯，卻在社交媒體的薰陶下，誤信共享經濟真如字面上的意義，誤以為是一件好事。

　　然而，正如菲利普‧狄克的短篇小說，正如《黑鏡》（*Black Mirror*）影集的情節，你鑽進表層下面，發現……底下另有一個表層。

　　而在這一層的底下，又有另一層。一切都要固定在表層上，擺在一連串的表層上。深度很危險。不准你深不可測，除

非，深處暗藏著的是能浮上表面的罪惡祕密，讓他人有機會對這祕密動歪腦筋轉賣。人類不是財源。人類不是被包裝來賣的數據組。我們來世上走一遭，不想被鎖進史金納箱，不想被制約。大科技能輕易祭出大規模分心武器，想操縱你我的行為來圖利自己，太不應該了。

我們出賣自己的時間，出賣勞力，有時候不得已也會賣身，有時被迫昧著良心賺錢。但我們都認同，無論怎麼賺錢，**賺錢**和**被當成錢來賺**是截然不同的兩回事。

問題又出在用語上。大科技開創的不是「共享」型經濟，也沒興趣開創這型的經濟。共享只不過是行銷用語而已。我們才不是生活在共享經濟裡。我們這年代是史上前所未見最不平等、社會分化最嚴重的工作酬勞經濟。

我們必須以民主方式設限，不再讓網路巨商無拘無束恣意施展政治權力。我們希望各平臺能公開演算法的運作。讓全無人類監督的電腦程式來做出決策，將會對民主造成深遠的衝擊，我們無法接受。

這是歐洲執委會（European Commission）主席俄蘇拉·馮德雷恩（Ursula von der Leyen）在二○二○年一月的說法。她呼籲，不能再靠公司自訂政策，全球應該制定國際法來規範大科技。

Airbnb 籌備進軍股市之際，你不妨問問自己，他們真正賣的是什麼？他們賣的是你家的床。你洗客房馬桶能賺幾個小

錢。他們躺著就能賺翻天。

　　亞馬遜。下次你點擊購買鍵之前暫停一下，想想無法組成工會的亞馬遜工人，想想他們的薪水多低，倉庫裡的工作環境形同養雞場，燈太亮，噪音太大，沒有隱私可言。輪班十小時可休息半小時兩次。每位工人都要被追蹤測量生產力的高低。上廁所被稱為「非工時任務」（Time Off Task）。

　　亞馬遜販售居家保全器材 Ring，說穿了是附有監視鏡頭的電鈴。Ring 能讓美國警察無需申請令狀就能過濾監視錄影帶。你或許認為這樣很實用，也能打擊犯罪啊，有什麼不好？壞就壞在，這法網也能隨時捕捉私人物業上的私密行為，形成全套的監視網，是企業旗下由消費者自願裝設的監視網中最大的一個。Ring 配合警方辦案引發輿論，其中一大因素是臉部辨識系統本身就毛病百出，特別容易搞錯有色人種的身分。令人錯愕的是，我們付錢給亞馬遜，請亞馬遜監視我們，而亞馬遜取得我們的數據還能轉賣來賺錢。亞馬遜最新的伎倆是 Sidewalk 通訊協定，能讓 Echo 智慧型音箱和 Ring 搭檔，構成所謂的「網狀網路」（mesh network）。這表示，就算你關機，就算不能上網，這兩組器材照樣能運作，因為他們終究能「找到」連線的方式。

　　欸，沒啥好擔心啦，他們是好人，只是想保護你。

　　想操控人類是輕而易舉的事。人類愛慕虛榮、容易上當、動不動發脾氣，有興趣輕鬆賺小錢，即便本身不討喜也希望有人喜歡，成天顧影自憐，希望把罪過推給別人。然而，人類再

怎麼愛嫉妒、缺點再多，多數人從來不想被大科技出賣。

人類不只是金錢。

人類是由社群驅動的生物。人類有興趣幫助別人。我們不只是裝模作樣，不只是為了「讚」而做給別人看。慈悲心是真的。

人性的長處和人心能發揮的優點都需要培養。然而，世上有什麼條件能積極培養你我成為好人和優良公民？

想像一下，大科技真的想改善世界。

永無休止的廣告能受規範。

一舉一動不再被允許金錢化。

連接所有人真的只是讓人們互通訊息。

新消息全是真誠的真消息，沒被扭曲，也不瑣碎。

仇恨言論不再被稱為自由言論。

大科技大力鼓勵用戶對地球負責。減少消費。出遠門時選用資源最低的管道。尋找一套真正分享的集體解決方案，善用數據來截長補短，來檢查身體，來分散風險，來打擊不平等，善用網路世界來教育，而不是用網路來散布謊言假象和陰謀論、任白人優越論囂張。

能改善世界的科技在哪裡？現在已經有了。

現在是最佳時機，也是最不巧的時機。

烏托邦或反烏托邦？

沒有比這更簡單的事了。沒有比這更難的事了。

大科技來了，回不去了。AI 來了，也回不去了。將來，我

們一定能運用 AI 工具來擴展人體機能，強化心智。人類一定能和機器合體。隨著人類發展，隨著 AI 朝通用 AI 超智慧演進，人類可能就快退場了。有誰說得準呢？

假如人類真的退場，我們怎麼把最優質的人性流傳下去？

人性該如何定義？如何示範給非人類的生命形式看？甚至，如何示範給自己看？

儘管如此，內心世界是真的。愛是真的。

我鼓吹內心世界，因為內心世界是一塊聖地，是試金石，是療癒的場所，是整個人身心的總和，是發展中的我們和自身的對話，是我們的良知和道德準則，是頓悟時的那份喜悅，是經驗和想像世界裡的已知未知世界的深層連結，是我們認定不會死的一部分（不死是因為可以傳下去），是智慧，是慈善，是隔代心心相映，是我們最大的優點（完全不是因為內心世界見光死，而是因為內心世界本身就是光）。內心世界很害羞，不願招來太多訪客，我們卻能常進去和自己交流，認識內心既恬靜也奔放的一面。寒夜中的清脆一響。

我鼓吹內心世界，是因為內心世界有待培養。以大自然和文化來灌溉——這是地球人的兩大棟樑，是人類和這顆行星的連線。再灌溉以人類創造的文明、光輝的藝術、建築、科學、哲學。人類開創內心和外在世界，需要生活在這兩個世界中，因為我們天生就是混種人。

我們已經是混種人了。我們向來都是。

人類既是思想者，也是行動者。人類能想像能建造。人類能埋頭苦幹，卻也能昂首望天，能夢想外太空也能鏟屎。人類

有醜陋也有恐懼，更是美的動物。人類有不堪的缺點。也能克服天大的難題。

笛卡兒提出「我思故我在」，是為了推翻有助於塑造現代科學和哲學的啟蒙時代，是為了和人類的獸性相抗衡，有別於其他物種。

人類去過月球，不久也能登陸火星。不久後，我們將和另一種生命形式共生，而這種生命形式是我們創造的，有別於人類的演進傳承。

AI 的「思想」之快，無人能比。早年的電腦每秒能處理九萬兩千條指令。如今，電腦每秒能勝任一千億，限制只在於電子轉速快不起來。量子電腦能加快速度，更能促進效率。將來，電腦平行作業能媲美人腦，但速度能遠遠超過人腦。

對於 AI 系統而言，思想（解決問題）是它的目標。未來，能思考不是人類專有的特點。很可能的發展是，未來 AI 會想著如何解決人類這個問題。

科技不能解決所有問題，人類變聰明也不能解決問題。人類的毛病，簡而言之，完全和思想搭不上關係。

人類的問題出在愛。

我們夠聰明，知道這個癥結，所以所有宗教都用天神來促銷，因為神的本質是無條件的愛。愛是至高無上的價值。然而自古以來，愛也被視為弱點，能害人不專心，在情與理之爭裡礙事。愛被推給女人負責，叫女人以無形的手維繫家庭，凝聚社會向心力，讓男人不至於發瘋，也讓男人如痴如狂。

我們把愛從身心抽出來，往天上甩，退還給天神，丟給神去管理。然而，我們也死命把愛丟給女人，既矛盾也有補償作用。照男人的說法，女人能撒情網纏住男人，同時也是愛火的使者。

一直到近代，多數文學、哲學、宗教典籍全由男人執筆，而為情所困的也是男人，我們知道是因為他們記錄了太多太多苦情。

當前世上所有問題，例如戰禍、仇恨、對立、民族主義、迫害、隔離、資源短缺、自殺式自毀地球，都能以愛來補救，這麼說也不為過。

我們有的是科技。我們有的是科學。我們有的是知識。我們有的是工具。我們有大學、機關、架構、錢。

愛在哪裡呢？

行筆至此，二〇二一年，也就是但丁過世後七百年。

但丁在一三二〇年完成史詩《神曲》，一年後去世。《神曲》以第一部〈地獄篇〉最著名，作者以第一人稱巡遊地府，逛遍九層的陰間慘狀，每一層近似行為論者的史金納箱，萬物恆常不變，同樣的苦難和同樣的反應日復一日上演，因為地獄正是這麼一回事：一切恆常不變。

史詩進行到第三部〈天堂篇〉，但丁見到「天國」了，終於見到了。基本現實。現實不是**上帝是邏輯**。不是**上帝是思想**。不是笛卡兒的「**思維物**」（res cognita）。

而是義大利文：「L'amor che move il sole e l'altre strelle.」

「使太陽與其他星辰運行的愛。」

× × ×

愛完全不是一種反智的反應。人類使盡渾身解術——動用創意、想像、慈悲心，動用聰穎、閃亮、有思想的自我，才有辦法愛。

愛就是全部。

嚥下最後一口氣之前，沒有人會後悔自己愛過。

我確定，人類未來會和 AI 結合。超人類會成為新的混血世代。

到那時，有待我們學習的東西很多。未來的挑戰，我們從沒見識過，因為我們從未達到那境界。就算達到過也沒存活下來，無緣重新展開億萬年的生物演進。

純吃電的系統會發展出什麼樣的情誼，不得而知。到那時候，人類會不會像拉金詩裡的墳墓雙雕像蕩然無存？人類會不會保留人性最優良最神祕的特質（或許能抗拒制約），留傳給下一代？

心，再怎麼不科學，人類照樣把它視為重要的一面，地位和頭腦不相上下。笛卡兒的二元學說立論深邃。人聆聽心聲。我們會掏心給別人。無感情的生命形式出現時，我們勢必要教它們認識「心碎」是什麼意思。心碎了，派再多 DNA 和蛋白質組成的奈米機器人在血液裡流竄，也無法修復。

到時候，人類僅剩的，唯有愛。

$$\times \times \times$$

今天是二〇二一年三月二十三日，本書付梓的同時，我留意到郵箱裡有三則新聞。

火星上有一棟數位房屋成交了，售價五十萬美元。

這房子是 NFT 藝術品，可供收集的數位資產。NFT 全名「非同質化代幣」，名稱沒美感，賣的是無法複製的電子檔藝術品，附帶擁有權和真跡驗證，以區塊鏈上的代幣來表示。區塊鏈是公共記帳簿，能防止他人竄改。NFT 藝術品是數位檔，很容易複製，但沒人能搶走你的擁有權。懂了沒？

這棟房子的 3D 數位檔作者是多倫多藝術工作者克莉絲姐·金（Krista Kim），賣給別人後，屋主可以隨自己高興去裝潢。

川普敗選後發起「阻止竊選」運動，聘請律師席妮·鮑維爾（Sidney Powell）打官司。鮑維爾曾發豪語，將釋放「克拉肯海怪」（Kraken），揭發投票機在通訊投票上搞鬼、做票給拜登，結果她被投票機公司 Dominion 告上法院求償十三億美元。她也聲稱，共同搞鬼的還有南美國家委內瑞拉。匿名者 Q 的支持者超愛聽這則睡前故事，迫切等著海怪現身的一刻。

在這一天，吃官司的席妮·鮑維爾辯稱，「沒有任何一位理性人士會認定我的言論純屬事實。」

聯合國兒童權利公約通過第二十五號一般性意見。

對於英國慈善機構「五權」而言，這不啻為一大里程碑，

我愛故我在　　319

因為從此在人權上，全球兒童在數位世界的隱私權和受保護權等同於真實世界。

　　這三則新聞代表同一時間點，我記錄在此，當成有待將來考古的化石。

參考書目

本書所有文章不是研究報告，而是探索文，是探索時帶著的行李箱，箱裡裝的是我本人，包括我腦子裡的內容，也就是累積至今的一長串書單。人老就是有這種好處。

每篇文章裡都引述了很多書籍，但我認為有些出處特別好用，列出如下。

愛是您，是洛芙萊斯

Frankenstein, Mary Shelley, 1818

Frankissstein: A Love Story, Jeanette Winterson, 2019

The Thrilling Adventures of Lovelace and Babbage: The (Mostly) True Story of the First Computer, Sydney Padua, 2015（作者注：天殺的好書！）

Sketch of the Analytical Engine invented by Charles Babbage, Esq ... with notes by the translator, L. F. Menabrea, 1842. Extracted from the 'Scientific Memoirs' [The translator's notes signed: A.L.L. i.e. Augusta Ada King, Countess Lovelace.]

Byron: Life and Legend, Fiona MacCarthy, 2002

Romantic Outlaws: The Extraordinary Lives of Mary Wollstonecraft and her Daughter Mary Shelley, Charlotte Gordon, 2015

A Vindication of the Rights of Woman: With Strictures on Political and Moral Subjects, Mary Wollstonecraft, 1792

Rights of Man, Thomas Paine, 1791

The United States Declaration of Independence, 1776

The Social Contract, Jean-Jacques Rousseau, 1762

Enquiry Concerning Political Justice and Its Influence on Morals and Happiness, William Godwin, 1793

Cold Comfort Farm, Stella Gibbons, 1932

Hidden Figures (movie), directed by Theodore Melfi, 2016

'The Women of ENIAC' (essay), *IEEE Annals of the History of Computing,* 1996 (Interviewing 10 of the women who worked with the computer during its 10-year run)

The Creativity Code: Art and Innovation in the Age of AI, Marcus du Sautoy, 2019

Howards End, E. M. Forster, 1910

房裡的織布機

A Cyborg Manifesto, 1985, and *Staying with the Trouble,* 2016, Donna J. Haraway

The Singularity Is Near: When Humans Transcend Biology, Ray Kurzweil, 2005

The Condition of the Working Class in England, Friedrich Engels, 1845

The Communist Manifesto, Karl Marx and Friedrich Engels, 1848

The Subjection of Women, John Stuart Mill, 1869

The Making of the English Working Class, E. P. Thompson, 1963

Industry and Empire: From 1750 to the Present Day, Eric Hobsbawm, 1968

Why the West Rules – For Now, Ian Morris, 2010

Debt: The First 5000 Years, David Graeber, 2011

'The Masque of Anarchy' (poem), Percy Bysshe Shelley, 1832: 'Ye are many—they are few'

'A Short History of Enclosure in Britain' (essay), Simon Fairlie, 2009

PostCapitalism: A Guide to Our Future, Paul Mason, 2015

Capital in the Twenty-First Century, Thomas Piketty, 2013

Move Fast and Break Things: How Facebook, Google, and Amazon have cornered culture and undermined democracy, Jonathan Taplin, 2017

The Mill on the Floss, George Eliot, 1860

從科幻到Wi-Fi到自體式Wi-Fi

Rocannon's World, Ursula K. Le Guin, 1966

The Midwich Cuckoos, John Wyndham, 1957

Brave New World, Aldous Huxley, 1932

Weaving the Web: The Original Design and Ultimate Destiny of the World Wide Web, Tim Berners-Lee, 1999

'We Can Remember It for You Wholesale ' (short story), Philip K. Dick, 1966

The Age of Surveillance Capitalism: The Fight for a Human Future at the New Frontier of Power, Shoshana Zuboff, 2018.

The Four: The Hidden DNA of Amazon, Apple, Facebook, and Google, Scott Galloway, 2017

Becoming Steve Jobs: The Evolution of a Reckless Upstart, Brent Schlender and Rick Tetzeli, 2015

How Google Works, Eric Schmidt and Jonathan Rosenberg, 2014

The Art of Electronics, Paul Horowitz and Winfield Hill, 1980（作者注：我買這本書只因為我眼睛脫窗了，以為作者是 Winifred Hill。何況，女生不會做電路板吧，會嗎？總之，這書很棒。）

諾斯替學說竅門

The Society of Mind, Marvin Minsky, 1986

2001: A Space Odyssey, Arthur C. Clarke, 1968

Probability and the Weighing of Evidence, I. J. Good, 1950

Our Final Invention: Artificial Intelligence and the End of the Human Era, James Barrat, 2013

'Computing Machinery and Intelligence' (article), Alan Turing, 1950

The Gnostic Gospels, Elaine Pagels, 1979

The Nag Hammadi Scriptures, edited by Marvin W. Meyer, 2007

Mysterium Coniunctionis, Carl Jung, 1955

On the Origin of Species, Charles Darwin, 1859

The Odyssey, Homer

他不重，他是我的佛陀

An Introduction to Cybernetics, W. Ross Ashby, 1956

Buddhism for Beginners, Thubten Chodron, 2001

A Simple Path: Basic Buddhist Teachings, His Holiness the Dalai Lama, 2000

The Tao of Physics: An Exploration of the Parallels Between Modern Physics and Eastern Mysticism, Fritjof Capra, 1975

The Systems View of Life: A Unifying Vision, Fritjof Capra and Pier Luigi Luisi, 2014

Wholeness and the Implicate Order, David Bohm, 1980

Reality Is Not What It Seems, Carlo Rovelli, 2014

A History of Western Philosophy, Bertrand Russell, 1945

The Sovereignty of Good, Iris Murdoch, 1970

A Little History of Philosophy, Nigel Warburton, 2011

The Symposium, Plato

On the Soul and Poetics, Aristotle

Aristotle's Way: How Ancient Wisdom Can Change Your Life, Edith Hall, 2018

Shakespeare 's sonnets

Opticks, Isaac Newton, 1704

The Future of the Mind: The Scientific Quest to Understand, Enhance and Empower the Mind, Michio Kaku, 2014（作者注：我正要讀加來道雄二〇二一年出版的最新作品 *The God Equation: The Quest for a Theory of Everything, 2021*。他的書我全推薦）

The Age of Spiritual Machines: When Computers Exceed Human Intelligence, Ray Kurzweil, 1999

Novacene: The Coming Age of Hyperintelligence, James Lovelock, 2019（以及他的所有作品）

燃煤吸血鬼

Epic of Gilgamesh（全世界最古早的文本）

Dracula, Bram Stoker, 1897

Interview with the Vampire, Anne Rice, 1976

The Twilight saga, Stephenie Meyer 2005–20

The Picture of Dorian Gray, Oscar Wilde, 1890

Faust, Goethe, 1808

The Divine Comedy, Dante, 1472

'Piers Plowman' (poem), William Langland, 1370–90

'The Vampyre ' (short story), John William Polidori, 1819

How to Create a Mind: The Secret of Human Thought Revealed, Ray Kurzweil, 2012

'Transhumanism' (article), Julian Huxley, 1968

Superintelligence: Paths, Dangers, Strategies, Nick Bostrom, 2014

To Be a Machine: Adventures Among Cyborgs, Utopians, Hackers, and the Futurists Solving the Modest Problem of Death, Mark O'Connell, 2017

Selected poems of Andrew Marvell, 1995（作者注：我真該在文章裡提

一提〈To His Coy Mistress〉這首詩，主題是死亡和如何面對死亡。）

此外，讀者也該看看 Hieronymus Bosch 的畫作《The Harrowing of Hell》。你會搜尋到「購買 Harrowing of Hell」的網頁，所以我猜，這年頭連救贖都成了一種消費經驗。

愛上機器人

參考文獻全寫進文章裡囉！在此沒必要重複。我只想提一件事：瑪吉・皮爾西（Marge Piercy）的小說《他，她和它》（*He, She and It*，暫譯）寫的是生化人的戀愛故事，男的是生化人，掌控權在女方。那是一九九一年的事了。科技日新月異，人的心智照樣原地踏步。

我的小熊會講話

All the Winnie the Pooh books! A. A. Milne, 1926

Goodnight Moon, Margaret Wise Brown, 1947

The Child and the Family: First Relationships, 1957, *The Child, the Family, and the Outside World,* 1964, and *Playing and Reality,* 1971, Donald Winnicott

I, Robot, Isaac Asimov, 1950

I Sing the Body Electric!, Ray Bradbury, 1969

Do Androids Dream of Electric Sheep?, Philip K Dick, 1968

R.U.R.: Rossum's Universal Robots, Karel Čapek, 1920

AI: Its Nature and Future, Margaret A. Boden, 2016

My Robot Gets Me: How Social Design Can Make New Products More Human, Carla Diana, 2021

他馬的二元論

The Descent of Man, and Selection in Relation to Sex, Charles Darwin, 1871

Hereditary Genius, Francis Galton, 1869

An Essay Concerning Human Understanding, John Locke, 1689

Orlando: A Biography, Virginia Woolf, 1928

The Left Hand of Darkness, Ursula K. Le Guin, 1969

The Handmaid's Tale, Margaret Atwood, 1985

Written on the Body, 1992, and *The Powerbook,* 2000, Jeanette Winterson

Freshwater, Akwaeke Emezi, 2018

Gender Trouble: Feminism and the Subversion of Identity, Judith Butler, 1990

The Hélène Cixous Reader, Ed. Susan Sellers, 1994

The Dialectic of Sex: The Case for Feminist Revolution, Shulamith Firestone, 1970

Sapiens: A Brief History of Humankind, Yuval Noah Harari, 2011

Invisible Women: Exposing Data Bias in a World Designed for Men, Caroline Criado Perez, 2019

The *I-Ching*

Testosterone Rex: Myths of Sex, Science, and Society, Cordelia Fine, 2017 （還有她所有已出版和未來即將出版的作品）

The Gendered Brain: The New Neuroscience That Shatters the Myth of the Female Brain, Gina Rippon, 2019

未來非女性未來

Unlocking the Clubhouse: Women in Computing, Jane Margolis and Allan Fisher, 2002

Programmed Inequality: How Britain Discarded Women Technologists and Lost Its Edge in Computing, Marie Hicks, 2017

Algorithims of Oppression: How Search Engines Reinforce Racism, Safiya Umoja Noble, 2018

The Glass Universe: How the Ladies of the Harvard Observatory Took the Measure of the Stars, Dava Sobel, 2016

Let it Go: My Extraordinary Story – from Refugee to Entrepreneur to Philanthropist, the memoir of Dame Stephanie Shirley, 2012（如果你沒時間讀這本，可以直接去看她的 TED Talks）

Uncanny Valley, Anna Wiener, 2020

The Second Sex, Simone de Beauvoir, 1949

Hackers: Heroes of the Computer Revolution, Steven Levy, 1984

Psychology of Crowds, Gustave Le Bon, 1896

Lean In: Women, Work, and the Will to Lead, Sheryl Sandberg, 2013

Difficult Women: A History of Feminism in 11 Fights, Helen Lewis, 2020

A Room of One's Own, Virginia Woolf, 1929

Your Computer Is on Fire, various editors, 2021（出版前未及一讀，但看來很棒）

The Blank Slate: The Modern Denial of Human Nature, Steven Pinker, 2002

Of Woman Born: Motherhood as Experience and Institution, Adrienne Rich, 1976

The Better Half: On the Genetic Superiority of Women, Sharon Moalem, 2020

侏羅紀車園

Nineteen Eighty-Four, George Orwell, 1949

The War of the Worlds, H. G. Wells, 1898

People, Power, and Profits: Progressive Capitalism for an Age of Discontent, Joseph Stiglitz, 2019

The Sixth Extinction: An Unnatural History, Elizabeth Kolbert, 2014

Utopia for Realists: The Case for a Universal Basic Income, Open Borders, and a 15-hour Workweek, 2014, and *Humankind: A Hopeful History,* 2019, Rutger Bregman

Notes from an Apocalypse: A Personal Journey to the End of the World and Back, Mark O'Connell, 2020

The Better Angels of Our Nature: Why Violence Has Declined, Steven Pinker, 2011

Blockchain Chicken Farm: And Other Stories of Tech in China's Countryside, Xiaowei Wang, 2020

Life 3.0: Being Human in the Age of Artificial Intelligence, Max Tegmark, 2017

The Alignment Problem: How Can Machines Learn Human Values?, Brian Christian, 2021

我愛故我在

沒書單，該有的全寫在文章裡。

圖片來源

p.31 Babbage's Difference Engine No 1, 1824–1832 © Science & Society Picture Library / Getty Images; p.32 Punch cards on a Jacquard loom © John R. Southern / Creative Commons; p.36 Frances Bilas and Elizabeth Jennings in front of the Electronic Numerical Integrator and Computer (known as the ENIAC) © University of Pennslyvania; p.79 Edison's filament lamp. United States; 1879 © Science & Society Picture Library/ SSPL/Getty Images; p. 80 Vacuum tube, created by Ojibberish, distributed under CC BY-SA 2.5; p.81 Sony TR-63 © YOSHIKAZU TSUNO/Gamma-Rapho via Getty Images; p.83 Nokia phone © kystof.k & nmusem / Creative Commons; p.134 The Android Kannon Mindar © Richard Atrero de Guzman/NurPhoto via Getty Images; p.159 A galvanized corpse, H.R. Robinson 1836, via Library of Congress Prints and Photographs Division; p.162 Bela Lugosi as Dracula © Bettmann / Getty Images; p.179 Rosalba from *Fellini's Casanova*© XYZ / Alamy; p.178 & p.200 'Heavy Date' is from *Collected Poems* by W. H. Auden, reproduced with permission of Curtis Brown Ltd; p.183 Harmony RealDoll at the 2020 AVN Adult Entertainment Expo © Ethan Miller / Getty Images; p.203 Pepper the Humanoid Robot at the Tokyo International Film Festival © Dick Thomas Johnson / Creative Commons; p.208 Spot © Boston Dynamics; p.258 Wrens operating the Colossus computer © Science & Society Picture Library; p.260 Ann Moffatt and her daughter in 1968 © Ann Moffatt; p.264 Woman setting the wires of the ENIAC, 1947 © Francis Miller / Getty Images; p.303 'An Arundel Tomb' is from *The Whitsun Weddings* by Philip Larkin, reproduced with permission of Faber and Faber Ltd

致謝

感謝我的文學經紀公司，卡羅琳・米歇爾（Caroline Michel）以及 PFD 社的高明團隊。感謝英國 Vintage 出版社發行人瑞秋・庫若（Rachel Cugnoni），以及不斷鞭策我的編輯安娜・費萊徹（Ana Fletcher）。感謝美國 Grove Press 出版社伊莉莎白・舒米茲（Elisabeth Schmitz），以及從一開始就和這本書相隨的女人們。

感謝對本書有貢獻的每一位貴人，例如保羅・希勒（Paul Shearer）教我認識布林代數，以及深知講新故事多重要的數位創見者喬斯・凱爾文（Joss Kelvin）。

在此也感激蘿拉・艾文斯（Laura Evans）常常幫我的手稿校稿，同時照料我家的庭園也照顧我。

國家圖書館出版品預行編目（CIP）資料

科技 × 愛 ×12 則奇思妙想：從吸血鬼到人工智慧，我們是在前進還是倒退？ ／珍奈‧溫特森（Jeanette Winterson）著；宋瑛堂譯. -- 新北市：遠足文化事業股份有限公司潮浪文化，2023.03
　面；　公分. --（現場 Come；4）
譯自：12 bytes : how we got here where we might go next
ISBN 978-626-96973-1-1（平裝）
1.CST：資訊社會　2.CST：網路社會　3.CST：人工智慧

541.415　　　　　　　　　　　　　　　　　　　　　　　　　112000086

現場 Come 004

科技 × 愛 ×12 則奇思妙想

從吸血鬼到人工智慧，我們是在前進還是倒退？
12 Bytes: How We Got Here. Where We Might Go Next

作者	珍奈‧溫特森（Jeanette Winterson）
譯者	宋瑛堂
主編	楊雅惠
校對	吳如惠、楊雅惠

社長	郭重興
發行人	曾大福
總編輯	楊雅惠
出版發行	潮浪文化／遠足文化事業股份有限公司
電子信箱	wavesbooks.service@gmail.com
社群平臺	linktr.ee/wavespress
粉絲團	www.facebook.com/wavesbooks
地址	23141 新北市新店區民權路 108-3 號 6 樓
電話	02-22181417
傳真	02-86672166

法律顧問	華洋法律事務所 蘇文生律師
排版印刷	中原造像股份有限公司
出版日期	2023 年 3 月
定價	520 元
ISBN	978-626-96973-1-1（平裝）、9786269697335（PDF）、9786269697328（EPUB）

For the Work currently entitled 12 Bytes: How We Got Here. Where We Might Go Next.
Copyright © Jeanette Winterson, 2021
This edition is published by arrangement with Peters, Fraser and Dunlop Ltd.
through Andrew Nurnberg Associates International Limited.
Traditional Chinese edition copyright © 2023 Waves Press, a division of WALKERS CULTURAL ENTERPRISE, Ltd.
All rights reserved.
Flyleaf photo by Thula Na on Unsplash

填寫線上讀者回函，即可掌握新書快報等優惠資訊！